さかなクンの一《いち》魚《ギョ》一《いち》会《え》

～まいにち夢中な人生！～

さかなクン

講談社

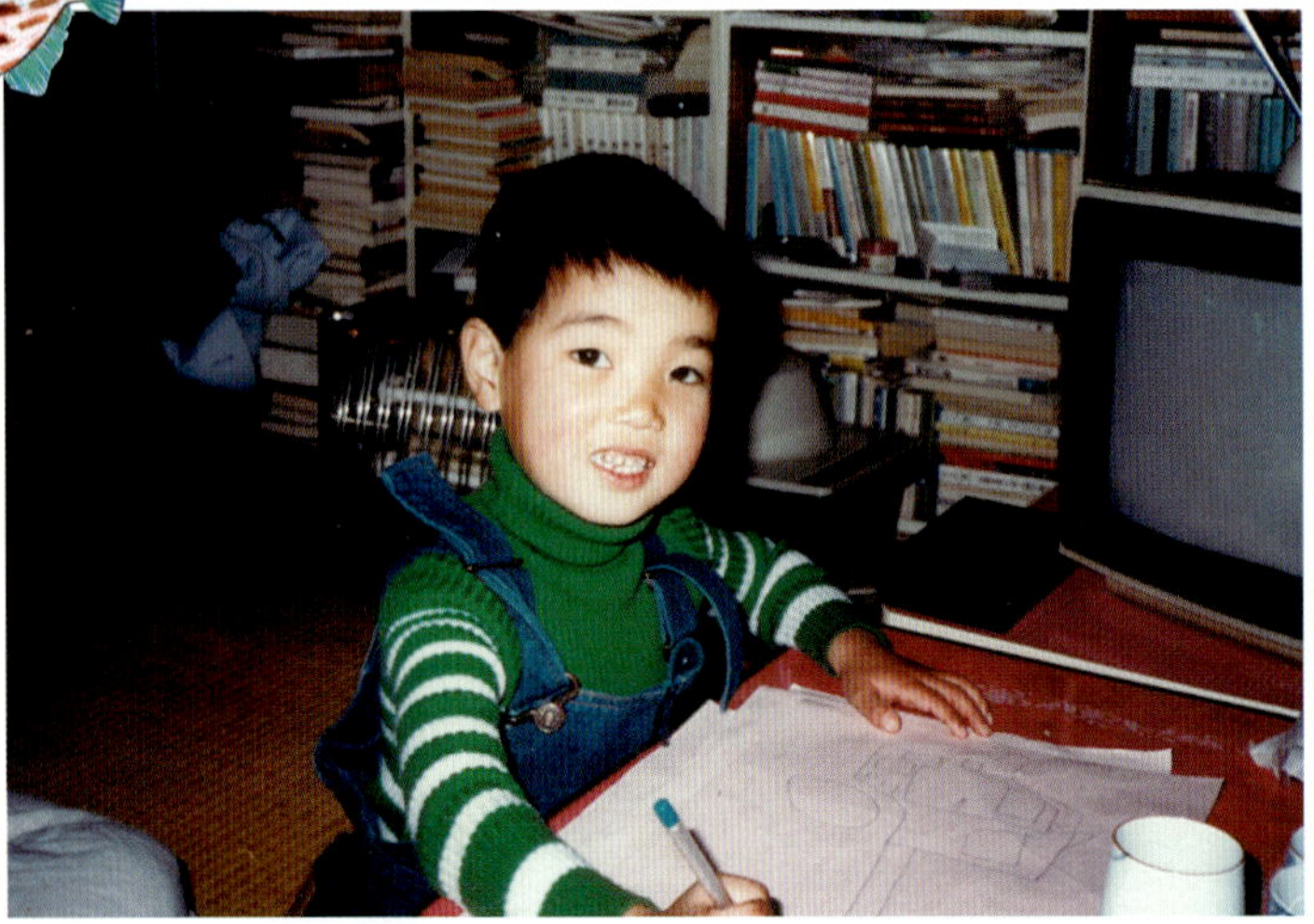

大好《だいす》きなお絵《え》かき（5歳《さい》ごろ）

幼魚《ようぎょ》のさかなクン（3歳《さい》ごろ）

幼魚《ようぎょ》のさかなクン（6歳《さい》ごろ）

お母《かあ》さんといっしょに

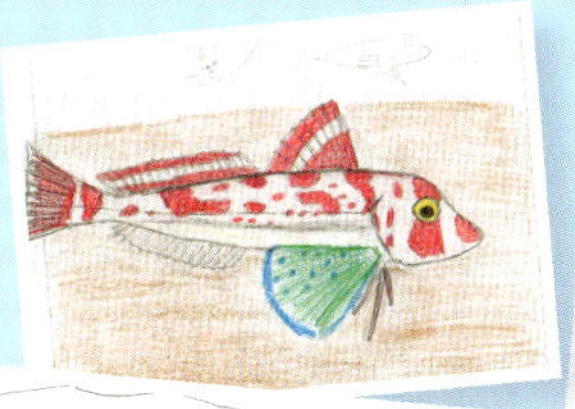

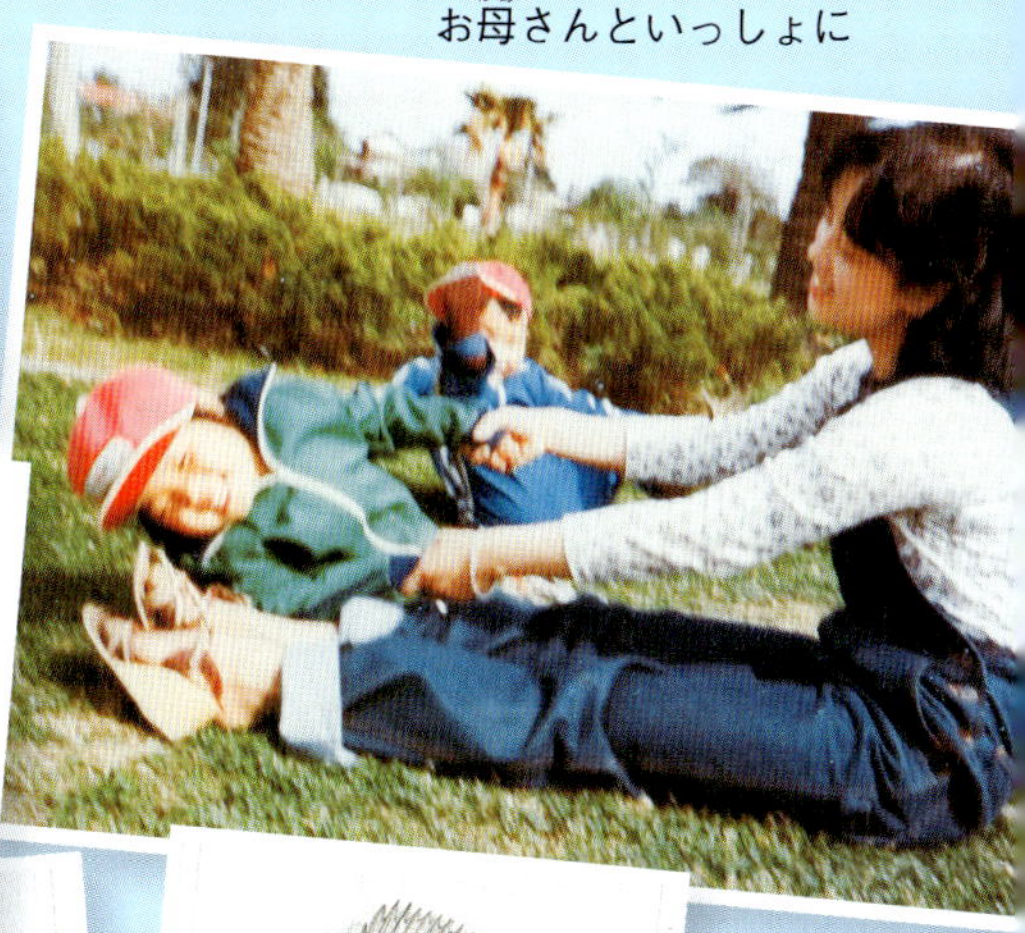

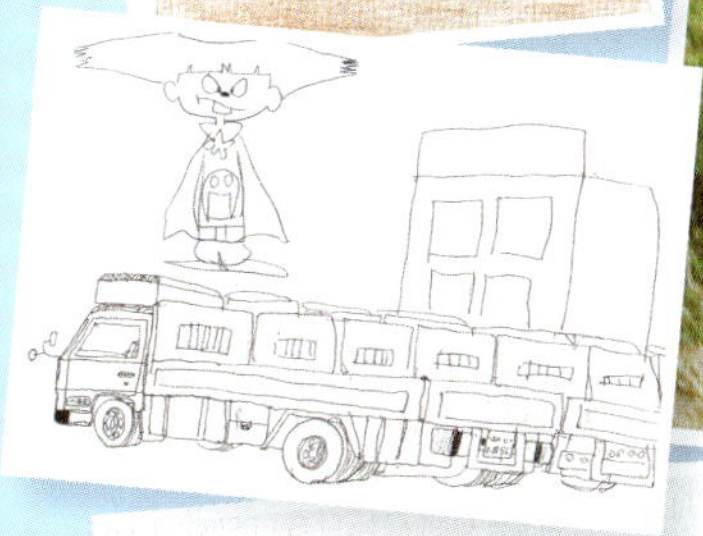

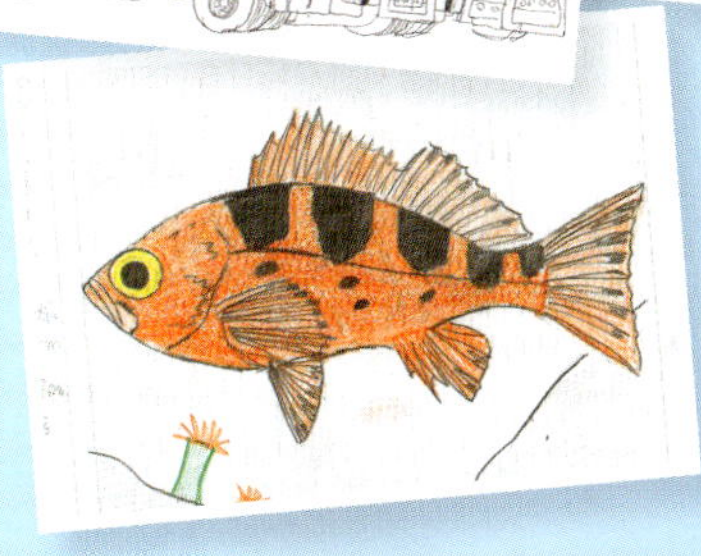

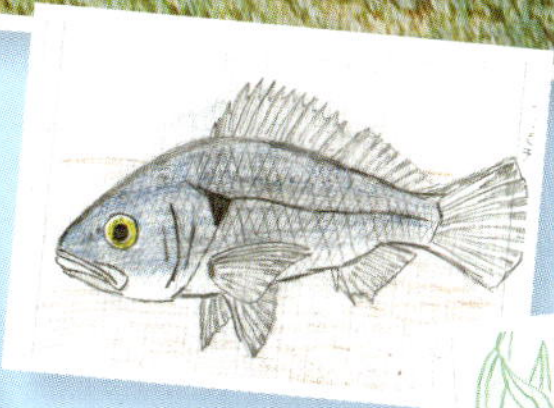

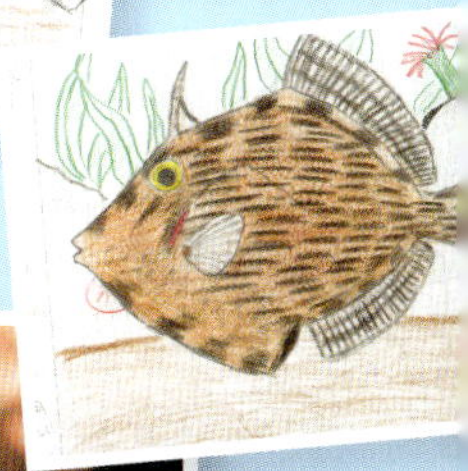

幼魚時代《ようぎょじだい》のお絵《え》かき

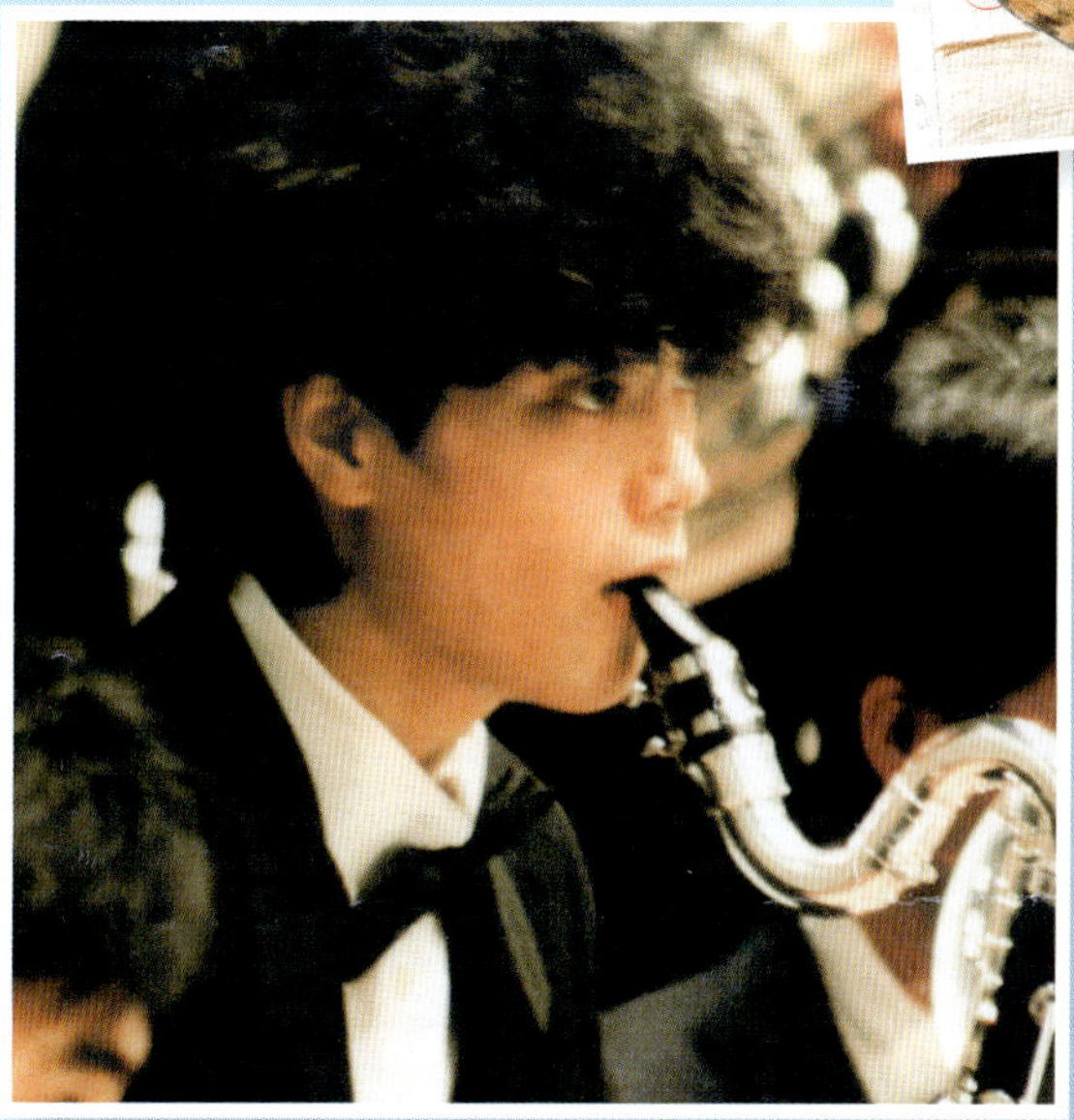

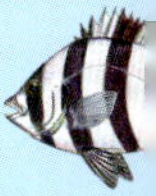

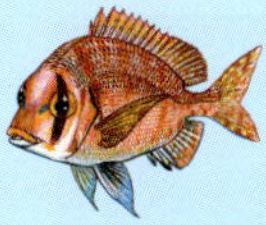

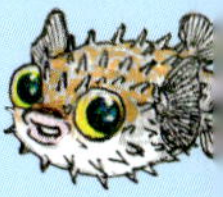

成魚《せいぎょ》のころ

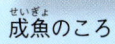

出世魚《しゅっせうお》、ブリちゃんでギョざいます！

東日本大震災《ひがしにほんだいしんさい》の被災地《ひさいち》訪問《ほうもん》

感動《かんどう》が大漁《たいりょう》です！

クニマス生息確認《せいいくかくにん》につながったお魚《さかな》たち

さかなクンの一魚一会《いちギョいちえ》

～まいにち夢中《むちゅう》な人生《じんせい》！～

目　次

ギョギョ

はじめに

AM《エーエム》3時《じ》。館山《たてやま》の自宅《じたく》にいるときは、たいていこのくらいの時間《じかん》に自然《しぜん》と目《め》がさめてしまいます。なぜかというと、朝《あさ》からとってもステキなことが待《ま》っているからです。

念《ねん》のためにかけておいた目覚《めざ》まし時計《どけい》を止《と》め、顔《かお》をバシャバシャと洗《あら》い、身支度《みじたく》をととのえたら、さあ出発《しゅっぱつ》！

さてどこに？　それはもちろん、近所《きんじょ》にある大《だい》好《す》きな漁港《ぎょこう》！　そこで仲《なか》のよい漁師《りょうし》さんの船《ふね》に乗《の》せてもらい、いっしょに漁《りょう》へ出《で》るのです。

沖《おき》につくと、漁場《ぎょじょう》にしかけてある網《あみ》を引《ひ》っ張《ぱ》り

朝《あさ》の海《うみ》は感動《かんどう》が大漁《たいりょう》です。

上《あ》げ、そのなかに入《はい》ったお魚《さかな》を獲《と》るという定置網《ていちあみ》という漁法《ぎょほう》。網《あみ》を引《ひ》き上《あ》げるまでは、どんなお魚《さかな》が入《はい》っているかわからない、まるで宝探《たからさが》しのような漁《りょう》なのです。

みんなで力《ちから》を合《あ》わせて網《あみ》を手繰《たぐ》り寄《よ》せていくと、海《うみ》の中《なか》からじょじょにあらわれるお魚《さかな》さんたちの姿《すがた》！　ピチピチ跳《は》ねるたくさんのお魚《さかな》が見《み》えてくる瞬間《しゅんかん》は、いつもドッキドキワクワクが止《と》まらなくなります。

「ギョギョー！　ネコザメちゃんに、マアジちゃん、シマアジちゃん、カサゴちゃんまで！　今日《きょう》もたくさんのお魚《さかな》に出会《であ》えましたー！　あー！　あそこにはハコフグちゃんも‼」

いろんなお魚《さかな》に出会《であ》えるものだから、船《ふね》に乗《の》せていただくと毎回大興奮《まいかいだいこうふん》してしまいます。

漁《りょう》のお手伝《てつだ》いをしつつ、とれたお魚《さかな》のデータを記録《きろく》させてもらったら、お魚《さかな》さんたちをわけていただき、すぐ近《ちか》くにある東京海洋大学《とうきょうかいようだいがく》の研究施設《けんきゅうしせつ》、館山《たてやま》ステーションへ。そこでデータをまとめたり、お魚《さかな》さんたちの絵《え》を描《えが》いたりします。そして午後《ごご》からはダイビング！　海《うみ》の中《なか》へ、お魚《さかな》さんたちに会《あ》いにいくのです！

「さかなクン」という名前《なまえ》のとおり、日々《ひび》の生活《せいかつ》は朝《あさ》から晩《ばん》まで魚《さかな》、さかな、サカナの毎日《まいにち》。たくさんのお魚《さかな》さんたちとの一魚一会《いちギョいちえ》の出会《であ》いを通《とお》して、元気《げんき》とパワー、そしてなによりも尽《つ》きることのない大《おお》いなる刺激《しげき》と感動《かんどう》をいただいております。

お魚《さかな》が好《す》きで好《す》きで、とにかく大好《だいす》きで。ただひたすらお魚《さかな》さんたちだけを夢中《むちゅう》で追《お》いつづけていたら、気《き》がつくと「さかなクン」としてこの場所《ばしょ》にいました。

そんな奇跡《きせき》のような、けれど必然《ひつぜん》のような、なんだか不思議《ふしぎ》なわが人生《じんせい》。でも半生《はんせい》を振《ふ》り返《かえ》ってみて、ひとつだけ確《たし》かだと思《おも》えることがあります。

それは、〝好《す》きに勝《まさ》るものはなし〟ということです。好《す》きだから、もっともっと知《し》りたくなって、知《し》れば知《し》るほどたくさんの感動《かんどう》をいただいて、夢《ゆめ》も広《ひろ》がって。そして「さかなクン」ができあがったのです。

お魚《さかな》の世界《せかい》に出会《であ》ったばかりの幼《おさな》いころの自分《じぶん》が、いまの姿《すがた》を見《み》たらなんと言《い》うだろう、とときどき思《おも》うことがあります。たぶん、こう言《い》うんじゃないかな。

「ずっとお魚《さかな》といっしょだなんて！　うわぁ〜〜い！　お魚《さかな》の神様《かみさま》、本当《ほんとう》に本当《ほんとう》に、ありがとうギョざいます！」

好《す》きになると一直線《いっちょくせん》

いまでこそ、みなさまから「さかなクン」と呼《よ》んでいただき、お魚《さかな》の世界《せかい》を紹介《しょうかい》させていただいていますが、じつは最初《さいしょ》からお魚一筋《さかなひとすじ》だったわけではないのです。

小《ちい》さなころから、絵《え》を描《えが》くのが大好《だいす》きでした。母《はは》や祖母《そぼ》いわく、物心《ものごころ》つくよりもずっと前《まえ》、ハイハイをするかしないかくらいの赤《あか》ちゃんのころから、紙《かみ》と描《えが》くものさえあれば終始《しゅうし》ごきげんで、いつもなにかを夢中《むちゅう》で描《えが》いていたといいます。おもちゃも好《す》きになると、とことん。ほかのおもちゃには目《め》もくれなかったといいます。

母《はは》が教《おし》えてくれた象徴的《しょうちょうてき》なエピソードがあります。2〜3歳《さい》のころでしょうか。公《こう》園《えん》が大好《だいす》きで、ふたつ上《うえ》の兄《あに》とよく遊《あそ》びに連《つ》れていってもらいました。なかでも自分《じぶん》がいちばん好《す》きだったのが砂遊《すなあそ》び。毎回《まいかい》、器用《きよう》にまんまるの泥《どろ》だんごを作《つく》っては、それを砂場《すなば》の縁《ふち》にひとつずつていねいにならべていくのです。

兄《あに》は2〜3個《こ》作《つく》るとすぐに飽《あ》きて、ほかの遊具《ゆうぐ》に走《はし》っていくのですが、自分《じぶん》はというと一心不乱《いっしんふらん》にひたすら泥《どろ》だんごを黙々《もくもく》と作《つく》りつづけていたのだとか。

夕方《ゆうがた》になり、母《はは》が、「もうそろそろおうちへ帰《かえ》ろう。」と言《い》っても、「砂場《すなば》の縁全部《ふちぜんぶ》に泥《どろ》だんごを置《お》くまで帰《かえ》らない。」と言《い》ってゆずらず、本当《ほんとう》にきっちり砂場《すなば》を泥《どろ》だんごで囲《かこ》むまで動《うご》かなかったといいます。そして完成《かんせい》すると大喜《おおよろこ》びで砂場《すなば》のまわりをスキップしながらグルグル回《まわ》り、だんごの数《かず》を数《かぞ》え、「今日《きょう》は112個《こ》だった！」と満足《まんぞく》げに言《い》いながら、ようやく家路《いえじ》についたのだそうです。

どうやら、一度好《いちどす》きになったら止《と》まらない、最《さい》後《ご》までやりきらないと気《き》がすまない性格《せいかく》は、生《う》まれたときから変《か》わっていないようです。

泥《どろ》だんごを並《なら》べる。

はじめは「トラッククン」

自分《じぶん》が生《う》まれて初《はじ》めて夢中《むちゅう》になったもの。それは、トラックでした。愛読書《あいどくしょ》は『はたらくじどうしゃ』の絵本《えほん》。ボロボロになるまで、いつも夢中《むちゅう》で眺《なが》めていました。乗用車《じょうようしゃ》にはまるで興味《きょうみ》がありませんでした。

乗用車《じょうようしゃ》とはちがって、トラックにはいろいろな形《かたち》があり、動《うご》きにも特徴《とくちょう》のあるものがたくさん。そんなトラックたちが、自分《じぶん》にはまるで動物《どうぶつ》のように思《おも》えたのです。ライトが目《め》で、ナンバープレートが口《くち》で。背中《せなか》が動《うご》いたり、お尻《しり》があいたり……。そうやって見《み》てみると、街《まち》の中《なか》を走《はし》っているトラックたちがとても生《い》き生《い》きと意志《いし》を持《も》って動《うご》いているように見《み》えてくるのです。

「あ、あの三菱《みつびし》キャンター、かわいい顔《かお》してるなあ。」

「いすゞのエルフは、なんて表情豊《ひょうじょうゆた》かなんだろう。」

幼魚時代《ようぎょじだい》のイラスト

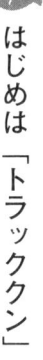

そんなことを思《おも》いながら、道路《どうろ》をガーッと重低音《じゅうていおん》とともに走《はし》り抜《ぬ》けていくトラックを見《み》ては、夢中《むちゅう》でトラックの絵《え》を描《えが》いていました。

ダンプトラック

ある日《ひ》のこと。近所《きんじょ》に一台《だい》の2t《トン》ダンプトラックが止《と》まっているのを見《み》つけました。

「わあ！　ダンプトラックだあ！」

すぐさま走《はし》り寄《よ》って、前《まえ》から見《み》たり後《うし》ろから見《み》たり、でっかいタイヤをペシペシたたいてみたりして遊《あそ》んでいたのですが、どうしても大《おお》きな荷台《にだい》の上《うえ》に登《のぼ》ってみたくなりました。けれどまわりを見渡《みわた》してもトラックの持《も》ち主《ぬし》らしきおじさんはどこにも見《み》当《あ》たりません。

（おじさんいないし、登《のぼ》っちゃお！）

思《おも》いついたらすぐ実行《じっこう》しなくてはいられない性格《せいかく》はこのころから。勝手《かって》にサイドについているハシゴを登《のぼ》って、せーのでジャンプをして、ついに荷台《にだい》の上《うえ》へ！

「これが荷台《にだい》かあ。思《おも》っていたよりけっこう広《ひろ》いやー。わ――い！」
荷台《にだい》に乗《の》れたことがうれしくてうれしくて、しばらくの間《あいだ》、幼稚園《ようちえん》で習《なら》ってきた歌《うた》を大《おお》きな声《こえ》で歌《うた》いながら、荷台《にだい》の上《うえ》をグルグル飛《と》び跳《は》ねていました。すると、持《も》ち主《ぬし》らしき工事現場《こうじげんば》のおじさんが、荷台《にだい》の横《よこ》に仁王立《におうだ》ちしています。

いつのまにやら、どこからか戻《もど》ってきていたようです。

「どうしよう、おこられる！」と思《おも》ったけれど、そのおじさんはニコニコ笑《わら》っているだけでした。あまりにもうれしそうで楽《たの》しそうな自分《じぶん》の姿《すがた》を見《み》て、注意《ちゅうい》できなくなってしまったのかもしれません。

「ぼうや、そんなに好《す》きなのか。転《ころ》ぶなよ。」

そう言《い》うだけで、降《お》りなさいともやめなさいとも言《い》いませんでした。それどころか特別《とくべつ》に運転席《うんてんせき》にも座《すわ》らせてくれ、荷台《にだい》の動《うご》かし方《かた》まで教《おし》えてくれたのでした。

幼魚時代《ようぎょじだい》のイラスト

ゴミ収集車《しゅうしゅうしゃ》の楽園《らくえん》

トラックのなかでもとくに好《す》きだったのはゴミ収集車《しゅうしゅうしゃ》です。東京都《とうきょうと》の前《まえ》が白《しろ》、後《うし》ろがブルーのツートンカラーのゴミ収集車《しゅうしゅうしゃ》がたまらなくかっこよく見《み》えて、走《はし》っているのを見《み》つけると、「待《ま》ってー!」と追《お》いかけていってしまうほどでした。

母《はは》は、そうやって夢中《むちゅう》でキャッキャとよろこんでいる姿《すがた》を見《み》るのがうれしかったようです。あるとき幼稚園《ようちえん》から帰《かえ》ると、母《はは》がとつぜんこんなことを言《い》いだしました。

「マーちゃん、今日《きょう》はこれからいいところへ連《つ》れていってあげるよ。」

「いいところって、なになになーに? もしかして、アイス買《か》ってくれるのー?」

「いいからいいから。とりあえず車《くるま》に乗《の》って!」

わけもわからず車《くるま》に乗《の》りこむと、母《はは》はなにも言《い》わずに車《くるま》を発進《はっしん》させました。

(いいところってどこだろう。おっきな公園《こうえん》かなあ。それとも、お菓子《かし》買ってくれるのかなあ。お母《かあ》さんたら、ニコニコしちゃってたけど、なんか変《へん》なの。)

そんなことを思《おも》いながらしばらく車《くるま》にゆられていると、母《はは》が、

「マーちゃん、目《め》をつぶって下《した》を向《む》いてなさい。」

と言《い》います。

「どうして？」

「いいから！」

有無《うむ》を言《い》わさない雰囲気《ふんいき》に、ちょっと怖《こわ》くなっていそいで目《め》をつぶりました。すると、ガタンガタンガタン。車《くるま》が左右《さゆう》に大《おお》きくゆれはじめます。

（でこぼこ道《みち》だ！　なんでこんな道《みち》に？）

「まだ？　まだ目《め》をつぶってなきゃダメ？」

「まだよ。」

「お母《かあ》さん、どこいくの？　ちょっとドキドキするよぉ。」

「もうちょっとよ。」

そんなやりとりを5回《かい》ほどくり返《かえ》すと、ようやく車《くるま》が止《と》まりました。

「もう目《め》を開《あ》けていいわよ。」

その母《はは》の声《こえ》を合図《あいず》に、おそるおそる目《め》を開《あ》けると、

「んわああああああ！　ここはどこなのー！　す、すご——い！」

おどろきのあまり、思《おも》わず大絶叫《だいぜっきょう》！　だってだって、目《め》の前《まえ》には見渡《みわた》す限《かぎ》りのゴミ収集車《しゅうしゅうしゃ》、あの大好《だいす》きなゴミ収集車《しゅうしゅうしゃ》がズラ——ッと並《なら》んでいたのです！

そう、そこはゴミ収集車《しゅうしゅうしゃ》の車庫《しゃこ》。地域《ちいき》のゴミ収集車《しゅうしゅうしゃ》が、一堂《いちどう》に集《あつ》められていました。

いつも見《み》かける2ｔ《トン》ゴミ収集車《しゅうしゅうしゃ》はもちろん、見《み》たこともないほど巨大《きょだい》なものや特殊《とくしゅ》な形《かたち》のゴミ収集車《しゅうしゅうしゃ》までもが、我《わ》が家《や》の車《くるま》をとりかこむかのようにお行儀《ぎょうぎ》よくならんでいたのです。

母《はは》は、いつもゴミ収集車《しゅうしゅうしゃ》を見《み》るたびにはしゃいでいる自分《じぶん》の様子《ようす》を見《み》ていて、ここに連《つ》れてきたらよろこぶにちがいないと、ナイショにして連《つ》れてきてくれたのでした。そんな母《はは》のサプライズに感動《かんどう》！　なによりもトラック、とくにゴミ収集車《しゅうしゅうしゃ》が好《す》きだった自分《じぶん》にとっては、どんな遊園地《ゆうえんち》や大《おお》きなおもちゃ屋《や》さんよりも魅力的《みりょくてき》な場所《ばしょ》でギョざいました。

「お母《かあ》さん、すごいよ、すっごいすっごい。こんな夢《ゆめ》のような場所《ばしょ》があるんだねぇ。なんだか、夢《ゆめ》の中《なか》にいるみたいだよ。心臓《しんぞう》らへんがなんかふわふわしてる！」

それからゴミ収集車《しゅうしゅうしゃ》のまわりを走《はし》り回《まわ》ったり、一台《だい》一台《だい》いろんな角度《かくど》から眺《なが》めてみたり、ペシペシとたたいてみたり。その日《ひ》は日《ひ》が暮《く》れるまで飽《あ》きることなく、ゴミ収《しゅう》集車《しゅうしゃ》を楽《たの》しみました。あのとき見《み》たド迫力《はくりょく》なゴミ収集車《しゅうしゅうしゃ》の楽園《らくえん》、そして母《はは》の満足気《まんぞくげ》な笑顔《えがお》は、いまでも鮮明《せんめい》に目《め》の奥《おく》に焼《や》きついています。思《おも》えばこれが、自分《じぶん》にとって生《う》まれて初《はじ》めての〝感動《かんどう》〟の体験《たいけん》だったかもしれません。

「トラッククン」から「妖怪《ようかい》クン」へ

1982年《ねん》、当時住《とうじす》んでいた神奈川県綾瀬市《かながわけんあやせし》の小学校《しょうがっこう》に入学《にゅうがく》しました。恥《は》ずかしがりやでおとなしい性格《せいかく》。運動《うんどう》はからきしダメ。クラスにかならずひとりはいる、静《しず》かで目立《めだ》たないタイプの男《おとこ》のコでした。小学生《しょうがくせい》になっても、あいかわらず絵《え》とトラックが大好《だいす》きでした。

クラスのみんながいっせいに外《そと》へ飛《と》び出《だ》していく休《やす》み時間《じかん》も、机《つくえ》にむかっていつもトラックの絵《え》を描《えが》いて遊《あそ》んでいました。友達《ともだち》がいなかったわけでも仲間《なかま》はずれにされていたわけでもありません。絵《え》を描《えが》いていることが、どんな遊《あそ》びよりもいちばん楽《たの》しかったのです。

そのころ、トラックとおなじくらい夢中《むちゅう》になったものが、もうひとつあります。それは、なんと妖怪《ようかい》！　出会《であ》いは、『ゲゲゲの鬼太郎《きたろう》』で有名《ゆうめい》な水木《みずき》しげる先生《せんせい》の漫画《まんが》でした。水木先生《みずきせんせい》の妖怪《ようかい》を初《はじ》めて見《み》たときの衝撃《しょうげき》はいまでも覚《おぼ》えています。

「ぎょえ――――。おっかねええ！　なんだこれ。」

　その異様《いよう》な気味《きみ》の悪《わる》さに、思《おも》わず自分《じぶん》の目玉《めだま》まで飛《と》び出《で》てしまうんじゃないか、と思《おも》ったほどでした。気味悪《きみわる》さと同時《どうじ》にビックリしたのが、絵《え》の描《えが》かれ方《かた》。すべて点々《てんてん》で描《えが》かれた、まるで砂《すな》のような絵《え》なのです。その描《えが》き方《かた》にとっても感動《かんどう》しました。

「点々《てんてん》だけでこんなふうに絵《え》になるんだ、

水木《みずき》しげる先生《せんせい》に鬼太郎《きたろう》さんと目玉《めだま》おやじさんとお魚《さかな》の作品《さくひん》を描《えが》いていただきました。

すっごいなあ！」

その技法《ぎほう》に、目《め》の前《まえ》でマジックを見《み》せられたような気分《きぶん》になったのです。ところが、あらためてよーく見《み》てみると、どの妖怪《ようかい》たちも目《め》がキョロンとしていたり舌《した》がべろ〜んとのびていたりして、けっこう愛嬌《あいきょう》のあるお顔《かお》。

「あれ、案外《あんがい》かわいいのかも⁉」

どんどん水木《みずき》先生《せんせい》の描《えが》く妖怪《ようかい》の魅力《みりょく》に引《ひ》きこまれていきました。

「このペラペラの長《なが》〜い妖怪《ようかい》はなんだ？　へえ、〝一反《いったん》もめん〟っていうのかあ、乗《の》ってみたいなあ。ん？　〝ぬりかべ〟？　なんかこんにゃくみたいだな。ひゃー、この不思議《ふしぎ》なのは、〝ひょうすべ〟だって。おもしろーい。」

種類《しゅるい》も多《おお》く、インパクトのある風貌《ふうぼう》や表情《ひょうじょう》の妖怪《ようかい》たち。見《み》ていると、次々《つぎつぎ》に新《あら》たなきもかわ妖怪《ようかい》たちが出《で》てきます。毎日《まいにち》夢中《むちゅう》になって水木《みずき》先生《せんせい》の漫画《まんが》を読《よ》んではマネして描《えが》いてみたり、図鑑《ずかん》で妖怪《ようかい》について調《しら》べたりするのが、日々《ひび》の楽《たの》しみになっていきました。

おかげで小学《しょうがく》2年生《ねんせい》になったころには、妖怪《ようかい》のまめ知識《ちしき》を披露《ひろう》するたび、教室《きょうしつ》のみんなから「へえ〜！」と感心《かんしん》してもらえるくらい、妖怪《ようかい》にくわしくなっていたのです。その後《ご》お魚《さかな》に出会《であ》わなかったら、もしかしたらいまごろ「ようかいクン」と呼《よ》ばれていたかもしれません。

運命《うんめい》の落書《らくが》き

そんなトラックと妖怪《ようかい》ばかりを描《えが》いていた小学《しょうがく》2年生《ねんせい》のある日《ひ》のこと。その日《ひ》は日《にっ》直《ちょく》で、ノートを机《つくえ》の上《うえ》に出《だ》しっぱなしにしたまま、黒板《こくばん》を消《け》すため席《せき》を離《はな》れていました。キレイに消《け》し終《お》えて、真《ま》っ白《しろ》になった手《て》を洗《あら》い、自分《じぶん》の席《せき》へ戻《もど》ろうとしたときです。友達《ともだち》が、ボクの席《せき》で一生懸命《いっしょうけんめい》なにかを描《えが》いている姿《すがた》が目《め》に飛《と》び込《こ》んできました。その友達《ともだち》は、色黒《いろぐろ》でスポーツ万能《ばんのう》、クラスのリーダー的存在《てきそんざい》でした。席《せき》に近《ちか》づくと、その友達《ともだち》はサッと自分《じぶん》の席《せき》にもどり、ニヤニヤしながらとなりの席《せき》のコとおしゃべりをはじめました。

（なんかイタズラしてたのかなあ。んもう！）

けれど見《み》た感《かん》じ、なにも変《か》わった様子《ようす》はありません。ところが、無造作《むぞうさ》に広《ひろ》げられた自分《じぶん》のノートを見《み》た瞬間《しゅんかん》、体《からだ》の中《なか》でどっかーん！　と、なにかが爆発《ばくはつ》したような、いままで感《かん》じたことのないような強《つよ》い衝撃《しょうげき》を受《う》けたのです！

（なんだ、なんだこの絵《え》は‼）

まあるい頭《あたま》に、いまにもぶわぁっと飛《と》び出《だ》してきそうなまんまるの目《め》。まるくつきでた口《くち》からは、ブッフォーと真《ま》っ黒《くろ》いものをモクモク発射《はっしゃ》しています。そのうえ、足《あし》は二本《ほん》どころか、びゅるるーんとくねくねした足《あし》が何本《なんぼん》もついています。そんなえたいの知《し》れない生《い》き物《もの》の絵《え》が、自分《じぶん》のノートにド迫力《はくりょく》で描《えが》かれていたのでした。

しかもそれが、〝ビーム〟とか〝ぶっしゃー〟という効果音《こうかおん》とともにウルトラマンと戦《たたか》っているのです。濃《こ》い鉛筆《えんぴつ》でぐわぁーっと勢《いきお》いよく描《えが》かれたその絵《え》の強《つよ》さに、イタズラ書《が》きをされて怒《おこ》るどころか、度肝《どぎも》を抜《ぬ》かれてしまいました。

（ぐおぉぉ。いまにもノートから飛《と》び出《だ》してきそうだ。すごい迫力《はくりょく》！　ウルトラマンと戦《たたか》っているこれ、いったい何者《なにもの》なの？　こんなの本当《ほんとう》にいるのかな。なんだろう、なんて生《い》き物《もの》なんだろう。）

その友達《ともだち》に、

「これなに？　なんなの？」

と聞《き》いてみたけれど、彼《かれ》はケラケラ笑《わら》っているだけ。そうこうしているうちに授業開《じゅぎょうかい》始《し》のチャイムが鳴《な》り、その絵《え》について聞《き》くチャンスがなくなってしまいました。
（妖怪《ようかい》なのかな。でもウルトラマンと戦《たたか》っているってことは、怪獣《かいじゅう》？　こんな敵《てき》、出《で》てきたっけ？　う——ん、でも動物《どうぶつ》かなあ。やっぱりなにか生《い》き物《もの》のような気《き》がするなあ。）

　そのあとの授業《じゅぎょう》は、まったく頭《あたま》に入《はい》ってきませんでした。教科書《きょうかしょ》を開《ひら》くことも忘《わす》れ、ノートに描《えが》かれたイタズラ書《が》きから目《め》を離《はな》すことすらできず、頭《あたま》の中《なか》は、その描《えが》いた絵《え》と「？」でいっぱいになってしまいました。

タコ！　タコだったんだ！

　その日《ひ》の放課後《ほうかご》、絵《え》の正体《しょうたい》を探《さぐ》るべく、帰《かえ》りの会《かい》が終《お》わるとすぐさま、学校《がっこう》の図書《としょ》室《しつ》にかけこみました。そして図鑑《ずかん》のコーナーへ一直線《いっちょくせん》！　『生《い》き物《もの》』『動物《どうぶつ》』『恐竜《きょうりゅう》』『虫《むし》』『魚《さかな》』『海《うみ》の生《い》き物《もの》』……、生《い》き物関係《ものかんけい》がのっている図鑑《ずかん》をぜんぶ引《ひ》っ張《ぱ》り出《だ》すと、ランドセルを背負《せお》ったまま床《ゆか》に座《すわ》りこんで片《かた》っ端《ぱし》から見《み》ていきました。

妖怪《ようかい》にハマっているときから、知《し》らない妖怪《ようかい》が出《で》てくるとすぐに図鑑《ずかん》や本《ほん》で調《しら》べることが習慣《しゅうかん》になっていたので、当《あ》たり前《まえ》のように、わからない＝《イコール》図鑑《ずかん》だと思《おも》ったのです。

「にょろにょろ足《あし》がいっぱいあってー、頭《あたま》がまるくて、口《くち》から黒《くろ》いものを発射《はっしゃ》して……。」

絵《え》に描《えが》いてあったヒントをブツブツつぶやきながら、ひたすらページをめくっていきました。けれど、これだというものが、なかなか見《み》つかりません。

「はあ。これで図鑑最後《ずかんさいご》になっちゃう。もしかして生《い》き物《もの》じゃなかったのかなあ。」

すこし不安《ふあん》になりながら、最後《さいご》に『水《みず》の生《い》き物《もの》』という図鑑《ずかん》にたどりつきました。真《ま》ん中《なか》らへんまで見《み》たところだったでしょうか、ついに！　ついに見《み》つけたのです！

「あ。あったぞ――！　いたいた！　これだ、きっとこれだ。ひゃ――、タコっていうんだ！　あのたこ焼《や》きのタコ!?　へえー！」

頭《あたま》の中《なか》のもやもやとした霧《きり》が、ぱあっと晴《は》れた瞬間《しゅんかん》でした。あの絵《え》の正体《しょうたい》が、海《うみ》でくらす生《い》き物《もの》で、しかも〝タコ〟だということがわかったのは、図書室《としょしつ》に駆《か》け込《こ》んで一時間以上《じかんいじょう》たってからのことでした。

本物《ほんもの》だあ！

タコタコタコ。まさかあのタコだったとは！　いままで当《あ》たり前《まえ》のように、たこ焼《や》きもタコのお刺身《さしみ》も食《た》べていたのに、そういえば料理《りょうり》される前《まえ》のタコがどんな姿《すがた》だったのかなんて、考《かんが》えたこともなかった！　まさかこんなに不思議《ふしぎ》な生《い》き物《もの》だったなんて！　それにしてもなんておもしろい形《かたち》なんだろう。触《さわ》ったらグニョグニョしてるのかなあ。やわらかそうだよなあ。ん――、気《き》になる。見《み》てみたい、本物《ほんもの》を見《み》てみたい！

タコってどこにいったら会《あ》えるんだろう……。

タコだとわかった瞬間《しゅんかん》から、頭《あたま》の中《なか》はタコ一色《いっしょく》。タコに会《あ》えそうなところを考《かんが》えていたとき、パチン！　ひらめいちゃったのです、近《ちか》くてすぐタコがいそうなところ！

マダコちゃん

「お魚屋《さかなや》さんだ！」
そう思《おも》いつくやいなや、『水《みず》の生《い》き物《もの》』の図鑑《ずかん》を片手《かたて》にランドセルを背負《せお》ったま
ま、いちばん近《ちか》くのお魚屋《さかなや》さんへと駆《か》けだしました。まだ小学《しょうがく》2年生《ねんせい》、本当《ほんとう》は学校帰《がっこうがえ》
りに寄《よ》り道《みち》をするなんて御法度《ごはっと》です。でもそのときの自分《じぶん》には、「本物《ほんもの》のタコに会《あ》い
たい！」この一心《いっしん》しかありませんでした。
近所《きんじょ》の商店街《しょうてんがい》にあるお魚屋《さかなや》さんに着《つ》くと、いました、いました！　お店《みせ》の中《なか》に置《お》い
てあるショーケースの中《なか》に、たったいま図鑑《ずかん》で見《み》たタコが！　想像《そうぞう》していたよりもは
るかに大《おお》きくて、ド迫力《はくりょく》！
「うっわあー。」
はじめて見《み》る本物《ほんもの》のタコにクギづけになっていると、お店《みせ》のおじちゃんが声《こえ》をかけ
てきました。
「へい！　いらっしゃい。ボクはなにを買《か》いにきたんだい？」
「あのね、タコを見《み》にきたんだけど、タコってこんなに大《おお》きいんだねえ、おじちゃ
ん。」
「ああ。でかいだろ、タコ。」

「うん。それに足《あし》が８本《ぽん》もあるんだねえ。」

「ははは、そうだよ。タコは８本《ぽん》、イカは10本《ぽん》って、ボク聞《き》いたことねえかい？」

「聞《き》いたことあったかなぁ。ねぇおじちゃん、このタコいくらなんですか？」

「このタコはでかいからなぁ。そうさなぁ、２０００円《えん》くらいかな。」

「に、にせんえん‼」

（そんなに高《たか》いんじゃ、お小遣《こづか》いでは買《か》えないや。）

　机《つくえ》の上《うえ》にある貯金箱《ちょきんばこ》の中《なか》を思《おも》い浮《う》かべてみたものの、中《なか》には茶色《ちゃいろ》い十円玉《えんだま》ばっかり。ぜんぶ集《あつ》めても、とうてい１０００円《えん》にすら届《とど》かなそうです。

（あーあ。タコ買《か》いたかったなぁ。おうち

お魚《さかな》屋《や》さんにて

に連《つ》れて帰《かえ》ってよーく見《み》てみたかったなぁ。)

肩《かた》を落《お》としながら家《いえ》に帰《かえ》ると、ちょうど母《はは》が晩《ばん》ご飯《はん》の買《か》い出《だ》しにいこうとしているところだったので、いっしょに連《つ》れていってもらいました。

着《つ》いたところは、近所《きんじょ》の大《おお》きなスーパー。店内《てんない》に入《はい》ると、一目散《いちもくさん》でお魚売《さかなう》り場《ば》を目指《めざ》しました。鮮魚《せんぎょ》コーナーでタコを探《さが》していると、〝真《ま》ダコ〟と表記《ひょうき》されたトレイを発見《はっけん》！　けれども、どれも足《あし》が３〜４本《ほん》だったり半分《はんぶん》に切《き》れていたり、タコがまるごと一杯《ぱい》で売《う》られているものがありません。ようやく端《はし》っこにひとつだけあったタコも、さきほどお魚屋《さかなや》さんで見《み》たタコに比《くら》べるとはるかに小《こ》ぶり。なのに値段《ねだん》は９００円《えん》！

(タコってけっこう高《たか》いんだなぁ……。こんなに高《たか》いの、お母《かあ》さんには頼《たの》めないや。)

幼心《おさなごころ》にもタコの意外《いがい》な高級《こうきゅう》さにとまどっていると、おでんコーナーに見《み》たこともないような小《ちい》さなタコがいるではないですか！　姿形《すがたかたち》はタコそのもの、けれど大《おお》きさは、消《け》しゴムサイズ。

「うっわあ。タコのミニチュアだあ。か〜わいい！」

しかも値段《ねだん》は一杯《ぱい》50円《えん》。破格《はかく》の安《やす》さです。

「きゃっはー。しかも安《やす》い！　お母《かあ》さん、このタコ、このタコ買《か》って〜！」

「あら、イイダコね。いいわよ。じゃあ今日《きょう》は久《ひさ》しぶりにおでんにしよっか。」

こうして買《か》ってもらった初《はじ》めてのタコ。うれしくてうれしくて、家《いえ》に帰《かえ》ると手《て》のひらにのせて、ずーっと眺《なが》めていました。

「ほわぁ。かっわいいなぁ。いろんな角度《かくど》から見《み》ると、またすっごくおもしろーい！」

小学生《しょうがくせい》の小《ちい》さな手《て》のひらにものせられるほど小《ちい》さなイイダコちゃん。吸盤《きゅうばん》の数《かず》をひとつひとつ数《かぞ》え、できるだけ忠実《ちゅうじつ》に絵《え》を描《えが》きました。いくら見《み》ていても、まったく飽《あ》きることはありませんでした。部屋《へや》中《じゅう》にタコの香《かお》りが充満《じゅうまん》し、お腹《なか》がグーグー鳴《な》っても、初《はじ》めてのタコ観察《かんさつ》はつづいたのでした。

頭《あたま》の中《なか》はタコだらけ

ノートに描《えが》かれたタコの絵《え》を見《み》た日《ひ》を境《さかい》に、自分《じぶん》の生活《せいかつ》はすべてがガラリと変《か》わっていきました。まず、なによりも激変《げきへん》したのが頭《あたま》の中《なか》。それまではトラックと妖怪《ようかい》で占《し》められていたのが、いっきにすべてがタコになってしまいました。

寝《ね》ても覚《さ》めてもタコタコタコ。休《やす》み時間《じかん》も家《いえ》に帰《かえ》ってからも、図書室《としょしつ》から借《か》りてきた図《ず》鑑《かん》『水《みず》の生《い》き物《もの》』のタコのページを眺《なが》めては、写真《しゃしん》を見《み》ながらタコの絵《え》を描《えが》いていました。授業中《じゅぎょうちゅう》だって、あの、世《よ》にも奇妙《きみょう》な姿《すがた》を思《おも》い浮《う》かべてはニヤニヤが止《と》まりません。授《じゅ》業《ぎょう》の内容《ないよう》なんて、これっぽっちも頭《あたま》に入《はい》ってきませんでした。

最初《さいしょ》に図書室《としょしつ》で借《か》りた図鑑《ずかん》一冊《さつ》では飽《あ》き足《た》らず、放課後《ほうかご》になると学校《がっこう》の図書室《としょしつ》や街《まち》の図《と》書館《しょかん》、本屋《ほんや》さんに通《かよ》いつめました。そして、タコののっている本《ほん》を片《かた》っ端《ぱし》から探《さが》しました。図鑑《ずかん》はもちろん、水中写真集《すいちゅうしゃしんしゅう》から、ダイ

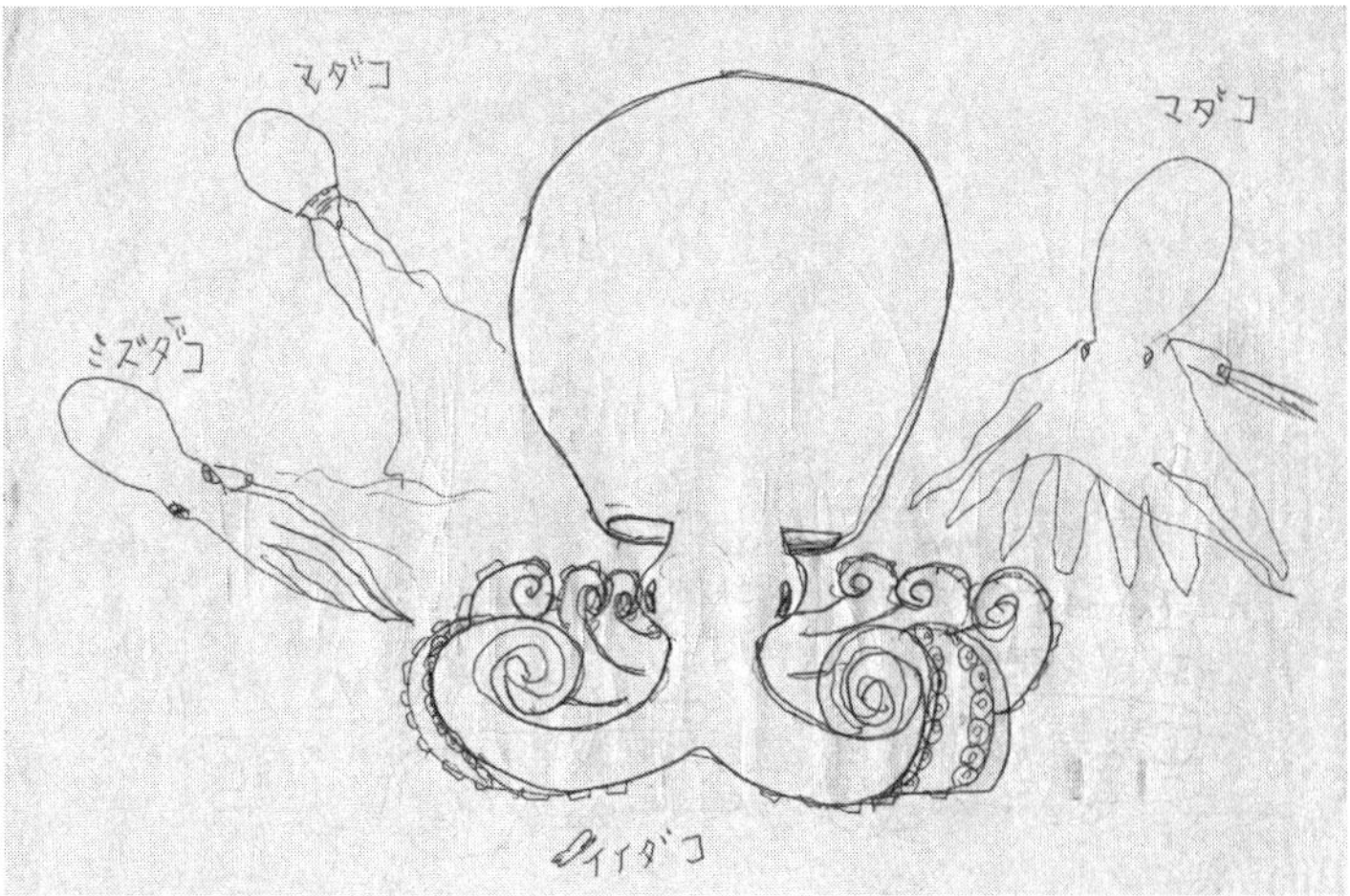

幼魚時代《ようぎょじだい》に描《か》いたタコのイラスト

ビングの本《ほん》、海外《かいがい》の文献《ぶんけん》、料理本《りょうりぼん》のタコ料理《りょうり》のページまで。〝タコ〟の文字《もじ》や写真《しゃしん》を見《み》つけようものなら、どんな類《たぐ》いの本《ほん》でも引《ひ》っ張《ぱ》り出《だ》して、「タコだー♪」と、写真《しゃしん》や絵《え》を眺《なが》めていました。

そして夕食《ゆうしょく》は毎日《まいにち》のようにタコをおねだり。それでも母《はは》はイヤな顔《かお》ひとつしませんでした。それどころかお刺身《さしみ》、煮込《にこ》み、酢《す》の物《もの》など味付《あじつ》けを変《か》えて1か月《げつ》ほども毎《まい》日《にち》、タコ料理《りょうり》を作《つく》りつづけてくれたのでした。

兄《あに》も「マー坊《ぼう》はタコが好《す》きなんだね。」と笑《わら》うだけ。毎日晩《まいにちばん》ご飯《はん》がタコばかりだと、文句《もんく》のひとつも出《で》そうなものですが、グチひとつ言《い》わず、毎日《まいにち》のタコ料理《りょうり》につきあってくれたのでした。

生《い》きてるタコに会《あ》いたい

こうして、本《ほん》やお魚屋《さかなや》さんでタコの写真《しゃしん》やゆでダコさんを毎日眺《まいにちなが》めているとどうなるか。やっぱり、生《い》きているタコさんに会《あ》いたくなってしまいます。

そこで、母《はは》に頼《たの》んで日曜日《にちようび》になるたびに、関東近辺《かんとうきんぺん》の水族館《すいぞくかん》へ連《つ》れていってもらうようになりました。

　水族館《すいぞくかん》にいくと、もちろんタコだけでなくいろいろなお魚《さかな》に出会《であ》うことができます。けれど、生《い》きたタコの姿《すがた》が見《み》たい一心《いっしん》の自分《じぶん》は、ほかの水槽《すいそう》にはいっさい目《め》もくれず、入館《にゅうかん》してから閉館《へいかん》の時間《じかん》までずーっと、タコの水槽《すいそう》の前《まえ》から離《はな》れませんでした。けれども、タコはほとんどの時間《じかん》をタコ壺《つぼ》にかくれていて、一日《いちにち》かけてもほんの少《すこ》ししか姿《すがた》を見《み》せてくれません。まさに忍耐勝負《にんたいしょうぶ》。たま〜にニョロッと出《で》てくる足《あし》や、のその〜っと動《うご》く姿《すがた》を見《み》つけたら、それはもう大興奮《だいこうふん》です。

「お母《かあ》さん、見《み》た？　いま足《あし》が動《うご》いたよ！」

「ねえ、なんで足《あし》がそれぞれちがう動《うご》きするんだろうね。おもしろいねぇ。」

「足《あし》の先《さき》っちょだけがクイクイッて動《うご》いてるぅ！」

と、キャッキャ言《い》いながら、ますますタコの水槽《すいそう》にかじりつくのでした。そんな自分《じぶん》の姿《すがた》を見《み》て、母《はは》は言《い》いました。

「へえ、タコっておもしろいんだねぇ。お母《かあ》さんもどんどんタコが好《す》きになってきたよ。」

　母《はは》が、タコの魅力《みりょく》に共感《きょうかん》してくれたうれしさ。そしてちょっとやそっとじゃ姿《すがた》を見《み》せてくれない、タコさんのいけずな態度《たいど》。このふたつがあいまって、恋《こい》する気持《きも》ちはますます燃《も》え上《あ》がっていくのでした。

ヒヨのおじいちゃん

日吉《ひよし》くんという幼稚園《ようちえん》からいっしょの幼《おさな》なじみがいました。あだ名《な》はヒヨ。ヒヨはちょっと乱暴者《らんぼうもの》で豪快《ごうかい》、ドラえもんでいうとジャイアンタイプ。おとなしかった自分《じぶん》は、小《ちい》さいころから泣《な》かされることもしばしばでした。

ある日《ひ》のことです。いつものように自分《じぶん》の席《せき》で静《しず》かにタコの絵《え》を描《えが》いていると、ヒヨがドカドカと大《おお》きな足音《あしおと》を立《た》てながら近《ちか》づいてきました。気配《けはい》を察《さっ》し、「小突《こづ》かれる!」と思《おも》い、反射的《はんしゃてき》に身構《みがま》えると、あれれ? 意外《いがい》なことにその日《ひ》は、ラリアートも頭突《ずつ》きもしてきません。描《えが》いていたタコの絵《え》をじーっとのぞきこむだけなのです。

「ヒヨ、ど、どうしたの?」

「そんなにタコが好《す》きなのかよ。」

「好《す》きだよー。タコってさ、おもしろいんだよ!」

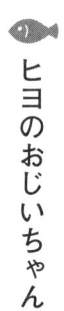

「だったらよ、オレのじいちゃんタコ獲《と》り名人《めいじん》だから会《あ》わせてやってもいいぜ。」

「へぇ、ほんとう⁉　そんなことヒヨ、いままで一度《いちど》も言《い》ってなかったじゃない！」

「忘《わす》れてたんだよ。ウソじゃねーよ、ホントだよ。」

「じゃあ会《あ》ってみたい！　絶対会《ぜったいあ》いたい！　タコ獲《と》り名人《めいじん》って、海《うみ》で自分《じぶん》で獲《と》るってことだよね？」

「あったりめーじゃねーか。」

「すごいよ、それ。ボクはとにかくタコが、本物《ほんもの》のタコが見《み》たいんだ。」

「じいちゃんに言《い》えば、タコなんていつでも見《み》せてくれるぜ。」

「やったー！　ヒヨ、ありがとう！」

「じゃあ夏休《なつやす》みに、いっしょにじいちゃん家《ち》いこうぜ。」

とつぜん、降《ふ》ってわいたようなタコさんとの出会《であ》いのチャンス！　ヒヨからの思《おも》いがけない誘《さそ》いを受《う》けた日《ひ》から、楽《たの》しみで楽《たの》しみで、その日《ひ》が待《ま》ち遠《どお》しくて仕方《しかた》ありませんでした。そしてついに夏休《なつやす》み到来《とうらい》！　タコさんに会《あ》える日《ひ》がやってきたのです！

タコ獲《と》りの現実《げんじつ》

夏休《なつやす》みに入《はい》った最初《さいしょ》の日曜日《にちようび》。母《はは》に、タコが獲《と》れたらおうちに持《も》って帰《かえ》ってきて育《そだ》てるからね、と宣言《せんげん》して、ヒヨのお父《とう》さんが乗《の》っているデコトラのように派《は》手派手《ではで》に装飾《そうしょく》されたキャンピングカーで、ヒヨの家族《かぞく》とともにおじいちゃんの住《す》んでいる千葉県《ちばけん》の金谷《かなや》に向《む》かいました。車《くるま》で約《やく》2時間《じかん》。ようやく車《くるま》が金谷《かなや》カーフェリーの港《みなと》に着《つ》くと、ヒヨのおじいちゃんはニコニコ顔《がお》で出迎《でむか》えてくれました。

「よくきたな。」

「は、はい！　今日《きょう》はありがとうございます！」

「こいつ、タコが大好《だいす》きでさ。学校《がっこう》でもずっとタコの絵描《えか》いてるんだぜ。タコが見《み》たいんだって。」

これも、マダコちゃん

と、ヒヨ。

「そうかそうか。だったらついてこい。いくらでも見《み》せてやるぞ。」

おじいちゃんはそう言《い》うと、その足《あし》で海《うみ》に連《つ》れていってくれました。

「いいか。まずタコを獲《と》るにはな、カニを獲《と》るんだ。」

「カニですか？」

「ああ。」

そう言《い》うと、長《なが》ーい竹《たけ》の棒《ぼう》の先《さき》に、お魚《さかな》の切《き》り身《み》をつけはじめました。

「これ、なんですか？」

「これはな、カニ獲《と》りの道具《どうぐ》だよ。棒《ぼう》の先《さき》っちょをよう見《み》てみい。細《ほそ》い糸《いと》が輪《わ》っかになってるだろ。この先《さき》を岩場《いわば》に突《つ》っ込《こ》んどくとな、カニがエサをとろうとしてハサミを伸《の》ばすから、その瞬間《しゅんかん》に輪《わ》っかにつながってる糸《いと》を引《ひ》け。そしたら輪《わ》っかがキュッと閉《と》じてつかまえられるんじゃ。」

ヒヨとふたり、見《み》よう見《み》まねでエサをつけ、おじいちゃんのように棒《ぼう》の先《さき》をテトラポッドの隙間《すきま》に突《つ》っこんでみました。けれどいくらやってもうまく獲《と》れません。その横《よこ》でおじいちゃんは、さすが名人《めいじん》。あっというまにバケツをイシガニでいっぱいにし

てしまいました。あまりの早業《はやわざ》に、

「じいちゃん、すっげーな。」

とふたりして口《くち》をあんぐり。

「なーんだ、おまえらぜんぜん獲《と》れてねーじゃねえか。」

小学生《しょうがくせい》チームの空《から》っぽのバケツを見《み》て、おじいちゃんはカラカラと笑《わら》いました。

「でーじょーぶだ。これだけカニさあれば、タコ獲《と》れっから。よし、タコ獲《と》りにいくぞ。」

そう言《い》うと、おじいちゃんは少《すこ》し外《はず》れた防波堤《ぼうはてい》へと移動《いどう》しました。おじいちゃんいわく、タコは防波堤《ぼうはてい》やテトラポッド、岩場《いわば》などにある隙間《すきま》の奥《おく》のほうに、じっと身《み》を潜《ひそ》めていることが多《おお》いらしいのです。

おじいちゃんは、先《さき》がL字形《エルじがた》で大《おお》きく太《ふと》い針《はり》が数本《すうほん》ついた、おじいちゃん特製《とくせい》の仕掛《しか》け（テンヤ）をとりだすと、さっき獲《と》ったイシガニをしばりつけ、防波堤《ぼうはてい》の際《きわ》にいきおいよく投《な》げ込《こ》みました。そして釣《つ》り糸《いと》をゆっくりゆっくりたぐり、しばらく糸《いと》の感触《かんしょく》をうかがったあと、

「よ――し！」

とつぶやくと、いっきにひきよせはじめました。すると、
「わわわあ、きゃああ。タコだあぁぁ！」
仕掛《しか》けの先《さき》に、ほんとうにほんとうにタコがついていたのです！　海《うみ》で生《い》きている
タコ（マダコ）を、生《う》まれてはじめて目《め》にした瞬間《しゅんかん》でした。夢《ゆめ》のような瞬間《しゅんかん》！　うれ
しくてうれしくて、「やったやった！　タコだタコだ！」と飛《と》び上《あ》がってよろこんで
いると、おじいちゃんはそのタコをすかさずつかまえ、とつぜん胴体《どうたい》のすきまにガッ
と指《ゆび》を入《い》れました。
「ちょ、ちょっとおじいちゃん、やめて！　タコが、タコが死《し》んじゃうよー。」
金切《かなき》り声《ごえ》で叫《さけ》ぶボクの声《こえ》なんか、まったく聞《き》こえてないかのように、おじいちゃん
の手《て》は止《と》まりません。おじいちゃんはタコの胴体《どうたい》をひっくり返《かえ》すと内臓《ないぞう》をブチッと引《ひ》
きちぎり、ビシビシと近《ちか》くの石《いし》にタコをたたきつけはじめました。
「ぎゃあああああ。やめて――。」
ビシビシビシ！
おじいちゃんはやめてくれません。
「な、なんてことするのー！」

「なにいってんだ、こうしなきゃうまくなんねーんだよ。」

おじいちゃんは、手《て》を休《やす》めることなく大声《おおごえ》で答《こた》えました。

あまりのショックで、体中《からだじゅう》の力《ちから》が抜《ぬ》けてへなへなとその場《ば》にくずおれてしまいました。そんな自分《じぶん》のまわりには、いろんなものが飛《と》び散《ち》っていました。そしてビシッバシッと、タコのたたきつけられる音《おと》だけがあたり全体《ぜんたい》に響《ひび》き渡《わた》っていました。

いま思《おも》えば、釣《つ》りというものが食《た》べるためにするものだということ。そして命《いのち》をいただくということがどういうことなのか。とってもたいせつなことを自分《じぶん》の目《め》で見《み》られた貴重《きちょう》な体験《たいけん》だったと思《おも》うのです。けれど、なにせ幼《おさな》く、タコに恋《こ》いこがれていた自分《じぶん》にとってはあまりにも残酷《ざんこく》で、あまりにもショックな出来事《できごと》でした。

能天気《のうてんき》で、基本的《きほんてき》にイヤなことがあってもたいていのことは引《ひ》きずらないタイプですが、この日《ひ》の悪夢《あくむ》は、家《いえ》に帰《かえ》ってからもしばらく引《ひ》きずってしまいました。いつものようにタコの図鑑《ずかん》を見《み》ていても、あの凄惨《せいさん》な光景《こうけい》が目《め》に浮《う》かんできてため息《いき》をついてしまいます。そして涙《なみだ》が込《こ》み上《あ》げてくるのです。

そんなひどく落《お》ちこんだ姿《すがた》を見《み》て、母《はは》はある提案《ていあん》をしました。

「夏休《なつやす》みだし、今年《ことし》も俊《しゅん》ちゃんのところ、遊《あそ》びにいこうか。」

俊《しゅん》ちゃんとは、ひとつ年下《としした》のいとこの俊一《しゅんいち》くん。千葉《ちば》の房総《ぼうそう》にある、白浜《しらはま》という海《うみ》がとてもキレイなところに、俊《しゅん》ちゃん家族《かぞく》は暮《く》らしていました。

(そうか、白浜《しらはま》にはゴツゴツの岩場《いわば》がいっぱいあるから絶対《ぜったい》タコがいるぞ! しょっちゅういっていたのに、なんで気《き》がつかなかったんだろう。よし、白浜《しらはま》にタコを探《さが》しにいこう!)

「連《つ》れてってー!」

切《き》り替《か》えが早《はや》いというか、単純《たんじゅん》というか。さっきまであんなに落《お》ちこんでいたのがウソみたいに、頭《あたま》の中《なか》はまたたくまに白浜《しらはま》の海《うみ》でタコをつかまえる妄想《もうそう》でいっぱいに! 今度《こんど》こそタコさんをつかまえておうちに連《つ》れて帰《かえ》るんだ! そう心《こころ》に誓《ちか》ったのでした。

タコ獲《と》ったどー!

8月《がつ》に入《はい》るとすぐ、家族《かぞく》みんなで俊《しゅん》ちゃんの家《いえ》へ遊《あそ》びにいきました。白浜《しらはま》には、小《ち》さいころから休《やす》みのたびに遊《あそ》びにきてはいたのですが、いままでは、俊《しゅん》ちゃんの大好《だいす》きなテレビゲームに夢中《むちゅう》になってばっかりで、あまり海《うみ》で遊《あそ》ぶことはありませんでした。でも今年《ことし》はちがいます。絶対《ぜったい》にタコをつかまえるのです！　白浜《しらはま》の家《いえ》につくやいなや、俊《しゅん》ちゃんに言《い》いました。

「俊《しゅん》ちゃん。あのね、タコを探《さが》したいんだ。」

「ああ、タコ？　いるんじゃないかな。」

スーパーマリオをやっていた手《て》を止《と》めて立《た》ち上《あ》がると、俊《しゅん》ちゃんは、

「おれの友達《ともだち》、釣《つ》り好《ず》きなヤツいっぱいいるから聞《き》いてあげるよ。ちょっと待《ま》ってて。」

と言《い》って、外《そと》へぱーっと出《で》ていきました。

しばらくすると、俊《しゅん》ちゃんが7～8人《にん》の友達《ともだち》を連《つ》れて帰《かえ》ってきました。

「おまえ、タコ好《ず》きなんだって？」

「うん、本物《ほんもの》のタコが見《み》たいんだ。」

「おれ、こないだタコ獲《と》ったぜ。」

「ほんと？　どこで獲《と》ったの？　そこに連《つ》れていってよ！」

「おう。すぐそこだから、いまからいこうぜ！」

さっそく、俊《しゅん》ちゃんと俊《しゅん》ちゃんの友達《ともだち》たちに、海《うみ》へ連《つ》れていってもらうことになったのです。

ところが、いざ探《さが》すとなると、なかなか見《み》つかりません。

「あれ？　でもオレはたしかにここで、こないだつかまえたんだぜ。あ、その岩《いわ》ひっくり返《かえ》してみろよ。」

言《い》われたとおりに岩《いわ》を持《も》ち上《あ》げ、よいしょ、どすーん。

「あれー、いないなあ。イソスジエビしかいないや。」

手当《てあ》たりしだい、隠《かく》れていそうな岩《いわ》をひっくり返《かえ》していきました。奥《おく》のほうまでよーくのぞいてみても、タコは見《み》つかりませんでした。

くる日《ひ》もくる日《ひ》も海《うみ》へタコを探《さが》しにいきました。けれども、タコにはいっこうに出会《であ》えず、白浜《しらはま》での日々《ひび》は過《す》ぎていきました。

とうとう家《いえ》に帰《かえ》る日《ひ》が近《ちか》づいてきたある日《ひ》、すこし場所《ばしょ》を変《か》えてみようと、俊《しゅん》ちゃんが、タコがいそうな違《ちが》う場所《ばしょ》を案内《あんない》してくれたのです。そこは、根本《ねもと》キャンプ場《じょう》と

マダコちゃん

いう、海《うみ》のそばでキャンプができることで有名《ゆうめい》な海岸《かいがん》でした。海水浴客《かいすいよくきゃく》や、テントを張《は》ってキャンプをしている人《ひと》がたくさんいる中《なか》で、ひたすら岩場《いわば》の隙間《すきま》をのぞきこんではタコの姿《すがた》を探《さが》しはじめました。

探《さが》しはじめて3時間《じかん》ほどたったころだったでしょうか。ついに、岩《いわ》の奥《おく》のほうにキラリンと輝《かがや》く黄色《きいろ》い目玉《めだま》みたいなものを見《み》つけたのです！

「ギョエ！　いた、いたよ。タコの目《め》だ、きっとそうだ！」

目《め》をこらしてじーっとよく見《み》たら、それはまぎれもなくタコの目玉《めだま》！　毎日《まいにち》のようにタコの写真《しゃしん》を見《み》て過《す》ごしているのです、まちがえるはずがありません！

「絶対《ぜったい》そうだ、やった、いた――――！」

次《つぎ》の瞬間《しゅんかん》、無意識《むいしき》のうちに、ぐわーっと岩陰《いわかげ》の奥《おく》に手《て》を伸《の》ばしていました。するとタコは、すんごい力《ちから》で腕《うで》にからみつき、岩《いわ》のすきまに引《ひ》きずりこもうとします。

「うぎゃあー！」

夢中《むちゅう》でからみついてきた足《あし》をはがそうとすると、ベリベリと吸盤《きゅうばん》のはがれる大《おお》きな音《おと》、そして皮膚《ひふ》がとれちゃうんじゃないかと思《おも》うほどの激痛《げきつう》！

（こ、こんなにスゴイ力《ちから》なんだ！）

おののいていると、タコはすぐにまた絡《から》みついてきて引《ひ》っ張《ぱ》り込《こ》もうとします。

「負《ま》けないぞ〜‼」

タコとの力比《ちからくら》べがはじまりました。引《ひ》っ張《ぱ》り引《ひ》っ張《ぱ》られの攻防《こうぼう》がどのくらいつづいたでしょうか。必死《ひっし》の思《おも》いでタコを引《ひ》きずり出《だ》したときには、気《き》づいたらあたりは黒《くろ》山《やま》の人《ひと》だかり。小学生《しょうがくせい》がでっかいタコをつかまえたぞーと、大騒《おおさわ》ぎになっていました。大《おお》きさが自分《じぶん》の顔《かお》くらいある、それはそれは大《おお》きなタコでした。

タコちゃん、ごめんね

水槽《すいそう》で飼《か》うためには、このタコをどうにか家《いえ》まで持《も》って帰《かえ》らなくてはいけません。持《も》ってきたバケツに海水《かいすい》をはり、中《なか》になんとかタコを押《お》しこもうとしました。けれど、にょろにょろとすぐに出《で》てきては、手《て》にからみついてきます。

「タコちゃん、ちょっとの間《あいだ》だから狭《せま》いけどバケツに入《はい》っててね。」

からみつく吸盤《きゅうばん》をベリベリとはがしてはバケツに押《お》しこみ、そうしたらまた出《で》てきてからみつき、それをまたベリベリとはがして押《お》しこんで。これを何度《なんど》もくり返《かえ》し、ようやく近《ちか》くにあった板《いた》で蓋《ふた》をして、意気揚々《いきようよう》と俊《しゅん》ちゃんのおうちへと帰《かえ》っていきました。

「たっだいまー！　やったよ、タコちゃんにやっと会《あ》えた！」

大喜《おおよろこ》びで報告《ほうこく》すると、母《はは》は一目散《いちもくさん》にかけてきて、

「よかったねー。ついに元気《げんき》なタコちゃんに会《あ》えたのね。」

と、ハイタッチでよろこんでくれました。しかし俊《しゅん》ちゃんのお母《かあ》さんはいたって冷静《れいせい》。

「あーら立派《りっぱ》なタコね。今日《きょう》はたこ焼《や》きパーティだね。」

と、ニコニコと笑顔《えがお》。

「ダメだよ食《た》べちゃ！　食《た》べるんじゃなくて飼《か》うんだから！」

「まーちゃん、タコなんて飼《か》えるわけないじゃないの。」

「そんなことないもん！　とにかく、食《た》べちゃダメだからね！」

「はいはい。」

タコを本当《ほんとう》に飼《か》うつもりでいることを、信《しん》じていたのは母《はは》だけでした。親戚中《しんせきじゅう》が、すごいすごいとほめてくれたものの、飼《か》う宣言《せんげん》に取《と》り合《あ》ってくれる人《ひと》は母以外《ははいがい》だれも

いませんでした。

やっとタコと出会《であ》えた喜《よろこ》び、自分《じぶん》でつかまえた達成感《たっせいかん》、そしてタコとの格闘《かくとう》で、家《いえ》に帰《かえ》りついたときにはすでにクタクタ。縁側《えんがわ》に腰掛《こしか》けたとたん、どっと睡魔《すいま》が襲《おそ》ってきました。両手《りょうて》を広《ひろ》げ、仰向《あおむ》けになるとすーっとやさしい風《かぜ》が体《からだ》をつつみ、なんと気《き》持《も》ちのいいこと！　そのまま目《め》を閉《と》じると、気《き》づかぬうちに、ぐっすりと眠《ねむ》りこけてしまいました。

しばらくして目《め》が覚《さ》めたときには、真上《まうえ》にあったはずの太陽《たいよう》が、ずいぶんと西《にし》のほうへかたむいていました。

「あ！　タコさん、バケツの中《なか》のまんまだ！」

ハッと飛《と》び起《お》きて、あわててバケツの上《うえ》に置《お》いていた板《いた》をどかしてみると、

「え……？」

そこには、自分《じぶん》の知《し》っているタコの姿《すがた》はありませんでした。元気《げんき》だったときの茶褐《ちゃかっ》色《しょく》の体《からだ》とは打《う》って変《か》わって、体《からだ》の色《いろ》は真《ま》っ白《しろ》。にょろにょろと長《なが》い足《あし》も、強力《きょうりょく》にからみついてきたときのようなパワーがまったくありません。デローンと伸《の》びきったままです。

「なに？　どういうこと？　タコさん、タコさん！」

なにが起《お》きているのか、小学《しょうがく》2年生《ねんせい》の自分《じぶん》には、とっさに理解《りかい》することができませんでした。タコの入《はい》った海水《かいすい》に手《て》を入《い》れると、炎天下《えんてんか》でお湯《ゆ》のように熱《あつ》ーくなっています。オロオロしていると、俊《しゅん》ちゃんのお母《かあ》さんが、

「あれあれ、こんなになっちゃって。炎天下《えんてんか》でずっとバケツの中《なか》にいたら、そりゃあタコだって死《し》んじゃうわよ。今日《きょう》はやっぱりたこ焼《や》きパーティね。」

と、バケツを台所《だいどころ》へ運《はこ》ぼうとしました。

「やめて！　まだタコさん生《い》きてるもん！　元気《げんき》になるんだよ！」

そう叫《さけ》ぶと、バケツをもって海《うみ》へとかけだしました。そして海《うみ》に着《つ》くなり、タコをバケツから出《だ》して、海《うみ》の中《なか》でゆらゆら動《うご》かしました。

「ほら、海《うみ》の水《みず》だよ。冷《つめ》たくて気持《きも》ちいいでしょ。」

ダメだ。足《あし》はだらーんと伸《の》びたまんま。じゃあ胴体《どうたい》を起《お》こしてあげたらどうかな。よいしょ、と胴体部分《どうたいぶぶん》を持《も》ち上《あ》げてみました。……全然《ぜんぜん》ダメ。あんなに力《ちから》の強《つよ》かった吸盤《きゅうばん》もまったく吸《す》いついてきません。涙《なみだ》が、どんどん流《なが》れてきます。近《ちか》くにいた漁師《りょうし》のおじちゃんが、やさしく声《こえ》をかけてくれました。

「ボク、そんなことやってもムダだよ。もう死《し》んでるよ。」

けれど、ゆらゆら動《うご》かす手《て》を止《と》めることができませんでした。手《て》を止《と》めると、タコさんが死《し》んでしまったことを認《みと》めてしまう気《き》がしたのです。涙《なみだ》の止《と》め方《かた》もわからず、しゃくりあげながらずっと、タコさんに海水《かいすい》をかけつづけました。

日《ひ》が暮《く》れて、あたりは真《ま》っ暗《くら》になってきました。しかたなく家《いえ》に帰《かえ》ると、俊《しゅん》ちゃんのお母《かあ》さんはなにも言《い》わずに、自分《じぶん》の肩《かた》をやさしくポンとたたきました。そして、タコの入《はい》ったバケツを受《う》け取《と》ると、台所《だいどころ》へと戻《もど》っていき、冷凍庫《れいとうこ》へと入《い》れてしまいました。

死《し》なせてしまった……。タコに夢中《むちゅう》になってからというもの、毎日《まいにち》タコのことを調《しら》べて毎日《まいにち》タコの写真《しゃしん》を眺《なが》めて。タコに関《かん》しては、かなりくわしくなったと自分《じぶん》でも思《おも》っていたのに。まさかこんな単純《たんじゅん》なことで死《し》なせてしまうなんて……。自分《じぶん》が情《なさ》けなくて悲《かな》しくて、心《こころ》の中《なか》はぐっちゃぐちゃになっていました。初《はじ》めて好《す》きになった海《うみ》の生《い》き物《もの》、タコ。初恋《はつこい》は実《みの》らないといいますが、自分《じぶん》とタコさんとの思《おも》い出《で》も、ショッキングで悲《かな》しいものでした。

一目惚《ひとめぼ》れ

この白浜《しらはま》での夏休《なつやす》み以来《いらい》、すこしずつすこしずつ、海《うみ》のお魚《さかな》や生《い》きもののことが気《き》になるようになってきました。タコのページばかりを見《み》ていた図鑑《ずかん》は、ほかのお魚《さかな》のページも読《よ》むようになり、水族館《すいぞくかん》にタコを見《み》にいったものの、タコ壺《つぼ》からタコがなかなか出《で》てこないときは、ほかの水槽《すいそう》も見《み》てみたり。すると、新《あたら》しい発見《はっけん》が次々《つぎつぎ》とありました。写真《しゃしん》ではそこまでキレイだと思《おも》わなかったお魚《さかな》が、実物《じつぶつ》を見《み》るとすごくキラキラ輝《かがや》いていたり、正面《しょうめん》から背後《はいご》から、いろんな角度《かくど》から見《み》ることで、こんなに丸《まる》かったんだ！　こんなに平《ひら》べったかったんだ！　とたくさんの新事実《しんじじつ》に一喜一憂《いっきいちゆう》していくうちに、「お魚《さかな》さんもかわいいー！」と思《おも》うようになってきました。

そんなある日曜日《にちようび》。いつものように、水族館《すいぞくかん》へタコを見《み》にいくことになりました。その日《ひ》の行《い》き先《さき》は、当時《とうじ》よみうりランドの中《なか》にあった海水水族館《かいすいすいぞくかん》。シーラカンスの標《ひょう》本《ほん》があることで有名《ゆうめい》な水族館《すいぞくかん》でした。入《はい》ると館内全体《かんないぜんたい》が薄暗《うすぐら》く、まるで本当《ほんとう》に海底《かいてい》の中《なか》へ入《はい》っていくような気分《きぶん》が味《あじ》わえる、おもしろい水族館《すいぞくかん》でした。

しばらく進《すす》んでいくと、お目当《めあ》ての軟体動物《なんたいどうぶつ》ゾーンがはじまります。コウイカ、そのとなりがタコの水槽《すいそう》です。コウイカの水槽《すいそう》は、墨《すみ》を吹《ふ》いて真《ま》っ黒《くろ》で、なにも見《み》えませんでした。肝心《かんじん》なタコちゃんはといえば、タコ壺《つぼ》の中《なか》からキラリと輝《かがや》く目玉《めだま》だけ。それでもその日《ひ》はどうしてもタコが見《み》たかったので、閉館《へいかん》までタコの水槽《すいそう》から離《はな》れませんでした。

「あーあ。こんなに待《ま》ったのに、おめめしか見《み》えなかったよ。今日《きょう》はタコさんご機嫌《きげん》ナナメだったのかなあ。」

帰《かえ》り道《みち》、そうため息《いき》をつくと、

「そうねえ、残念《ざんねん》だったわね。でも、タコさん以外《いがい》にもいろんなお魚《さかな》がいたのよ。ホラ。」

そう言《い》って、母《はは》は一枚《まい》の下敷《したじ》きを手渡《てわた》してくれました。それは、水族館《すいぞくかん》で売《う》られていた下敷《したじ》きでした。タコの水槽《すいそう》に夢中《むちゅう》になっている間《あいだ》に、買《か》っておいてくれたようです。

「うわぁ！　ありがとう、お母《かあ》さん。」

その下敷《したじ》きには、水族館《すいぞくかん》にいるお魚《さかな》の写真《しゃしん》が両面《りょうめん》にずらりと並《なら》んでいました。

「こんなにいろんなお魚《さかな》がいたんだー。タコさんが出《で》てくるまでずーっとタコさんの水槽《すいそう》の前《まえ》にいたから、気《き》がつかなかったよ。」

上《うえ》から下《した》へと、下敷《したじ》きにのっているお魚《さかな》をひとつひとつじっくり見《み》ていきました。図鑑《ずかん》では見《み》たことがある気《き》がするものの、名前《なまえ》を読《よ》んでもどれもピンとこないお魚《さかな》ばかりです。お魚《さかな》って、いっぱいいるんだなあ、そんなことを思《おも》いながら見《み》ていたとき、とつぜん目《め》に一匹《ぴき》のお魚《さかな》が飛《と》び込《こ》んできました。

「ひゃー。なんだこの長《なが》い顔《かお》のお魚《さかな》は！」

お顔《かお》がやけに長《なが》くておちょぼ口《ぐち》。名前《なまえ》は〝ウマヅラハギ〟と書《か》いてあります。

ウマヅラハギちゃん

下敷《したじ》きの隅《すみ》のほうに小《ちい》さくのったウマヅラハギの写真《しゃしん》に、クギづけになりました。けっして目立《めだ》つお魚《さかな》ではありません。むしろ水墨画《すいぼくが》のようにぼや～んとした地味《じみ》な模様《もよう》。顔立《かおだ》ちもひょうきんな感《かん》じです。それでも、その雰囲気《ふんいき》に、一瞬《いっしゅん》にして魅了《みりょう》されてしまったのです。一目惚《ひとめぼ》れでした。

運命《うんめい》の出会《であ》い

翌日《よくじつ》、その下敷《したじ》きをさっそく学校《がっこう》に持《も》っていきました。その日《ひ》は一日中《いちにちじゅう》、授業《じゅぎょう》なんてそっちのけで授業中《じゅぎょうちゅう》も休《やす》み時間《じかん》も、下敷《したじ》きのウマヅラハギの写真《しゃしん》を眺《なが》めては、ひたすらノートに絵《え》を描《えが》いて過《す》ごしました。完全《かんぜん》に、頭《あたま》の中《なか》はウマヅラハギで埋《う》め尽《つ》くされていました。

「はぁぁ～。ウマヅラハギ、かわいいなあ。こないだ水族館《すいぞくかん》で見《み》ておけばよかったなあ。また今度《こんど》の日曜日《にちようび》、お母《かあ》さん、水族館《すいぞくかん》に連《つ》れていってくれるかなぁ。」

そんなことを考《かんが》えながら下敷《したじ》き片手《かたて》に家《いえ》へ帰《かえ》ると、ダイニングテーブルに発泡《はっぽう》スチロールの小包《こづつみ》が置《お》いてあります。

「お母《かあ》さん、これどうしたの?」

「毛《け》ガニが届《とど》いたのよ。」

北海道《ほっかいどう》に住《す》んでいる知《し》り合《あ》いのお寿司屋《すしや》さんが、毛《け》ガニを送《おく》ってくれたというのです。

「毛《け》ガニ⁉ やったー! 見《み》たい! ねえ開《あ》けてもいい?」

「いいわよ。」

「わーい。毛《け》っガニ♪ 毛《け》っガニ♪」

歌《うた》いながらテープをはがし、蓋《ふた》を開《あ》けた、そのときです。

「ぎゃあああああ!」

驚《おどろ》きのあまり飛《と》び上《あ》がり、イスから転《ころ》げ落《お》ちそうになりました。とつぜんの悲鳴《ひめい》と大《おお》きな音《おと》に、母《はは》もあわててかけよりました。

「どうしたの? いったい。」

「ウ、ウ、ウマヅラハギが……。」

なんと! 毛《け》ガニが入《はい》っているはずの箱《はこ》の中《なか》に、どういうわけかウマヅラハギが3匹行儀《びきぎょうぎ》よく並《なら》んでいたのです! 昨日下敷《きのうしたじ》きの写真《しゃしん》に一目惚《ひとめぼ》れし、今日丸一日《きょうまるいちにち》、ずーっとずーっと思《おも》い、考《かんが》えていたウマヅラハギちゃんが、です！　なんというタイミングでしょう！　こんなことってあるでしょうか！　おそらく、カニを冷《ひ》やす氷《こおり》をのせたあとに、寿司屋《すしや》の大将《たいしょう》がオマケのつもりで入《い》れてくれたのでしょうが、日本《にっぽん》には4200種《しゅ》あまりのお魚《さかな》がいるのに、まさかそれがウマヅラハギだなんて！　神様《かみさま》がウマヅラハギを届《とど》けてくれた！　そう運命《うんめい》を感《かん》じずにはいられませんでした。

「うわあ、ウソでしょ‼　本物《ほんもの》だあ。ウマヅラハギちゃんだあ。なんでここに！」

うれしくてうれしくて、心臓《しんぞう》が飛《と》んでいきそうなほどビックリして、しばらく放心《ほうしん》状態《じょうたい》でウマヅラハギを見《み》つめていました。実物《じつぶつ》も素朴《そぼく》で控《ひか》えめで、おちゃめな顔《かお》をしていています。いつまででも見《み》ていたいほどのかわいさです。

すこし気持《きも》ちが落《お》ちついてきたところで、ウマヅラハギを手《て》に持《も》ってみることにしました。そーっと手《て》に乗《の》せてみると、ビックリ！

「なにこれ。ザラザラしてる！」

お魚《さかな》といえば、どれもヌルヌルしていると思《おも》っていたのに、ウマヅラハギは紙《かみ》ヤスリみたいにザラザラしています！　その意外《いがい》な感触《かんしょく》におどろきながら正面《しょうめん》のお顔《かお》を見《み》てみると、またまたビックリ！　思《おも》った以上《いじょう》に平《ひら》べったくて、大《おお》きなおめめが横《よこ》にぺタンとくっついています。

「ぎゃあ、かわいい！」

思《おも》わず体《からだ》が跳《は》ね上《あ》がってしまうほどに大感動《だいかんどう》！　胸《むね》がキュンキュン高鳴《たかな》ってきます。やっぱり写真《しゃしん》だけではわからないことはたくさん！　本物《ほんもの》をいろんな角度《かくど》から見《み》たり触《さわ》ったりすることで初《はじ》めてわかる魅力《みりょく》は、山《やま》のようにあるのです。実物《じつぶつ》のウマヅラハギを自分《じぶん》の目《め》で見《み》たことで、さらに夢中《むちゅう》になってしまいました。これを機《き》に、いまへとつづくお魚《さかな》ライフが、はじまったのです。

小松《こまつ》のにいちゃん

その日《ひ》を境《さかい》に、心《こころ》の中《なか》はタコからウマヅラハギへと急転換《きゅうてんかん》。とにかくノートにも教《きょう》科書《かしょ》の余白《よはく》にも、ひたすらウマヅラハギの絵《え》を描《えが》くようになりました。いままではタコを探《さが》しにいっていたお魚屋《さかなや》さん巡《めぐ》りも、ウマヅラハギを求《もと》めて通《かよ》うようになりました。それはまさに恋《こい》、でした。

ところが、ウマヅラハギというお魚《さかな》、お魚屋《さかなや》さんにふつうに並《なら》んでいるかと思《おも》いきや、なかなか出会《であ》うことができません。いたとしても、だいたいが頭《あたま》を落《お》とされ、皮《かわ》をむかれたむき身《み》の状態《じょうたい》になって売《う》られているのです。スーパーの鮮魚《せんぎょ》コーナーでは、表示《ひょうじ》が「カワハギ」になっていました。お魚屋《さかなや》さんにいくたびに、

「なんで頭《あたま》がないのー！」

「しかも皮《かわ》もはがされちゃってる……。」

と、がっかりすることばかりでした。

大《おお》きなお魚屋《さかなや》さんにいけば、姿《すがた》そのままのウマヅラハギちゃんに会《あ》えるかもしれない。そう考《かんが》え、ある日《ひ》の放課後《ほうかご》、二駅先《ふたえきさき》の大和市《やまとし》にある大《おお》きなお魚屋《さかなや》さん「魚音《うおおと》」まで足《あし》を伸《の》ばしてみることにしました。魚音《うおおと》さんは、中学《ちゅうがく》を卒業《そつぎょう》するころまで足《あし》しげく通《かよ》っていた大好《だいす》きなお魚屋《さかなや》さんです。最寄《もよ》り駅《えき》まで自転車《じてんしゃ》で40分《ぷん》、電車《でんしゃ》で二駅《ふたえき》。当時《とうじ》ま

ウマヅラハギちゃん

だ小学《しょうがく》3年生《ねんせい》だった自分《じぶん》にとっては、近《ちか》いとは言《い》えない道《みち》のり。けれど、会《あ》いたいと思《おも》ったらどこまででもひとりでいってしまう自分《じぶん》。母《はは》がいつも無事《ぶじ》に帰《かえ》ってくるかとひそかに心配《しんぱい》していたなんてまるで気《き》づかず、学校《がっこう》から帰《かえ》るとランドセルを玄関《げんかん》に放《ほう》り出《だ》して、ひとり魚音《うおおと》さんへと通《かよ》っていたのでした。

この日《ひ》も1時間《じかん》ほどかけて魚音《うおおと》さんに到着《とうちゃく》し、さっそくウマヅラハギちゃんを探《さが》してみました。けれども、見《み》つけたウマヅラハギちゃんはやっぱり頭《あたま》を落《お》とされ、むき身《み》の状態《じょうたい》……。

(やっぱりダメか。)

ガックリとうなだれている自分《じぶん》の姿《すがた》を見《み》つけて、小松《こまつ》さんという店員《てんいん》のお兄《にい》さんが声《こえ》をかけてくれました。

「おう、今日《きょう》もきたのか。今日《きょう》は活《い》きたタコがいなくて残念《ざんねん》だなぁ。」

小松《こまつ》さんはパンチパーマで、見《み》た目《め》はとてもいかついお兄《にい》さん。声《こえ》はしゃがれ、しゃべり方《かた》もぶっきらぼう。けれど、頻繁《ひんぱん》にタコを見《み》にいっているうちに顔見知《かおみし》りになり、

「おめえすっげーな。タコにくわしいんだなぁ。」

と、いつも気《き》さくに話《はな》しかけてくれるようになったのです。

「今日《きょう》はね、タコさんじゃなくてウマヅラハギを見《み》にきたんだ。ねえ小松《こまつ》のにいちゃん、なんでウマヅラハギってこうやっていつも頭《あたま》がなくなっているの？」

「そりゃあさ、俺《おれ》たちが市場《いちば》にいっても、もう最初《さいしょ》っからこの状態《じょうたい》なんだよ。ありゃあきっと、漁師《りょうし》が船《ふね》の上《うえ》で頭取《あたまと》ってんじゃねーかな。」

「ふーん。そうなんだあ。最初《さいしょ》っからなのかあ。」

「この魚《さかな》はよお、キモがうめーから、きっと漁師《りょうし》は自分《じぶん》たちでぜんぶ食《く》ってんだろうな。だから俺《おれ》たちのところにはキモが回《まわ》ってこねえんだよ。」

「へえ。でもね、絶対《ぜったい》に頭《あたま》つきの姿《すがた》が見《み》たいんだよなあ。」

そうため息《いき》をつくと、小松《こまつ》のにいちゃんは言《い》いました。

「だったら、ほら。そこにいけすがあんだろ。今度《こんど》にいちゃんがよお、活《い》きたの見《み》つけたらここに泳《およ》がしておいてやっから楽《たの》しみにしときな。」

店《みせ》の入《い》り口《ぐち》にある巨大《きょだい》な水槽《すいそう》を指《ゆび》さして、小松《こまつ》のにいちゃんは約束《やくそく》をしてくれました。

それからというもの、学校《がっこう》から帰《かえ》ってきて時間《じかん》さえあれば魚音《うおおと》さんまで通《かよ》う日々《ひび》がはじまりました。ウマヅラハギに会《あ》うためなら、どんなに遠《とお》くても全然苦《ぜんぜんく》になりませんでした。

ところが、くる日《ひ》もくる日《ひ》も「今日《きょう》はまだアジしか泳《およ》いでない。」「アイナメちゃんが増《ふ》えたけど、ウマヅラハギちゃんはまだいない。」と、なかなかウマヅラハギちゃんの姿《すがた》を見《み》ることはできなかったのでした。

小松《こまつ》のにいちゃんと約束《やくそく》をしてから1か月《げつ》ほどたったころでしょうか、いつものようにいけすを見《み》にいくと、

「あー‼　いた～‼」

待《ま》ちに待《ま》ったウマヅラハギちゃんが3匹《びき》、いけすの中《なか》で泳《およ》いでいたのです！　ついに泳《およ》いでいるウマヅラハギちゃんに会《あ》えた！　お店《みせ》の中《なか》だということもすっかり忘《わす》れて、「やったー！」と飛《と》び上《あ》がってよろこびました。

「小松《こまつ》のにいちゃん、ウマヅラハギいたんですね！」

「ああ。待《ま》たせたな。かわいいだろ。」

「うん、かわいいね、かわいいねえ。」

スイスイと水《みず》の中《なか》を3匹並《びきなら》んで仲《なか》よく泳《およ》いでいるウマヅラハギちゃんの姿《すがた》は、とて

も優雅《ゆうが》でかわいらしくて、ずっと惚《ほ》れ惚《ぼ》れと見《み》ていました。

それからというもの、またさらに見《み》にいく頻度《ひんど》が増《ふ》え、魚音《うおおと》さんにいっては、いけすの前《まえ》に陣取《じんど》る日々《ひび》がつづきました。本音《ほんね》をいうと、そのウマヅラハギちゃんをおうちで飼《か》ってみたいと思《おも》っていました。けれどもいけすの中《なか》をかわいく元気《げんき》に泳《およ》いでいる姿《すがた》を見《み》ると、どうしても「ください。」と言《い》うことができませんでした。

飼《か》いたかっただけなのに……

魚音《うおおと》さんのそばに、「柳川《やながわ》」という割烹料理屋《かっぽうりょうりや》さんがありました。魚音《うおおと》さんへの行《い》き帰《かえ》りに必《かなら》ずお店《みせ》の前《まえ》を通《とお》るのですが、そのお店《みせ》の前《まえ》にはでっかい水槽《すいそう》があり、いつもトラフグやらマアジなどが泳《およ》いでいました。魚音《うおおと》さんにウマヅラハギを見《み》にいった日《ひ》の帰《かえ》り道《みち》、お店《みせ》の前《まえ》を通《とお》ると、水槽《すいそう》に見《み》たこともないほど大《おお》きなクエが泳《およ》いでいました。

クエちゃん

「うわー、でっかいクエさんだ！」

近《ちか》づいて見《み》ていると、これまたビックリ。水面《すいめん》の上《うえ》のほうにウマヅラハギちゃんが泳《およ》いでいるではないですか！

「うわうわぁ♡　ウマヅラハギちゃんがいる！　うれしい‼」

ここのウマヅラハギなら譲《ゆず》ってくれるかもしれない！　そう思《おも》って一目散《いちもくさん》で家《いえ》へ帰《かえ》ると、ただいまもそこそこに、お母《かあ》さんに頼《たの》んでみました。

「お母《かあ》さん、いま大和《やまと》にいったらね、柳川《やながわ》さんの水槽《すいそう》の中《なか》にウマヅラハギちゃんがいたんだよ！　いいなあいいなあ。」

いつもウマヅラハギに心酔《しんすい》している様子《ようす》を間近《まぢか》で見《み》ている母《はは》には、ウマヅラハギへの熱意《ねつい》が通《つう》じていたのでしょう。母《はは》は夕《ゆう》ご飯《はん》の準備《じゅんび》をしていた手《て》を止《と》め、

「じゃあいってみようか。」

と、すぐに車《くるま》で連《つ》れていってくれたのです。

再《ふたた》び舞《ま》い戻《もど》ってきた柳川《やながわ》さん。ふーっと一度《いちど》大《おお》きく深呼吸《しんこきゅう》をしてから、格式高《かくしきたか》そうな柳川《やながわ》さんのドアをガラガラと開《あ》けました。店内《てんない》からは、優雅《ゆうが》な琴《こと》の音《ね》が聞《き》こえてきます。

（なんだかすっごーく高《たか》そうなお店《みせ》だなあ。）

店《みせ》の雰囲気《ふんいき》に圧倒《あっとう》されて、心臓《しんぞう》のドキドキが止《と》まらなくなってきました。

板前《いたまえ》さんを見《み》つけると、意《い》を決《けっ》して何度《なんど》も心《こころ》の中《なか》で練習《れんしゅう》したセリフを口《くち》にしました。

「あのー。表《おもて》で泳《およ》いでいるウマヅラハギちゃんをください！」

すると板前《いたまえ》さんはニコッとして、

「あいよ、ウマヅラハギね。ちょっと待《ま》っててな。」

と、大《おお》きな網《あみ》でヒョイッとウマヅラハギをすくい、奥《おく》の厨房《ちゅうぼう》へと消《き》えていきました。

ついにおうちでウマヅラハギちゃんを飼《か》えるときがきたぞ。期待《きたい》と喜《よろこ》びで胸《むね》が熱《あつ》くなり、平静《へいせい》をよそおっていても顔《かお》はニヤニヤ、心《こころ》はそわそわしてしまいます。

ふうー、と何度《なんど》か息《いき》を吐《は》いて自分《じぶん》を落《お》ちつかせながら待《ま》っていました。

……ところが、なにか変《へん》です。５分《ふん》たっても10分《ぷん》たってもウマヅラハギちゃんがやってこないのです。

（おっかしいなあ。お水《みず》に入《い》れて袋《ふくろ》か箱《はこ》に入《い》れてくれればいいだけなのに。もしかしてエサもつけてくれてるのかな。）

厨房《ちゅうぼう》の奥《おく》をのぞきこもうと立《た》ち上《あ》がったそのとき、先《さき》ほどの板前《いたまえ》さんが、

「はい、いっちょ！」

と威勢《いせい》のいいかけ声《ごえ》とともに、お舟《ふね》の形《かたち》をした器《うつわ》を持《も》ってやってきました。

（え？　なんだ？）

次《つぎ》の瞬間《しゅんかん》、自分《じぶん》でもビックリするほどの大《おお》きな悲鳴《ひめい》が、店中《みせじゅう》に響《ひび》き渡《わた》っていました。

「ぎゃあ、ひえええええ！」

そこにはなんと、姿造《すがたづく》りにされたウマヅラハギちゃんが……。

クリンとかわいいおめめは苦《くる》しそうにクルクルと動《うご》き、ギシギシ歯《は》ぎしりまで聞《き》こえてきます。鰭《ひれ》もまだもがくかのようにパタパタ動《うご》いています。あまりのショックな姿《すがた》に、泣《な》いてしまいました。

「ウ、ウ、ウマヅラハギちゃんが、ヒック。こ、こ、こんな姿《すがた》に、ヒック、なっちゃったー。ごめんねえーごめんねえ。うっわーん。」

状況《じょうきょう》が読《よ》めずビックリしたのは板前《いたまえ》さんです。

「どうしようと思《おも》ってたわけ？」

「お、おうちで飼《か》いたかったんだよー。ヒック。」

それを聞《き》いた板前《いたまえ》さんは困《こま》ったように頭《あたま》をかきながら言《い》いました。

「だったら最初《さいしょ》からそう言《い》いなよ、ここは料理屋《りょうりや》だぞ。」

それでもしばらくの間《あいだ》、涙《なみだ》を止《と》めることはできませんでした。こういうとき、母《はは》はいっしょにいてもいっさい口《くち》を出《だ》してきません。お店《みせ》にお願《ねが》いするときも、ぜんぶ自《じ》分《ぶん》でやるのです。母《はは》はただ後《うし》ろで見守《みまも》ってくれているだけ。失敗《しっぱい》することのたいせつさを、身《み》をもって学《まな》んでもらいたかったのかもしれません。

宝石《ほうせき》のような味《あじ》

いつまでもメソメソしていると、板前《いたまえ》さんはこう言《い》いました。

「気持《きも》ちはわかるけど。でもこれ、もうお造《つく》りにしちゃったから食《た》べてみなよ。ウマヅラハギの命《いのち》をムダにしたくないだろ。うまいぞー。」

そう言《い》われて、ウマヅラハギを見《み》てみると、その身《み》は、いままで見《み》たことのない色《いろ》をしていました。お刺身《さしみ》といえば赤身《あかみ》か白身《しろみ》だけだと思《おも》っていたのが、虹《にじ》のようにキラッキラ輝《かがや》いているのです。

（うっわあ、宝石《ほうせき》みたいだ。キレイだなあ。）

その美《うつく》しさに、一瞬《いっしゅん》涙《なみだ》がスッと引《ひ》っ込《こ》んだものの、すこし目《め》を移《うつ》すとギシギシ動《うご》いているウマヅラハギちゃんが目《め》に飛《と》びこんできます。その姿《すがた》を見《み》ると、また涙《なみだ》があふれてくるのです。

母《はは》が、優《やさ》しく声《こえ》をかけてくれました。

「食《た》べてみようよ。」

そこで、お箸《はし》で一切《ひとき》れ取《と》り、口《くち》に入《い》れてみました。

「あ、あまい！　すっごい歯《は》ごたえ！　口《くち》の中《なか》で跳《は》ね返《かえ》ってくる！」

一切《ひとき》れはとても薄《うす》くペラペラなのに、しっかりした嚙《か》み心地《ごこち》。しかも、甘《あま》みのある繊細《せんさい》な味《あじ》わいのお刺身《さしみ》、初《はじ》めて食《た》べた！　あまりのおいしさに、涙《なみだ》はピタッと止《と》まったのでした。

「お兄《にい》さん、すっごい甘《あま》くておいしいです。」

板前《いたまえ》さんはホッとした様子《ようす》で、

「そうだろう、よかったよかった。やっと泣《な》きやんだね。」

と、笑顔《えがお》を見《み》せてくれました。

「ところで、この横《よこ》にあるピンクっぽいものはなんですか?」

「そりゃキモっていうんだ。うまいぞー。」

「キモ⁉」

(魚音《うおおと》の小松《こまつ》のにいちゃんが話《はな》していたやつだ。おいしすぎて、漁師《りょうし》さんたちが船《ふね》の上《うえ》でぜんぶ食《た》べてしまっているらしい、っていうやつだ、きっと!)

さっそく、ちょこっとお醤油《しょうゆ》をつけて、口《くち》に入《い》れてみました。すると……、

「ギョ〜〜!」

まるで雲《くも》の上《うえ》にいるようなふわふわ感《かん》! 濃厚《のうこう》で凝縮《ぎょうしゅく》された旨《うま》みがぶわぁっと口《くち》の中《なか》に甘《あま》〜く広《ひろ》がり、「ほっぺたが落《お》ちそう!」な、とろけるような感覚《かんかく》を、そのとき生《う》まれて初《はじ》めて味《あじ》わったのでした。こんなにおいしいものが、世《よ》の中《なか》にあったなんて! 心《こころ》からビックリして、

「おいし〜い。おいしすぎるー!」

さっきまで泣《な》いていたのがウソのように、歓喜《かんき》の声《こえ》をあげたのでした。

けれど、テーブルに目《め》を落《お》とすと、やはりまだ動《うご》いているウマヅラハギちゃん。お

いしくて悲《かな》しくて、悲《かな》しいけどやっぱりおいしくて。心《こころ》の中《なか》は切《せつ》なさとおいしさでごちゃごちゃになったのでした。

好奇心《こうきしん》が止《と》まらない！

ウマヅラハギを好《す》きになってからというもの、お魚《さかな》への興味《きょうみ》はいっきに加速《かそく》しました。毎日《まいにち》お魚《さかな》の図鑑《ずかん》にかじりつき、気《き》になるお魚《さかな》を見《み》つけると、写真《しゃしん》を穴《あな》のあくほどじっくり見《み》て、絵《え》を描《えが》きます。

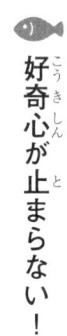

そうしているうちに、今度《こんど》はそのお魚《さかな》についてどんどん知《し》りたくなってウズウズしてくるのです。知《し》り得《う》る限《かぎ》りの情報《じょうほう》をすべて頭《あたま》にインプットするまで、このウズウズ感《かん》は止《と》まりません。持《も》っている図鑑《ずかん》をかき集《あつ》めて、知《し》りたいお魚《さかな》について調《しら》べつくすのです。そんなときは、一心不乱《いっしんふらん》、無我夢中《むがむちゅう》。まわりの声《こえ》なんてまったく耳《みみ》に入《はい》ってきませんでした。

我《わ》が家《や》の子《こ》どもの消灯時間《しょうとうじかん》は、8時《じ》。8時《じ》にはお布団《ふとん》に入《はい》り、9時《じ》までには完全《かんぜん》に寝《ね》るのがお約束《やくそく》でした。けれど、8時《じ》になっても調《しら》べ終《お》わらないこともしょっちゅう。布団《ふとん》の中《なか》にまで本《ほん》を持《も》ち込《こ》み、母《はは》に見《み》つからないよう懐中電灯《かいちゅうでんとう》で照《て》らしながら、読《よ》んでいました。そのお魚《さかな》についてぜんぶ理解《りかい》した、頭《あたま》に入《はい》ったと、自分《じぶん》で納得《なっとく》するまでは、どうしても眠《ねむ》ることができなかったのです。

水族館《すいぞくかん》へいくのも、ますます楽《たの》しくなりました。いちばん通《かよ》っていたのは、家《いえ》からもっとも近《ちか》かった江《え》の島水族館《しますいぞくかん》（現《げん》、新江《しんえ》ノ島水族館《しますいぞくかん》）。毎週末《まいしゅうまつ》のように通《かよ》っていたように思《おも》います。

水族館《すいぞくかん》は、自分《じぶん》にとってまさに夢《ゆめ》の国《くに》でした。

まず水槽《すいそう》の前《まえ》にいくと、気持《きも》ちよさそうに泳《およ》いでいるお魚《さかな》さんたちをウキウキした気分《きぶん》で眺《なが》めます。その次《つぎ》に、水槽《すいそう》の側《そば》に貼《は》ってあるお魚《さかな》さんたちの解説《かいせつ》パネルを見《み》て、おなじお魚《さかな》を探《さが》していきます。全部《ぜんぶ》探《さが》し終《お》えたら、じっくり観察《かんさつ》タイム！　種《しゅ》によってそれぞれちがう動《うご》き方《かた》や食事法《しょくじほう》などを見《み》ていると、ひとつの水槽《すいそう》の前《まえ》であっという間《ま》に1時間以上《じかんいじょう》が経過《けいか》してしまうのでした。

母《はは》がそのうちしびれを切《き》らして、

「次《つぎ》の水槽《すいそう》見《み》ようよ。」

とせかすのですが、

「ちょっと待《ま》って。お母《かあ》さん見《み》てよ！　あの黄色《きいろ》いお魚《さかな》の鰭《ひれ》の動《うご》き方《かた》、おもしろいよお。」

と言《い》うもんだから、なかなか進《すす》みません。母《はは》も母《はは》で、

「あら、ホント。あんなふうに動《うご》かすのね、おもしろい。」

と乗《の》ってきてしまうものだから、そこからさらに長《なが》くなるといった具合《ぐあい》でした。兄《あに》はそんな自分《じぶん》と母《はは》についていけず、しだいに水族館《すいぞくかん》にはついてこなくなりました。

頻繁《ひんぱん》に訪《おとず》れるうえに、毎回《まいかい》ひとつひとつの水槽《すいそう》を1時間以上《じかんいじょう》かけて見《み》る親子《おやこ》は、とても珍《めずら》しかったのでしょう。ある日《ひ》、飼育員《しいくいん》さんが声《こえ》をかけてくれました。

「あのう、先週《せんしゅう》もいらっしゃってましたよね。」

「そうなんです。毎週《まいしゅう》のようにこさせていただいていて。」

「ひとつの水槽《すいそう》にこんなに時間《じかん》をかけるなんて、よっぽどお魚《さかな》が好《す》きなんですね。昨日《きのう》修学旅行《しゅうがくりょこう》で中学生《ちゅうがくせい》の団体《だんたい》がきたんですが、みなさん30分《ぷん》もかけずに回《まわ》っていきましたよ（笑）。」

こうして自分《じぶん》たち親子《おやこ》は、飼育員《しいくいん》さんたちの知《し》るところとなり、すっかり水族館《すいぞくかん》のみなさんと仲《なか》よくなってしまったのです。飼育員《しいくいん》さんたちは会《あ》うとかならず声《こえ》をかけ

てくれました。そして解説《かいせつ》パネルには書《か》いてないお魚《さかな》の豆知識《まめちしき》なども教《おし》えてくださるようになったのでした。

水族館《すいぞくかん》にいった日《ひ》は、いつも以上《いじょう》に頭《あたま》の中《なか》がお魚《さかな》のことでいっぱいになります。今日目《きょうめ》にしたかわいいお魚《さかな》たちのことを忘《わす》れないように、家《いえ》に帰《かえ》ると一目散《いちもくさん》に図鑑《ずかん》を開《ひら》きます。そして、その日見《ひみ》たお魚《さかな》を図鑑《ずかん》でチェックするのです。生《い》き生《い》きと泳《およ》いでいた姿《すがた》を思《おも》い浮《う》かべながら、そのお魚《さかな》のすべての情報《じょうほう》が頭《あたま》の中《なか》に入《はい》るまで、またひたすら読《よ》みこむのです。こうしてお魚《さかな》の知識《ちしき》を、どんどん増《ふ》やしていったのでした。

お魚料理《さかなりょうり》だってお手《て》のもの!?

お魚屋《さかなや》さんに通《かよ》う頻度《ひんど》はますます高《たか》くなりました。学校《がっこう》から帰《かえ》って母《はは》が買《か》い物《もの》にいく時間《じかん》に間《ま》に合《あ》ったときはかならずついていき、お魚《さかな》を一匹《ぴき》、まるごと買《か》ってもらいました。そして家《いえ》に帰《かえ》ると、いろんな角度《かくど》からながめては、鱗《うろこ》の数《かず》、鰭《ひれ》の形《かたち》、色《いろ》の濃《のう》淡《たん》など、細《こま》かいところまでできるだけ忠実《ちゅうじつ》に絵《え》にしていきました。

絵《え》を描《えが》き終《お》えると、今度《こんど》はお料理《りょうり》です。幼《おさな》いころから母《はは》が台所《だいどころ》に立《た》っていると、自分《じぶん》で踏《ふ》み台《だい》を運《はこ》び、となりに並《なら》んでお手伝《てつだ》いをしていたので、包丁《ほうちょう》を持《も》つことになんの抵抗《ていこう》もありませんでした。

お魚《さかな》を好《す》きになってからというもの、いつのころからか煮付《につ》けや揚《あ》げ物《もの》などの手《て》の込《こ》んだもの以外《いがい》のお魚料理《さかなりょうり》は、すべて自分《じぶん》の担当《たんとう》になっていきました。

さばき方《かた》は、お魚屋《さかなや》さん直伝《じきでん》といいましょうか、毎日《まいにち》のようにお魚屋《さかなや》さんへ通《かよ》っているうちに見《み》て覚《おぼ》えたさばき方《かた》を家《いえ》で実践《じっせん》してみるのです。

お魚屋《さかなや》さんでは、見《み》ていると水《みず》を流《なが》しながらさばいています。それをマネし

て、おなじように水《みず》を流《なが》しながらお魚《さかな》をおろしていきました。そしてそのままお皿《さら》にのせて、

「はい、できあがり！」

もちろんお魚《さかな》は水《みず》でビッチャビチャです。

「新鮮《しんせん》なお刺身《さしみ》だよー♪」

家族《かぞく》を呼《よ》んでみんなでいただくのですが、なぜかいつもおいしくないのです。

「あれ。お、おいしくないね。」

「なんか、水《みず》の味《あじ》しかしないね。」

「新鮮《しんせん》なはずなのにね。」

と、毎回大不評《まいかいだいふひょう》。新鮮《しんせん》なお魚《さかな》をお刺身《さしみ》にしたらおいしいはずなのに、どうしてこうも味《あじ》がしないんだろう……。頭《あたま》の中《なか》は「？」だらけでした。

けれども母《はは》は、なにも言《い》いませんでした。きっと、なにごとも自分《じぶん》で経験《けいけん》して学《まな》んでほしいと思《おも》っていたのだと思《おも》います。

お魚屋《さかなや》さんが水《みず》を流《なが》しているのは、鰓《えら》やはらわたを流《なが》していただけだったということ。そしてお魚《さかな》の身《み》は水気《みずけ》をふき取《と》らなければいけないということに気《き》づいたのは、

ずいぶん後《あと》のことでした。

お魚《さかな》の知識比《ちしきくら》べ

近所《きんじょ》のお魚屋《さかなや》さんに毎日《まいにち》のように通《かよ》っていると、どこになにが置《お》いてあるのか、お魚《さかな》の種類《しゅるい》はだいたいどのくらいか、などすっかり把握《はあく》してしまいます。するとどうしても新《あたら》しいものが見《み》たくなってきます。

小《ちい》さいころから、好《す》きになると止《と》まらなくなる性格《せいかく》。あの坂《さか》を越《こ》えたらもっとちがうお魚《さかな》に出会《であ》えるかも。となりの街《まち》にいけば、もっと大《おお》きなお魚屋《さかなや》さんがあるかも。そう思《おも》うと体中《からだじゅう》がウズウズしてきて、じっとしていられなくなるのです。

小学生時代《しょうがくせいじだい》はいま思《おも》えば無謀《むぼう》なほど、新《あたら》しいお魚屋《さかなや》さん、図書館《としょかん》や本屋《ほんや》さんなどを探《さが》し求《もと》めて、たったひとり自転車《じてんしゃ》で、ずいぶんと遠《とお》くまで走《はし》り回《まわ》っていました。

母《はは》が毎日《まいにち》、ちゃんと無事《ぶじ》に帰《かえ》ってくるかどうかハラハラしながら待《ま》っていたことなど、当時《とうじ》の自分《じぶん》はまるで気《き》づいていませんでした。

その行動力《こうどうりょく》の甲斐《かい》もあって、小学《しょうがく》4年生《ねんせい》になったころには二駅先《ふたえきさき》の街《まち》までのほとんどのお魚屋《さかなや》さんやスーパーが、自分《じぶん》のテリトリーとなっていました。

とくに大好《だいす》きだったのは、やっぱりウマヅラハギをいけすに泳《およ》がせてくれていた、大和《やまと》にあった魚音《うおおと》さんです。切《き》り身《み》ではなく、まるまるの姿《すがた》のお魚《さかな》が、氷《こおり》の上《うえ》にきれいに並《なら》んでいるとても大《おお》きなお魚屋《さかなや》さんでした。魚音《うおおと》さんにいくと毎回《まいかい》、仲《なか》よしの店員《てんいん》、小松《こまつ》のにいちゃんと、お魚《さかな》の知識比《ちしきくら》べがはじまります。勝負《しょうぶ》の場所《ばしょ》は、その日《ひ》の鮮魚《せんぎょ》コーナー。

「あ！　キツネダイがいる♪」

と叫《さけ》ぶと、

「そうか、これキツネダイっつーのか。ベラかと思《おも》ってたけどな。」

と小松《こまつ》のにいちゃん。

「そう、ベラ科《か》なんですけど、名前《なまえ》はキツネダイっていうんですよ、お兄《にい》ちゃん。」

「へえ。それじゃあこの魚《さかな》の名前《なまえ》はわかるか？」

「なんだったっけなあ。図鑑《ずかん》で見《み》たことあるなあ。えっとー、カレイの種類《しゅるい》の……。」

「へっへっへ。これはな、マツカワっていうんだ。色《いろ》が松《まつ》の木《き》の皮《かわ》みてーだろ。」

「あ、そうだそうだ！　へえ、この名前《なまえ》、松《まつ》の木《き》からきてるんだ。でもこれ初《はじ》めて見《み》たなあ！　うっれしい！」

「じゃあこれはわかるか？」

「カナガシラ！　すっごい！　初《はじ》めて本物《ほんもの》見《み》ました！」

「ほー。そんな名前《なまえ》なのか。」

　こんな調子《ちょうし》で、ずらりとならんだお魚《さかな》たちを前《まえ》に、小松《こまつ》のにいちゃんとふたり、お魚《さかな》の知識《ちしき》の比《くら》べっこを延々《えんえん》とくり返《かえ》すのです。

　最初《さいしょ》のころは「このお魚《さかな》はなに？」「どこらへんで獲《と》れるの？」と一方的《いっぽうてき》に質問《しつもん》攻《ぜ》めにしていたのに、いつのころからか互角《ごかく》になり、そのうち逆《ぎゃく》にお兄《にい》さんに教《おし》えてあげる回数《かいすう》も増《ふ》えてきました。それが子《こ》ども心《ごころ》に、うれしくてたまりませんでした。

　小松《こまつ》のにいちゃんも、

「今度《こんど》は絶対《ぜったい》、知《し》らないような魚《さかな》仕《し》入《い》れておくから

カナガシラちゃん

な。連絡《れんらく》するから待《ま》っときな！」
と、挑《いど》んでしてきます。なので、「よーし、負《ま》けないぞ！」と、ますます図鑑《ずかん》やお魚《さかな》の本《ほん》を読《よ》み漁《あさ》るのでした。

お魚《さかな》の絵《え》で許《ゆる》してやるよ

いつのまにか、海《うみ》の生《い》き物《もの》がのっている図鑑《ずかん》たちは、眺《なが》めているだけで心《こころ》が落《お》ちつく自分《じぶん》の癒《い》やしアイテムとなっていました。いつでも好《す》きなときに読《よ》めるように、貝《かい》類《るい》エビ類魚類《るいぎょるい》と、毎日《まいにち》たくさんの図鑑《ずかん》を持《も》って登校《とうこう》していました。1冊《さつ》でもかなりかさばる図鑑《ずかん》たち。おかげでランドセルに教科書《きょうかしょ》の入《はい》るスペースはほとんどありません。けれど図鑑《ずかん》を家《いえ》に置《お》いていくという考《かんが》えは、まったくありませんでした。それでも大丈夫《だいじょうぶ》。持《も》ってこなかった教科書《きょうかしょ》は、ほかのクラスのお友達《ともだち》に借《か》りにいけばいいのだから！

けれど借《か》りてばっかりいると、だんだん友達《ともだち》も気軽《きがる》に貸《か》してくれなくなります。

「ミーボー、また持《も》ってこなかったのかよー。いいかげんにしろよ。」

当時《とうじ》、友達《ともだち》からはミーボーと呼《よ》ばれていました。

「へへへ。ごめんねえ。」

「じゃあタイの絵《え》一枚《まい》な。それで許《ゆる》してやるよ。」

「ほんと⁉　ありがとー！」

教科書《きょうかしょ》を借《か》りる代《か》わりに、お魚《さかな》の絵《え》をプレゼント。いわゆる物々交換《ぶつぶつこうかん》⁉　貸《か》すのを渋《しぶ》っていた友達《ともだち》も、お魚《さかな》の絵《え》を描《えが》いてプレゼントすると、

「ミーボーの魚《さかな》の絵《え》は、ほんと、うまいよなあ。サンキュー！」

と、笑顔《えがお》で教科書《きょうかしょ》を貸《か》してくれるのでした。友達《ともだち》が自分《じぶん》のお魚《さかな》の絵《え》をよろこんでくれる様子《ようす》を見《み》るのは、くすぐったくもあり、でもやっぱりうれしくもありました。

このままでいいんです

授業中《じゅぎょうちゅう》はノートにお魚《さかな》の絵《え》を描《えが》き、休《やす》み時間《じかん》は図鑑《ずかん》を見《み》たり、これまた絵《え》を描《えが》いたり。一日《いちにち》のほとんどをお魚《さかな》のことばかり考《かんが》えてすごしていました。そこまでお魚《さかな》づくしでいると、クラスの友達《ともだち》もやはり気《き》になるのでしょう。最初《さいしょ》のころは「ターコ！

魚《さかな》バカ。」とからかっていた友達《ともだち》たちが、しだいに、

「そんなに魚《さかな》っておもしろいのかよ⁉」

と声《こえ》をかけてくるようになったのです。そうすると、お魚《さかな》の話《はなし》ができることがうれしくって、ここぞとばかりに、

「おもしろいよー！　海《うみ》のなかってね、すんごいおもしろいんだよ！　だってね、アメフラシっていう生《い》き物《もの》がいてね……。」

と、海《うみ》の生《い》き物《もの》やお魚《さかな》たちのおもしろエピソードを披露《ひろう》するのです。

ふだんは教室《きょうしつ》の片隅《かたすみ》でずーっと座《すわ》って図鑑《ずかん》を読《よ》んでいるような自分《じぶん》が、です。話《はな》しかけても小《ちい》さな声《こえ》でおとなしい自分《じぶん》が、お魚《さかな》のことになるとベラベラ話《はな》しだすので、クラスメイトはおもしろがって、次《つぎ》から次《つぎ》へと聞《き》いてくるようになりました。それがうれしくて、絵《え》を描《えが》きながら夢中《むちゅう》で説明《せつめい》しているうちに、いつのまにかクラスの中《なか》ではお魚好《さかなず》きとして有名《ゆうめい》になっていきました。

ところが、クラスメイトにはウケがよくても、担任《たんにん》の先生《せんせい》にとっては問題児《もんだいじ》。タコやお魚《さかな》に夢中《むちゅう》になるあまり、学校《がっこう》の成績《せいせき》は悪《わる》くなるばかり。ぜんぜん授業《じゅぎょう》についていけてなかったのです。

とくに算数《さんすう》はちんぷんかんぷんでした。数字《すうじ》を見《み》ていると、そのうちだんだん数字《すうじ》がお魚《さかな》の模様《もよう》に見《み》えてくるのです。テストのときなど、答《こた》えが書《か》けない答案用紙《とうあんようし》には、かわりにお魚《さかな》の絵《え》を描《えが》いて提出《ていしゅつ》することが一度《ど》や二度《ど》ではありませんでした。もちろん先生《せんせい》からはこっぴどくしかられてばかり。

家庭訪問《かていほうもん》では、母《はは》は毎年《まいとし》、その年《とし》の担任《たんにん》の先生《せんせい》におなじことを言《い》われていたと言《い》います。

「本当《ほんとう》に絵《え》がお上手《じょうず》ですね。彼《かれ》の描《えが》く絵《え》はすばらしい。ただ、授業中《じゅぎょうちゅう》も魚《さかな》の絵《え》を描《えが》いてばかりで、授業《じゅぎょう》にまったく集中《しゅうちゅう》していません。もう少《すこ》し、学校《がっこう》の勉強《べんきょう》もきちんとやるように家庭《かてい》でもご指導《しどう》していただけませんか。」

すると母《はは》はいつもこう言《い》っていたそうです。

「あの子《こ》は魚《さかな》が好《す》きで、絵《え》を描《えが》くことが大好《だいす》きなんです。だからそれでいいんです。」

「しかし、いまのままでは授業《じゅぎょう》にまったくついていけていません。今後困《こんごこま》るのはお子《こ》さんなんですよ。」

「成績《せいせき》が優秀《ゆうしゅう》な子《こ》がいればそうでない子《こ》もいて、だからいいんじゃないですか。みんながみんないっしょだったら先生《せんせい》、ロボットになっちゃいますよ。」

困《こま》ったのは先生《せんせい》のほう。まさかそんな返事《へんじ》が返《かえ》ってくるとは思《おも》っていなかったでしょう。こんな提案《ていあん》もしてくれました。

「では、絵《え》の才能《さいのう》を伸《の》ばすために、絵《え》の先生《せんせい》をつけて勉強《べんきょう》をさせてあげたらいかがですか。」

「そうすると、絵《え》の先生《せんせい》とおなじ絵《え》になってしまいますでしょ。あの子《こ》には、自分《じぶん》の好《す》きなように描《えが》いてもらいたいんです。今《いま》だって、誰《だれ》にも習《なら》わずに自分《じぶん》であれだけのものを描《えが》いています。それでいいんです。」

母《はは》の態度《たいど》は一貫《いっかん》していました。先生《せんせい》に語《かた》ったこの言葉《ことば》どおり、「勉強《べんきょう》をしなさい。」とか「お魚《さかな》のことは、これくらいにしときなさい。」などと言《い》ったことは、いっさいありませんでした。そのかわり、

「お魚《さかな》が大好《だいす》きなんだから、好《す》きなだけ絵《え》を描《えが》くといいよ。」

そう言《い》って、いつも背中《せなか》を押《お》してくれたのでした。

そのおかげで、自分《じぶん》はこれまでずっと、お魚《さかな》に夢中《むちゅう》になってこれました。今《いま》の今《いま》まで、一度《いちど》たりともこのお魚好《さかなず》きを、自分自身《じぶんじしん》で恥《は》ずかしいとか、変《へん》だと思《おも》うことがなかったのは、母《はは》の力《ちから》が大《おお》きかったのかもしれません。

ハゼ釣《つ》り名人《めいじん》のおじいちゃん

小学校時代《しょうがっこうじだい》通《かよ》っていたおなじ剣道場《けんどうじょう》に、川嶋《かわしま》クンというとなりの学校《がっこう》の男《おとこ》のコがいました。ある日《ひ》、巾着袋《きんちゃくぶくろ》やキーホルダーなど、身《み》のまわりすべてお魚《さかな》グッズな自分《じぶん》の姿《すがた》を見《み》て、川嶋《かわしま》クンは稽古《けいこ》が終《お》わると、声《こえ》をかけてきました。

「ねえねえ。そんなに魚《さかな》が好《す》きなの?」

「うん、そうなんだ。ほら、いまは剣道《けんどう》しにきてるのに、お魚《さかな》の図鑑《ずかん》も持《も》ってきちゃってるんだよ。へへへ。」

荷物《にもつ》の中《なか》から図鑑《ずかん》をのぞかせると、川嶋《かわしま》クンはちょっとおどろいたような表情《ひょうじょう》をしました。

「そんなに好《す》きなんだあ、すごいな。ならさ、うちのじいちゃんハゼ釣《つ》りの名人《めいじん》なんだけど、今度《こんど》いっしょにハゼ釣《つ》りいってみる?」

「え? ハゼ? 釣《つ》り? いっしょにいっていいの? ハゼ見《み》てみたい! 釣《つ》ってみたいよ!」

思《おも》いがけない釣《つ》りの誘《さそ》いに、大喜《おおよろこ》び。

ちょうどそのころ、図鑑《ずかん》や水族館《すいぞくかん》、お魚屋《さかなや》さんで一方的《いっぽうてき》に眺《なが》めているだけでは、だんだん物足《ものた》りなくなってきていて、「いつか自分《じぶん》で飼《か》って育《そだ》ててみたい！」と思《おも》うようになってきていたところだったのです。なんというタイミングでしょう！

正直《しょうじき》、そのときはハゼがどんなお魚《さかな》かもよくわかっていませんでした。けれども、初《はじ》めてのハゼ釣《つ》りにドキドキワクワク！　さっそく次《つぎ》の日曜日《にちようび》に、川嶋《かわしま》クンのおじいちゃんの住《す》む横浜《よこはま》の根岸《ねぎし》までいくことになりました。

その話《はなし》を聞《き》いた母《はは》は、

「釣《つ》ったらおうちで飼《か》うんでしょ。」

なんと！　あらかじめ水槽《すいそう》を買《か》ってきてくれていたのです。思《おも》いがけないプレゼントに、飛《と》び上《あ》がって大喜《おおよろこ》び。これでついにおうちでお魚《さかな》さんを飼《か》える！　明日《あした》からのお魚《さかな》さんとの生活《せいかつ》を思《おも》い浮《う》かべるだけで楽《たの》しみでドキドキして、夜《よる》もウキウキでなかなか寝《ね》つけませんでした。

初《はじ》めてのハゼ（マハゼ）釣《つ》り

翌日《よくじつ》、川嶋《かわしま》クンとふたり、意気揚々《いきようよう》と電車《でんしゃ》を乗《の》り継《つ》いで横浜《よこはま》の根岸《ねぎし》まで向《む》かいました。根岸《ねぎし》から歩《ある》いて、川嶋《かわしま》クンのおじいちゃんのお家《うち》に着《つ》くと、釣《つ》り竿《ざお》が用意《ようい》されていました。

「ふたりだけでよくきたな。よし、ハゼ釣《つ》りいくか！」

「はい！　よろしくお願《ねが》いします！」

おじいちゃんと歩《ある》いて海《うみ》までいき、エサのつけ方《かた》、リールの巻《ま》き方《かた》、タイミングなどハゼ釣《つ》りのイロハを教《おし》えてもらうと、さっそくスタート！

川嶋《かわしま》クンのおじいちゃんは、さすがハゼ釣《つ》り名人《めいじん》です。おじいちゃんに教《おし》えられたとおり、釣《つ》り糸《いと》を

マハゼちゃん

ビューンと海《うみ》に投《な》げ入《い》れてしばらく待《ま》っていると、ツンツンツン、ギューンと、糸《いと》が引《ひ》っ張《ぱ》られる感触《かんしょく》が釣《つ》り竿《ざお》に伝《つた》わってきます。

「わ――、ハゼってこんなふうに引《ひ》くの⁉　おもしろ――い！」

大騒《おおさわ》ぎしていると、おじいちゃん師匠《ししょう》の喝《かつ》！

「そんなに騒《さわ》いでると逃《に》げちまうぞ。はやく引《ひ》け！」

「は、はい！　よーし、これを巻《ま》いたらハゼちゃんに会《あ》えるぞー。」

ハゼの力《ちから》に負《ま》けないように必死《ひっし》でリールを巻《ま》いていくと、海面《かいめん》にキラキラとハゼの姿《すがた》が見《み》えてきました。

「ぎゃあ！　見《み》えてきた見《み》えてきた！　釣《つ》れてるよ、やったー！」

「ハハハ。筋《すじ》がいいぞ。釣《つ》り、楽《たの》しいだろー。」

「はい！　すっごく楽《たの》しいです！　おじいちゃん、ありがとう！」

ビギナーズラック？　と思《おも》うほど、初《はじ》めてのハゼ釣《つ》りは大成功《だいせいこう》。バケツいっぱいになるほどの大漁《たいりょう》となりました。

初《はじ》めて釣《つ》ったマハゼちゃん。うれしくてうれしくて、しばらくの間《あいだ》、時間《じかん》を忘《わす》れて釣《つ》れたハゼを眺《なが》めていました。一見《いっけん》、茶色《ちゃいろ》で地味《じみ》なお魚《さかな》に見《み》えるハゼも、よーく見《み》ると目玉《めだま》がピョコンと飛《と》び出《で》ていてかわいい顔《かお》をしているではないですか！

「ハゼちゃんっておめめがこんなに飛《と》び出《で》てるんだ！　うぉぉぉ、緑色《みどりいろ》に輝《かがや》くおめめだぞお。キラッキラ輝《かがや》いててキレイだなあ。うわぁ、くちびるがぶあつくて、かわいい！」

初《はじ》めてのハゼとのご対面《たいめん》にすっかり感動《かんどう》してしまい、釣《つ》ったハゼを家《いえ》に持《も》ち帰《かえ》って飼《か》うことにしました。

軽々《かるがる》持《も》ってきたクーラーボックスも、釣《つ》れたハゼを飼《か》うために海水《かいすい》を入《い》れたので、持《も》ち上《あ》げるのすら一苦労《ひとくろう》。それでも、川嶋《かわしま》クンとふたりでなんとかがんばって綾瀬《あやせ》のお家《うち》まで持《も》ち帰《かえ》ったのでした。

ハゼちゃんがんばって！

「は～。やっと家《いえ》に着《つ》いた――。ハゼちゃん、さっそく水槽《すいそう》に入《い》れてあげるからね♪」

夕方家《ゆうがたいえ》へ帰《かえ》ってきて、ルンルン気分《きぶん》でクーラーボックスを開《あ》けると、そこには予想《よそう》もしていなかった光景《こうけい》がありました。

ほとんどのハゼが、水《みず》の底《そこ》で横《よこ》たわっていました。

「な、なんで？　ハゼちゃん、どうしちゃったの⁉」

いっきに血《ち》の気《け》が引《ひ》いていくのがわかりました。どうやら、小《ちい》さいクーラーボックスに長時間《ちょうじかん》、何十匹《なんじっぴき》も入《い》れていたせいで、酸欠《さんけつ》になってしまったようです。悲《かな》しいことに、ほとんどのハゼが死《し》んでしまっていました。

「ウソでしょ。ハゼちゃん……。」

ショックのあまり放心状態《ほうしんじょうたい》でクーラーボックスを見《み》つめていると、横《よこ》たわったハゼの奥《おく》に、何匹《なんびき》かまだ鰓蓋《えらぶた》が動《うご》いているハゼがいます。

「あ！　まだ元気《げんき》な子《こ》がいる！」

いそいで生《い》きているハゼたちを水《みず》ごと水槽《すいそう》にうつすと、いちばん近《ちか》くのペットショップへとかけこみました。

「す、すいませ――ん。おばちゃん！　ハゼちゃんを釣《つ》ってきたんだけど、どうやって飼《か》えばいいですか？」

そのペットショップは、いつもどかっと腰《こし》をおろし、眉間《みけん》に三本《ぼん》の深《ふか》いシワが刻《きざ》まれているこわーいおばちゃんがひとりで切《き》り盛《も》りしていました。ハアハア息《いき》を切《き》らして飛《と》びこんでいくと、おばちゃんは小鳥《ことり》にエサをあげていた手《て》を止《と》め、よっこらしょっと腰《こし》を上《あ》げました。

「ハゼ？　なにハゼ？」

「えっと、ちょっとわからないいんだけど、海《うみ》で釣《つ》ってきたんです。」

「海《うみ》のハゼはむずかしいよ。」

「でも、飼《か》いたいんです。どうすればいいんですか？」

「じゃあとりあえず、ブクブクをつけなさい。」

そう言《い》うと、おばちゃんはエアーポンプを棚《たな》から出《だ》してきてくれました。

家《いえ》に帰《かえ》り、さっそくそのエアーポンプをつけると、しだいにハゼたちの息《いき》も安定《あんてい》してきたように見《み》えて、ホッと胸《むね》をなでおろしたのでした。

生《い》きているお魚《さかな》が自分《じぶん》の家《いえ》でも見《み》られる。これは、想像《そうぞう》していた以上《いじょう》に心浮《こころう》き立《た》つ出来事《できごと》でした。

朝起《あさお》きて、ハゼたちが元気《げんき》に泳《およ》いでいる姿《すがた》を見《み》ると、それだけで「よーし、一日《いちにち》がんばるぞお！」と元気《げんき》をもらえます。学校《がっこう》でたとえイヤなことがあっても、ハゼちゃんたちが元気《げんき》にエサをパクパク食《た》べてくれるだけで「ま、いいか！」と開《ひら》き直《なお》れてしまうのです。

ハゼの水槽《すいそう》は、我《わ》が家《や》の癒《い》やしスポットとなったのでした。

コバルトスズメ

大和《やまと》のお魚屋《さかなや》さん「魚音《うおおと》」へ、お魚《さかな》を見《み》にいった帰《かえ》りのことでした。その日《ひ》はまだ時間《じかん》もあったので、寄《よ》り道《みち》しておなじく大和《やまと》にある「サン熱帯魚《ねったいぎょ》」という、大《おお》きな熱《ねっ》帯魚屋《たいぎょや》さんにも足《あし》を伸《の》ばしてみることにしました。

すると、入《い》り口《ぐち》のすぐそばにある〝海《うみ》の魚《さかな》コーナー〟に、信《しん》じられないくらいコバルトブルーにキラキラ輝《かがや》くお魚《さかな》が泳《およ》いでいました。

「うっわぁぁぁ。まぶしいくらいにキレイなお魚《さかな》だぁ。」

一目《ひとめ》でそのお魚《さかな》にクギづけになりました。名前《なまえ》を見《み》ると「コバルトスズメ」と書《か》かれています。（標準和名《ひょうじゅんわめい》・ルリスズメダイ）

「キレイだなぁ。こんなキラッキラなお魚《さかな》がいるんだぁ。うちのハゼちゃんと泳《およ》がせたらどんだけステキだろうなあ。」

ハゼはかわいいけれど、けっして派手《はで》ではありません。あの水槽《すいそう》の中《なか》に、こんな鮮《あざ》やかなブルーのお魚《さかな》がいたら……。想像《そうぞう》しただけでうっとりしてしまいます。

（きっと高《たか》いんだろうなあ。）

そう思《おも》いながらおそるおそる値段《ねだん》を見《み》ると、まさかの1匹《ぴき》180円《えん》！　お財布《さいふ》にはまだ500円《えん》ばかり入《はい》っています。

「180円《えん》なら、帰《かえ》りの電車代《でんしゃだい》差《さ》し引《ひ》いても1匹《ぴき》買《か》えるぞ！」

ボクは迷《まよ》うことなく1匹購入《ぴきこうにゅう》し、スキップしながらルンルン気分《きぶん》で家《いえ》へと帰《かえ》りました。

家《いえ》に着《つ》くと、

「ハーゼちゃん、新《あたら》しいお仲間《なかま》が増《ふ》えます

ルリスズメダイ（コバルトスズメ）ちゃん

よ。」

そう声《こえ》をかけながら、さっそくコバルトスズメをバシャッとハゼの泳《およ》ぐ水槽《すいそう》の中《なか》に入《い》れました。

すると、なんてことでしょう！　水槽《すいそう》に入《い》れた瞬間《しゅんかん》、鮮《あざ》やかなコバルトブルーの体《からだ》がばあっっと真《ま》っ黒《くろ》になったのです。そしてクルクルと回《まわ》り出《だ》したかと思《おも》ったら、水《すい》槽《そう》の底《そこ》に沈《しず》み、とつぜん痙攣《けいれん》して、あっというまに死《し》んでしまったのでした。

「ぎゃぁぁぁ。なに？　どうしたの？　なんで？　なにが起《お》こったの？」

完全《かんぜん》に大《だい》パニックです！　ショックでショックで、水槽《すいそう》の前《まえ》にへなへなと座《すわ》りこんでしまいました。水槽《すいそう》からすくい出《だ》し、手《て》のひらの上《うえ》にのせたコバルトスズメは、さっきまでのキレイな青色《あおいろ》はウソのように、真《ま》っ黒《くろ》な姿《すがた》。涙《なみだ》が止《と》まりませんでした。

しばらくして落《お》ち着《つ》きを取《と》り戻《もど》すと、コバルトスズメを庭《にわ》に埋《う》めて、お墓《はか》をつくりました。そして真相究明《しんそうきゅうめい》に取《と》りかかるべく、持《も》っているお魚関連《さかなかんれん》の本《ほん》を片《かた》っ端《ぱし》から広《ひろ》げて調《しら》べはじめました。

一日《いちにち》かけて調《しら》べていくうちに、すこしずつ原因《げんいん》がわかってきました。

ハゼが暮《く》らす水槽《すいそう》の水《みず》は相当汚《そうとうよご》れていて、最悪《さいあく》の水質《すいしつ》だったこと。水槽用《すいそうよう》のヒーターも入《はい》っていなかったため、25度《ど》くらいの水温《すいおん》で暮《く》らすコバルトスズメには水《みず》がとても冷《つめ》たかったこと。水質《すいしつ》と水温《すいおん》の急変《きゅうへん》が原因《げんいん》だったのだろう、ということがわかってきたのです。

そういえばハゼのこともよく見《み》てみると、ハアハアと、すごい速《はや》さでエラ呼吸《こきゅう》をしています。

「ハゼちゃんも苦《くる》しかったんだね、ごめんねぇ。」

水槽《すいそう》にしがみつきながら、ハゼに泣《な》いて謝《あやま》りました。

飼《か》い方《かた》を猛勉強《もうべんきょう》

死《し》んじゃったコバルトスズメのためにも、ハゼの環境《かんきょう》をもっと快適《かいてき》にしてあげなきゃ。そこから自分《じぶん》は、徹底的《てっていてき》にお魚《さかな》の飼《か》い方《かた》について独学《どくがく》で勉強《べんきょう》をはじめました。

・水《みず》をキレイにするには濾過装置《ろかそうち》をつけなければいけない。
・水《みず》は定期的《ていきてき》に交換《こうかん》する。
・冬《ふゆ》は水槽用《すいそうよう》ヒーター、真夏《まなつ》は水槽用《すいそうよう》のクーラーをつけて、水温《すいおん》を調整《ちょうせい》する。などなど。

お魚《さかな》を飼《か》うために用意《ようい》しなくてはいけないもの、やらなくてはいけないことはたくさんありました。熱帯魚屋《ねったいぎょや》さんのおばちゃんから教《おし》えられたエアーポンプだけではなかったのです。

さっそく環境《かんきょう》をととのえてあげると、ハゼの状態《じょうたい》はみるみるよくなり、心《こころ》なしか表情《ひょうじょう》まで明《あか》るくなったように感《かん》じました。

「よかった、元気《げんき》になって。ハゼちゃんずっと長生《ながい》きしてね。」

これ以上《いじょう》、お魚《さかな》さんたちに苦《くる》しい思《おも》いはさせないぞ。元気《げんき》に泳《およ》ぐハゼを眺《なが》めながら、そう心《こころ》に誓《ちか》ったのでした。

ハゼ釣《つ》り以降《いこう》、休《やす》みのたびにお魚釣《さかなつ》りへと出《で》かけるようになりました。母《はは》とふたりだったり、兄《あに》やその友達《ともだち》、お魚《さかな》に興味《きょうみ》を持《も》ってくれたクラスメイトや時《とき》には先生《せんせい》もいっしょに、城ケ島《じょうがしま》や大磯《おおいそ》のほうまで釣《つ》りに出《で》かけていくこともありました。

釣《つ》りにいく回数《かいすう》が増《ふ》え、家《いえ》で飼《か》うお魚《さかな》さんも、ハゼだけでなくネズミゴチ、カサゴ、ベニツケギンポと、どんどんどんどん増《ふ》えていったのでした。

ヒヨの水槽《すいそう》

家《いえ》でお魚《さかな》を飼《か》いはじめたと聞《き》いて、いちばん初《はじ》めに見《み》にきたのはヒヨでした。ヒヨとは幼稚園《ようちえん》からいっしょの幼《おさな》じみですが、急激《きゅうげき》に仲《なか》よくなったのは、タコ獲《と》り名人《めいじん》だというヒヨのおじいちゃんのところへいっしょにいったときからだったような気《き》がします。

ヒヨは、我《わ》が家《や》の水槽《すいそう》の中《なか》で泳《およ》ぐハゼを見《み》て言《い》いました。

「家《いえ》に海《うみ》の魚《さかな》が泳《およ》ぐっつーのも、いいもんだな。オレも飼《か》ってみっかな。」

そして数日後《すうじつご》。ヒヨのお家《うち》に遊《あそ》びにいくと、玄関《げんかん》の古《ふる》びた水槽《すいそう》に、立派《りっぱ》な金魚《きんぎょ》が泳《およ》いでいました。

「へえ。金魚《きんぎょ》ちゃんもかわいいよね。」

金魚《きんぎょ》ちゃん

そう言《い》うと、ヒヨはなんだか納得《なっとく》いかない顔《かお》をしています。

「なんかよー、金魚《きんぎょ》だけだとおもしろくねえんだよな。」

「そう？　金魚《きんぎょ》ちゃんもかわいいじゃん。」

「でもよー。マーちゃんとこのハゼみたいに、パンチがねえんだよな……。」

しばらくして、学校《がっこう》へいくとヒヨがかけよってきました。

「オレよぉー、水槽《すいそう》にカワハギ飼《か》ってんだぜ。」

「へえ！　カワハギ！　すごいじゃん、ヒヨ。いいなあ。カワハギちゃんは正面《しょうめん》から見《み》た顔《かお》がなんとも言《い》えずかわいいよね。」

「カワハギ、見《み》にこいよ！」

「うん、見《み》せて！」

放課後《ほうかご》、さっそくヒヨの家《いえ》へ見《み》にいくことになりました。二階《かい》にあがり、ヒヨの部《へ》屋《や》にはいると、ビックリ仰天《ぎょうてん》！　なんと！　淡水《たんすい》で生《い》きる金魚《きんぎょ》と、海水《かいすい》で生活《せいかつ》するカワハギがおなじ水槽《すいそう》の中《なか》に泳《およ》いでいるのです！　ふつうに考《かんが》えたら、ひとつの水槽《すいそう》で飼《か》うことは不可能《ふかのう》なはず。

「ヒヨ、なんで金魚《きんぎょ》とカワハギがいっしょに泳《およ》いでいるわけ？」

目《め》をまん丸《まる》くしておどろく自分《じぶん》に、ゲラゲラ笑《わら》うヒヨ。

お魚好《さかなず》きの自分《じぶん》をおどろかせたことがうれしかったのでしょうか、勝《か》ちほこった表《ひょう》情《じょう》をうかべると、

「へへん。ヒミツだよ、ヒミツ！」

と言《い》って、それ以上《いじょう》は教《おし》えてくれませんでした。

その後《ご》も長《なが》い間《あいだ》、元気《げんき》にいっしょに泳《およ》いでいた金魚《きんぎょ》とカワハギちゃん。いま考《かんが》えても、とっても不思議《ふしぎ》なヒヨ水槽《すいそう》……。

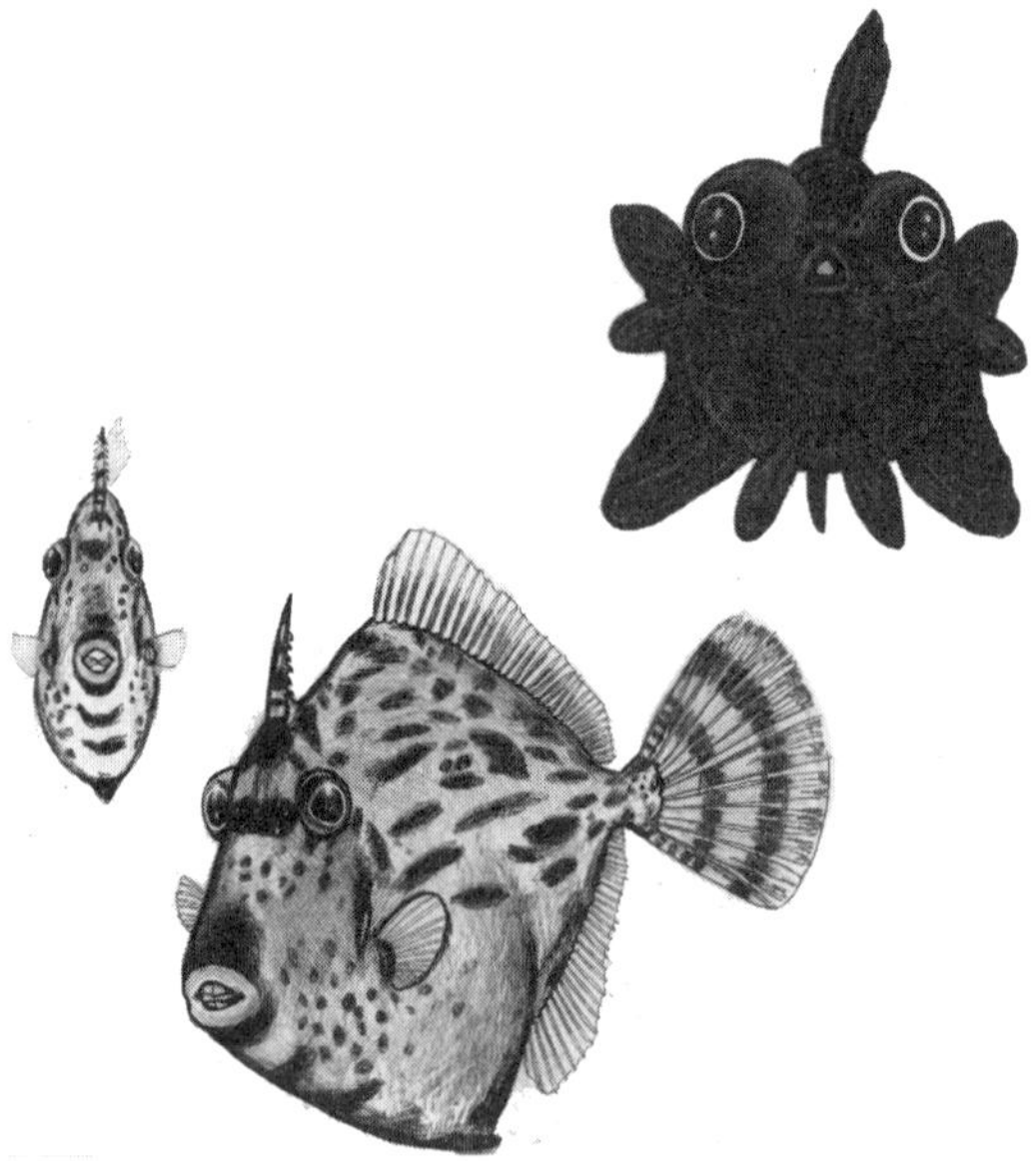

金魚《きんぎょ》ちゃんとカワハギちゃん

新《あたら》しい図鑑《ずかん》は図書館《としょかん》で

母《はは》はお魚屋《さかなや》さんへいくと、気《き》になったお魚《さかな》はいつも丸《まる》ごと買《か》ってくれました。そして、絵《え》を描《えが》いたあとは、みんなでおいしくいただきました。

図鑑《ずかん》やおうちで飼《か》うお魚《さかな》も、誕生日《たんじょうび》など特別《とくべつ》な日《ひ》に買《か》ってくれました。それ以外《いがい》は「自分《じぶん》でお金《かね》をためて買《か》いなさい。」と、言《い》われていました。けれど小学生《しょうがくせい》にとって、本《ほん》、とくに図鑑《ずかん》は高価《こうか》で、どんなにお小遣《こづか》いを貯金《ちょきん》してもなかなか手《て》に入《はい》らないものです。

そこで、新《あたら》しい図鑑《ずかん》を見《み》たくなると、いつも街《まち》の大《おお》きな図書館《としょかん》へと足《あし》を運《はこ》びました。図書館《としょかん》には、近所《きんじょ》の本屋《ほんや》さんとは比《くら》べものにならないくらい数《かぞ》えきれないほどの本《ほん》があります。

お魚《さかな》の本《ほん》だってそれはもう、たくさん！　そこで、見《み》たことのない海《うみ》のシリーズの図鑑《ずかん》や海外《かいがい》の文献《ぶんけん》など、片《かた》っ端《ぱし》から集《あつ》めてきてはテーブルにどっさりと山積《やまづ》みにして見《み》たり読《よ》んだりするのが、楽《たの》しくてしかたがありませんでした。

自分《じぶん》で買《か》うとなると限《かぎ》りがありますが、図書館《としょかん》の本《ほん》はいくら読《よ》んでもタダ！　しかも貸《か》してもらえるのです。小学生《しょうがくせい》の自分《じぶん》にとって、図書館《としょかん》はお魚屋《さかなや》さんとおなじくらい、夢《ゆめ》のような大好《だいす》きな場所《ばしょ》でした。綾瀬市《あやせし》の図書館《としょかん》にある海《うみ》に関《かか》わる本《ほん》は、おそらくほとんど読破《どくは》したんじゃないかなぁ。

酒蓋《さけぶた》ブーム

小中学校時代《しょうちゅうがっこうじだい》は、土曜日《どようび》まで学校《がっこう》がありました。なのでお休《やす》みは日曜日《にちようび》だけ。その貴重《きちょう》な日曜日《にちようび》の過《す》ごし方《かた》はというと、もっぱら釣《つ》りか水族館《すいぞくかん》。平日《へいじつ》の放課後《ほうかご》はというと、週《しゅう》に2日《ふつか》は剣道《けんどう》、週《しゅう》1でギター教室《きょうしつ》に通《かよ》っていたので、自由《じゆう》に使《つか》える日《ひ》はたった3日《みっか》！　意外《いがい》といそがしい小学生《しょうがくせい》でした。その3日《みっか》でお魚屋《さかなや》さんをめぐったり図書館《としょかん》へ通《かよ》ったりしていたのです。

けれどもけっして友達《ともだち》と遊《あそ》ばなかったわけではありません！　ヒヨをはじめ友達《ともだち》といっしょに、日《ひ》が暮《く》れるまで野原《のはら》を走《はし》り回《まわ》ることもありました。

当時《とうじ》、はやっていたのは酒瓶《さかびん》の蓋集《ふたあつ》め。一升瓶《いっしょうびん》の蓋《ふた》（以下《いか》、酒蓋《さけぶた》）にはそれぞれかわいい絵《え》が描《えが》かれているものが多《おお》く、クラスの男子《だんし》が酒蓋《さけぶた》を集《あつ》めていました。それをみんながみんな、学校《がっこう》へ持《も》ってくるのです。

まず、「おれはいいちこ6個《こ》持《も》ってるんだぜー。」などと言《い》いながら机《つくえ》に並《なら》べて、見《み》せあいっこをします。目当《めあ》てのものがあると、「それ欲《ほ》しい！」と名乗《なの》り出《で》て自分《じぶん》のもっている酒蓋《さけぶた》をもちこみ、勝負《しょうぶ》がスタート！　おたがいに酒蓋《さけぶた》をピンッと指《ゆび》ではじくのです。ベーゴマのように蓋《ふた》がクルクル回《まわ》り、相手《あいて》の酒蓋《さけぶた》が机《つくえ》から落《お》ちると勝《か》ち！　その蓋《ふた》をもらうことができるのでした。蓋《ふた》にはまだお酒《さけ》のニオイがついています。絵《え》がかわいくて、いいニオイの酒蓋《さけぶた》が大人気《だいにんき》でした。

酒蓋集《さけぶたあつ》めがはやっているとはいえ、まだ小学生《しょうがくせい》。ふつうに生活《せいかつ》していたら手《て》に入《はい》るわけがありません。ところがみんな、何十個《なんじっこ》もたくさん持《も》っているのです。自分《じぶん》はというと、2〜3個《こ》だけ。みんな、どうしてあんなに持《も》っているんだろう。お魚屋《さかなや》さんに通《かよ》ってばかりだった自分《じぶん》にはまったくわかりませんでした。

ある日《ひ》の放課後《ほうかご》4〜5人《にん》のクラスメイトと遊《あそ》ぶことになりました。集合場所《しゅうごうばしょ》にいくと、

「よし、酒蓋集《さけぶたあつ》めにいこうぜ！」

（集《あつ》める？　どこかに捨《す》ててあるところがあるのかなぁ。だからみんないっぱい持《も》ってるんだ。）

そんなことを思《おも》いながらみんなの後《あと》をついていくと、たどり着《つ》いた場所《ばしょ》は酒屋《さかや》さん！

「え？　ここ酒屋《さかや》さんじゃん。大丈夫《だいじょうぶ》なの？」

不安《ふあん》になって聞《き》く自分《じぶん》に、友達《ともだち》は余裕《よゆう》の表情《ひょうじょう》。

「だいじょうぶだよ。おまえ、声出《こえだ》すなよ。バレるから。」

「ミーボー、忍《しの》び足《あし》だ！」

「え、忍《しの》び足《あし》？」

意味《いみ》がわからず聞《き》き返《かえ》しても、誰《だれ》も返事《へんじ》をしてくれません。

「ねー、みんななにやってるの？　ねえってば！　どうしたの？」

しつこく聞《き》くと、

「おめえ声出《こえだ》すんじゃねー。シーッ！」

とおっかない表情《ひょうじょう》をさせながらひそひそ声《ごえ》のまま、みんな自分《じぶん》をにらみつけてきました。するとそのときです。

「こら――！　おまえら、なにやってるんだ！」

と酒屋《さかや》のおじちゃんのどなり声《ごえ》！

「うわあ――！　逃《に》げるぞ！」

そう叫《さけ》ぶやいなや、友達《ともだち》はみんな、四方八方《しほうはっぽう》に逃《に》げていってしまいました。

意味《いみ》がわからず立《た》ちつくしていると、自分《じぶん》だけ酒屋《さかや》のおじちゃんにつかまってしまいました。

「おまえだな、毎日蓋《まいにちふた》を取《と》っていくヤツは！」

「ちがうよー、ちがうよー！」

そんなこと言《い》っても、とうてい信《しん》じてもらえません。友達《ともだち》のぶんまでこっぴどくしかられたのでした。

酒屋《さかや》さんから戻《もど》ってきた姿《すがた》を見《み》て、みんなは、

「もうー、だからシーッて言《い》っただろ。逃《に》げ足《あし》おせーよ。」

とあきれ顔《がお》。

「そんなこと言《い》ったって、こうやってみんなが集《あつ》めてるなんて知《し》らなかったもん。もう、こりごりだよ。」

酒蓋集《さけぶたあつ》めなんて誘《さそ》われたって金輪際《こんりんざい》するもんか！　心《こころ》の中《なか》でひそかに誓《ちか》ったのでした。

カワハギのはく製《せい》

お魚《さかな》と出会《であ》ってから、約《やく》3年《ねん》の月日《つきひ》が流《なが》れました。あいかわらずお魚《さかな》に夢中《むちゅう》、いや夢中《むちゅう》どころかお魚《さかな》のことしか見《み》えていない日々《ひび》はつづいておりました。小学《しょうがく》5年生《ねんせい》にもなると、見《み》よう見《み》まねでしていたお魚《さかな》のさばき方《かた》も、だいぶ様《さま》になってきました。

そんなある日《ひ》のこと。いつものように大和《やまと》の魚音《うおおと》さんへお魚《さかな》を見《み》にいくと、小松《こまつ》のにいちゃんがカワハギの皮《かわ》をはいでいます。

「へえ。カワハギの皮《かわ》って、こんなシールみたいに簡単《かんたん》にはがせるんだ。」

そう感心《かんしん》して見《み》ていると、

「カワハギは皮《かわ》が硬《かた》いから、ちょっと引《ひ》っぱればスルッてむけるんだよ。おもしれーだろ。」

と、小松《こまつ》のにいちゃんがにやっと笑《わら》いました。そのとき、ある考《かんが》えが頭《あたま》に浮《う》かびました。

（あんなに簡単《かんたん》にキレイにむけるんだったら、あの皮《かわ》を板《いた》にくっつけたらそのまま標《ひょう》本《ほん》になるよな。）

そうひらめいてしまったら最後《さいご》、やってみずにはいられません。さっそくカワハギを買《か》って帰《かえ》り、標本作《ひょうほんづく》りにチャレンジすることにしました。

まずは、カワハギの輪郭《りんかく》に沿《そ》って包丁《ほうちょう》を入《い》れていきます。一周切《いっしゅうき》り目《め》を入《い》れたら、口先《くちさき》の皮《かわ》をつまんで、ピーッとゆっくりはがしていきました。カワハギの皮《かわ》は、体中《からだじゅう》に細《こま》かいヤスリのようなザラザラがあり厚《あつ》みもあるので、力《ちから》を入《い》れてひっぱってもちぎれることがありません。小学生《しょうがくせい》だった自分《じぶん》にも、おどろくほどキレイにむくことができました。

次《つぎ》に、その皮《かわ》をキレイに洗《あら》って乾《かわ》かしたら、うすい板《いた》にボンドで貼《は》りつけてみました。

「できたー！」

早《はや》くも完成《かんせい》です！　ところがこのはく製《せい》、目玉《めだま》のところだけが空洞《くうどう》になってしまい、カワハギのかわいさがまったく感《かん》じられません。ためしに目玉《めだま》の部分《ぶぶん》の板《いた》を黒《くろ》く塗《ぬ》ってみました。う——ん。なんだかイマイチです。なにかいい手《て》はないかなあ。腕組《うでぐ》みしながら家《いえ》の中《なか》をぐるりと見渡《みわた》しました。

「あ！　これだ！」

電話《でんわ》の横《よこ》にちょこんと座《すわ》っている手作《てづく》りのぬいぐるみを見《み》て、ひらめいてしまいました！　知《し》り合《あ》いのおばさんがプレゼントしてくれたそのぬいぐるみは、黒《くろ》目《め》がクルクル動《うご》くプラスチックのおめめをしています。この目《め》が手芸屋《しゅげいや》さんで売《う》られているのを前《まえ》に見《み》たことがあったのです。

さっそくお小遣《こづか》いをにぎりしめ、いそいで近所《きんじょ》の手《しゅ》芸屋《げいや》さんへぬいぐるみの目《め》を買《か》いに走《はし》りました。空洞《くうどう》の部分《ぶぶん》にボンドでピタッとつけてみるとピッタリ！しかもとたんにカワハギがなにかのキャラクターに生《う》まれ変《か》わったかのように、かわいい表情《ひょうじょう》になったのです。

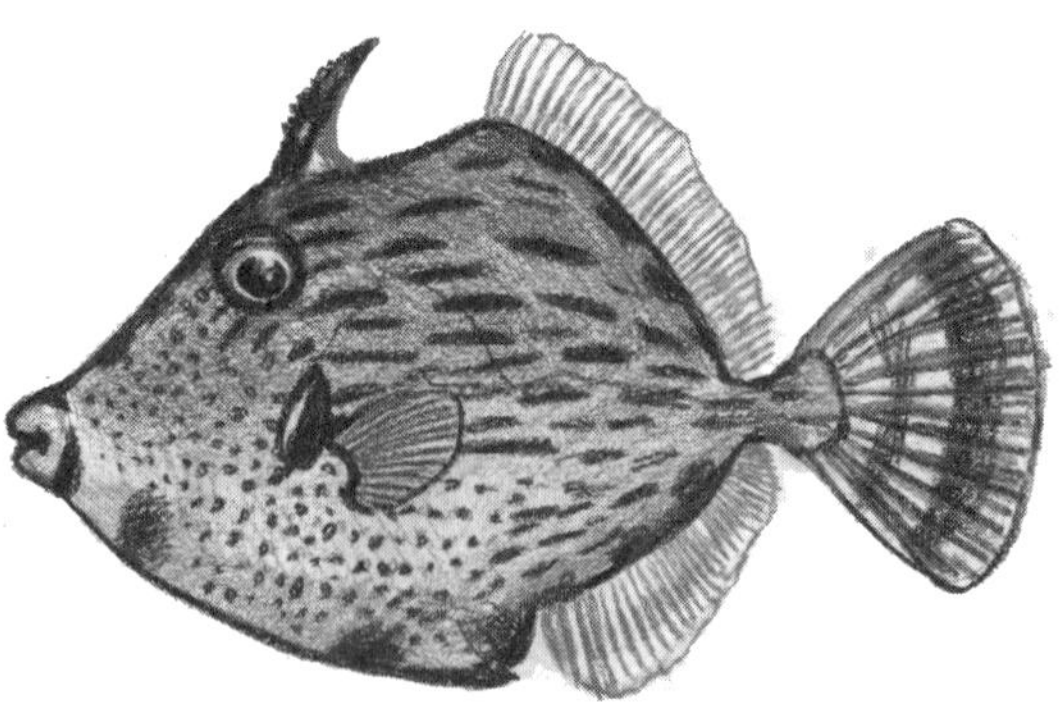

カワハギちゃん

「やったー！　できたぞー！」

うれしくてうれしくて、それからしばらくの間《あいだ》、いつでもそのカワハギの標本《ひょうほん》を持《も》ち歩《ある》くようになりました。食事《しょくじ》のときは見《み》えるところに立《た》てかけて、学校《がっこう》にももちろん持《も》っていきます。授業中《じゅぎょうちゅう》はふでばこのとなりにおいて、いつでも見《み》られるようにしておきました。

カワハギは、クラスメイトからも大好評《だいこうひょう》でした。

「おめめついているとかわいいね。」

「カワハギの体《からだ》って、なんか坊主《ぼうず》の男《おとこ》のコの頭《あたま》さわってるみたい。」

と、男《おとこ》のコも女《おんな》のコもカワハギのザラザラした皮《かわ》を物珍《ものめずら》しそうにさわりにきました。

ひとりのクラスメイトがたずねました。

「これって、標本《ひょうほん》になるの？　はく製《せい》とはちがうんだよね？」

あらためてたずねられると、これが標本《ひょうほん》なのかはく製《せい》なのか、自分《じぶん》でもはっきりわかりませんでした。

「中身《なかみ》がないから標本《ひょうほん》とは言《い》わないのかな。けど、はく製《せい》ともちがうよねえ。はく製《せい》は立体感《りったいかん》があるもんね。だったら標本《ひょうほん》なのかなあ。ん？　はく製《せい》？　そっか。はく製《せい》だったらもっとかわいいかも！」

その瞬間《しゅんかん》、またまたハッとひらめいてしまったのです。板《いた》に貼《は》りつけるのではなくて、中《なか》に綿《わた》をつめて立体感《りったいかん》を出《だ》せば、はく製《せい》になるぞ！　そしたらもっとぬいぐるみのようにかわいくなるかも！　皮《かわ》の厚《あつ》いカワハギならそれができるかもしれない！

その日《ひ》の放課後《ほうかご》、学校《がっこう》が終《お》わるやいなや大和《やまと》の魚音《うおおと》さんへ向《む》かい、丸《まる》ごとのカワハギを手《て》に入《い》れると一目散《いちもくさん》に家《いえ》へ帰《かえ》りました。

魚音《うおおと》さんと自宅《じたく》は、往復《おうふく》で2時間《じかん》ほどはかかる長《なが》い道《みち》のり。その道中《どうちゅう》、頭《あたま》の中《なか》では何度《なんど》もはく製作《せいづく》りのシミュレーション。イメージトレーニングは完璧《かんぺき》です。台所《だいどころ》に直《ちょっ》行《こう》し、カワハギをまな板《いた》にのせたら、いよいよ開始《かいし》です！

まずはお魚《さかな》は左向《ひだりむ》きに、右側《みぎがわ》の尻《しり》びれのつけ根《ね》にそって、切《き》れ目《め》を入《い》れます。次《つぎ》に、皮《かわ》と身《み》の間《あいだ》に指《ゆび》をじょじょに入《い》れていき、身《み》から皮《かわ》をはがしていきます。

その後《あと》、切《き》れ目《め》を入《い》れた部分《ぶぶん》からハサミを差《さ》しこみ、骨《ほね》をチョキンチョキンと切《き》ったら、身《み》とともに取《と》り出《だ》します。お腹《なか》のなかもキレイに取《と》りのぞき、皮《かわ》だけのペラペラの状態《じょうたい》にします。ここまできたら、ほぼできたも同然《どうぜん》！

その皮《かわ》を洗《あら》って水気《みずけ》をとったら、中《なか》に脱脂綿《だっしめん》を入《い》れて形《かたち》を整《ととの》え、切《き》れ目《め》を縫《ぬ》い、カラッカラになるまで丸一日天日干《まるいちにちてんぴぼ》しにします。乾《かわ》いたところでニスを塗《ぬ》り、サイズに合《あ》わせた手芸用《しゅげいよう》のおめめをつけるとできあがり！　３６０度《ど》、どの角度《かくど》からも見《み》ることができる立体感《りったいかん》のあるはく製《せい》が完成《かんせい》です！　んー！　我《われ》ながらいい仕上《しあ》がり！

学校《がっこう》へ持《も》っていくと、標本《ひょうほん》のとき以上《いじょう》に友達《ともだち》が集《あつ》まってきました。

「すっげー。ミーボーが作《つく》ったの？」

「そうだよ。」

「こんなの作《つく》れるんだ、さすが魚好《さかなず》き！　いいなあ。オレにちょうだいよ。」

「いいよー。また作《つく》るから。」

「じゃあオレも。」

「オレもちょうだい！」

カワハギのはく製《せい》は大人気《だいにんき》。ちょうだいと言《い》ってくれる友達《ともだち》が次々《つぎつぎ》とあらわれ、作《つく》ったらあげて、作《つく》ったらあげてをくり返《かえ》し、自分《じぶん》の手元《てもと》にはひとつものこりませんでした。

けれどもみんながよろこんでくれるのがとてもうれしくて、次々《つぎつぎ》とはく製《せい》を作《つく》っていきました。

干物《ひもの》の香《かお》りの自由研究《じゆうけんきゅう》

その年《とし》の夏休《なつやす》み、いままで作《つく》ったはく製《せい》を集《あつ》めて、自由研究《じゆうけんきゅう》として出《だ》すことにしました。キタマクラやヨソギなど、カワハギ以外《いがい》のはく製《せい》も作《つく》って学校《がっこう》へ提出《ていしゅつ》したのです。

この自由研究《じゆうけんきゅう》は、クラスで話題《わだい》になり、みんな「見《み》せて！　見《み》せて！」と好評《こうひょう》でした。

ところが、教室《きょうしつ》の後《うし》ろに飾《かざ》られるようになると状況《じょうきょう》が一変《いっぺん》。教室全体《きょうしつぜんたい》がだんだん干《ひ》物《もの》の香《かお》りになってきたのです。いつもそこで授業《じゅぎょう》を受《う》けているとあまり気《き》にならないのですが、たまにほかのクラスの先生《せんせい》がくると、教室《きょうしつ》に足《あし》を踏《ふ》み入《い》れたとたん、

「なんだ？　魚《さかな》の臭《にお》いがするぞ。誰《だれ》か干物《ひもの》持《も》ってきたのか！　窓《まど》を開《あ》けろー。換気《かんき》だー！」

と、大変《たいへん》な騒《さわ》ぎに。けっきょくはく製《せい》は、早々《そうそう》に家《いえ》へ持《も》ち帰《かえ》るようにと言《い》い渡《わた》されてしまいました。しかしこのはく製作《せいづく》りは、高校生《こうこうせい》になるまでつづいたのです。

魚音《うおおと》さんに飾《かざ》られた絵《え》

大和《やまと》にある魚音《うおおと》さんには、中学《ちゅうがく》を卒業《そつぎょう》するころまでずーっと足《あし》しげく通《かよ》っていました。

小松《こまつ》のにいちゃんは、珍《めずら》しいお魚《さかな》が入荷《にゅうか》するとかならず電話《でんわ》をくれました。家《いえ》に帰《かえ》ると母《はは》が、

「小松《こまつ》のおにいちゃんから電話《でんわ》があったよ。いっておいで！」

と教《おし》えてくれるので、

「ほんとー？　じゃあいってきます！　今日《きょう》はなんのお魚《さかな》だろう♪」

と、ランドセルを置《お》くと一目散《いちもくさん》に自転車《じてんしゃ》に乗《の》って魚音《うおおと》さんへ向《む》かうのでした。

魚音《うおおと》さんの鮮魚《せんぎょ》コーナーには、自分《じぶん》の描《えが》いたお魚《さかな》の絵《え》がズラリと貼《は》られていました。いただいたお魚《さかな》を絵《え》に描《えが》いて持《も》っていっていたら、「本当《ほんとう》に上手《じょうず》だなあ。」と飾《かざ》ってくれるようになったのです。

とはいっても、小学生《しょうがくせい》がノートに描《えが》いている絵《え》です。ノートをビリリと破《やぶ》って渡《わた》し

ているような絵《え》なのに、小松《こまつ》のにいちゃんはとてもよろこんでくれました。持《も》っていくとその場《ば》で壁《かべ》に絵《え》を貼《は》って飾《かざ》ってくれました。

自分《じぶん》の描《えが》いたお魚《さかな》の絵《え》がお店《みせ》いっぱいに飾《かざ》られている光景《こうけい》は、とてもうれしいものでした。そしてこれが、自分《じぶん》の絵《え》を多《おお》くの人《ひと》に見《み》てもらえた、初《はじ》めての体験《たいけん》でもありました。

ミーボー新聞《しんぶん》

6年生《ねんせい》になると宿題《しゅくだい》の量《りょう》もうーんと増《ふ》えてきます。勉強《べんきょう》が大《だい》の苦手《にがて》だった自分《じぶん》にとって、毎日《まいにち》の宿題《しゅくだい》は、こなすだけでも一苦労《ひとくろう》でした。でも、唯一《ゆいいつ》好《す》きだった宿題《しゅくだい》がありました。それは毎週日曜日《まいしゅうにちようび》の課題《かだい》として出《だ》される「家庭学習《かていがくしゅう》」です。

「家庭学習《かていがくしゅう》」とは、文字《もじ》どおり学校《がっこう》のない日曜日《にちようび》に、家《いえ》で自分《じぶん》で調《しら》べたことをノートにまとめて提出《ていしゅつ》するという宿題《しゅくだい》です。テーマは自由《じゆう》。どんな形式《けいしき》でもかまいませんでした。当然《とうぜん》、選《えら》んだテーマはお魚《さかな》！

「今週《こんしゅう》はこのお魚《さかな》を釣《つ》り上《あ》げました。」

「お魚屋《さかなや》さんでこんな珍《めずら》しいお魚《さかな》に出会《であ》いました！」

「うちのマハゼちゃんを紹介《しょうかい》します！」

と、釣《つ》ってきたお魚《さかな》や飼《か》っているお魚《さかな》を絵《え》に描《えが》いて提出《ていしゅつ》することにしたのです。絵《え》のまわりには、そのお魚《さかな》の特徴《とくちょう》などのほかに、水族館《すいぞくかん》の飼育員《しいくいん》さんやお魚屋《さかなや》さんから教《おし》えてもらった、図鑑《ずかん》にのっていないようなプチ情報《じょうほう》も、盛《も》りだくさんに書《か》き入《い》れます。この作業《さぎょう》は、小《ちい》さいころから毎日《まいにち》のようにしていたものとおなじ。だから宿題《しゅくだい》という感覚《かんかく》はなく、むしろ楽《たの》しんで取《と》り組《く》んでいました。

家庭学習《かていがくしゅう》の宿題《しゅくだい》が始《はじ》まって1か月《げつ》ほどたったときのことです。休《やす》み時間《じかん》、担任《たんにん》の藤原月子先生《ふじわらつきこせんせい》から声《こえ》をかけられました。

「あなたの家庭学習《かていがくしゅう》、いま職員室《しょくいんしつ》ですごく話題《わだい》になっているのよ。」

「ええ！　そうなんですか？」

先生《せんせい》は、とっておきのヒミツを話《はな》すかのような表情《ひょうじょう》でつづけました。

「釣《つ》り好《ず》きの先生《せんせい》たちが、大喜《おおよろこ》びして読《よ》んでいるのよ。みんなであなたの家庭学習《かていがくしゅう》のノートを見《み》ながら、『たしかにあの磯《いそ》でこの魚《さかな》はよく釣《つ》れるなあ。』とか、『こうやって食《た》べるとおいしいのかぁ。』とかお魚談義《さかなだんぎ》に花《はな》を咲《さ》かせて。先生方《せんせいがた》、毎週《まいしゅう》とても楽《たの》しみにしているわよ。」

「わぁぁ。なんかうれしい。」

思《おも》いがけない報告《ほうこく》でした。先生方《せんせいがた》がみんなで読《よ》んでくれているなんて。気恥《きは》ずかしさとうれしさで胸《むね》のあたりがフワフワしてきました。

「そこで提案《ていあん》なんだけど、あなたの家庭学習《かていがくしゅう》、新聞《しんぶん》にして張《は》り出《だ》したらどうかしら？　先生《せんせい》たちにこれだけウケてるんだから、みんなにも見《み》てもらいたいじゃない？　きっとよろこぶわよ。」

「ええ！　新聞《しんぶん》ですか？　みんな見《み》てくれるかなぁ。」

「大丈夫《だいじょうぶ》よ！　あなたの魚《さかな》の絵《え》はとても表情《ひょうじょう》がいいし、魚《さかな》にあまり興味《きょうみ》のない私《わたし》が読《よ》んでもおもしろいもの。」

「じゃあ……わかりました。ありがとうございます、うれしいです！」

そう答《こた》えながらも、心臓《しんぞう》の音《おと》がドックンドックンと、しだいに大《おお》きくなっていくのをおさえることができませんでした。

（本当《ほんとう》にみんな読《よ》んでくれるのかなぁ。おもしろいと思《おも》ってくれるんだろうか……。）

先生《せんせい》は、さっそく翌週《よくしゅう》から、家庭学習《かていがくしゅう》のノートを引《ひ》きのばして新聞《しんぶん》を作《つく》ってくれました。その新聞《しんぶん》の名《な》は『ミーボー新聞《しんぶん》』。当時《とうじ》のあだ名《な》であるミーボーから、そう名《な》づけられたのです。

6年《ねん》4組《くみ》の廊下《ろうか》に張《は》り出《だ》された初《はじ》めての日《ひ》は、朝《あさ》からソワソワが止《と》まりませんでした。なんともいえないような気恥《きは》ずかしさ。そして足《あし》を止《と》めてくれる人《ひと》が本当《ほんとう》にいるのかな？　という不安《ふあん》。先生《せんせい》の話《はなし》なんてまるで頭《あたま》に入《はい》ってきませんでした。休《やす》み時間《じかん》になるたび、廊下《ろうか》の様子《ようす》が気《き》になってしかたがないのに、なんだか怖《こわ》くて見《み》にいくこともできません。

翌日《よくじつ》、昨日《きのう》よりもすこし気持《きも》ちが落《お》ちついてきたので、3時間目《じかんめ》と4時間目《じかんめ》の5分《ふん》休《やす》みに、勇気《ゆうき》をだして新聞《しんぶん》の様子《ようす》をチラッと見《み》てみることにしました。教室《きょうしつ》のドアをすこしだけ開《あ》けて、そーっと廊下《ろうか》をのぞいてみると……、あぁ！　1、2、3人《にん》4人《にん》！　ミーボー新聞《しんぶん》の前《まえ》で足《あし》を止《と》め、読《よ》んでくれている子《こ》たちがいるではないですか！

「『このお魚《さかな》はウマヅラハギといって頭《あたま》に角《つの》のようなものがあります。』だって。」

「本当《ほんとう》に馬《うま》っぽい顔《かお》してる、おもしろーい。」

「『キモがとてもおいしいことで有名《ゆうめい》です。』って、キモってなーに？　食《た》べたことない。」

そこで足《あし》を止《と》めているのは、クラスメイトだけではありませんでした。ほかのクラスの子《こ》たちが、ニコニコしながらミーボー新聞《しんぶん》を読《よ》んでくれています。それも、書《か》いてある言葉《ことば》を声《こえ》に出《だ》して、描《えが》いたお魚《さかな》の絵《え》を「すごーい。かわいい。」と指《ゆび》さしながら、みんなで楽《たの》しそうに話《はな》しているのです！

ビックリしました。それまでに感《かん》じたことのないような感動《かんどう》が、電気《でんき》が走《はし》ったかのように、ビリビリと体《からだ》の中《なか》を突《つ》き抜《ぬ》けたのです。

そんな光景《こうけい》は、しばしば見《み》られました。そのうち、大《おお》きく書《か》かれた『ミーボー新《しん》聞《ぶん》』というタイトル名《めい》の上《うえ》に、吹《ふ》き出《だ》しの形《かたち》をして「今週《こんしゅう》の！」という言葉《ことば》がつけたされました。そしてどこからともなく、

「今週《こんしゅう》のミーボー新聞《しんぶん》読《よ》んだ？」

「新《あたら》しいのにかわってたよ。」

「今回《こんかい》のお魚《さかな》、かわいかったねえ。」

などと、たくさんの人《ひと》がミーボー新聞《しんぶん》について話《はな》しているのを耳《みみ》にすることが増《ふ》えてきました。

クラスメイトたちからは、もっと大《おお》きな反響《はんきょう》がありました。

「オレもダイナンギンポって魚《さかな》、釣《つ》ってみてえな。今度《こんど》連《つ》れていってよ。」

「いいよー、いこういこう！」

「ミーボーん家《ち》のハゼ、見《み》にいってもいい？」

「見《み》にきてくれるのー？　かわいいよお！」

「どうしてウマヅラハギは角《つの》があるの？」

と、新聞《しんぶん》を読《よ》んで質問《しつもん》をしてきてくれたり、お魚《さかな》に興味《きょうみ》を持《も》ってくれる友達《ともだち》が、どんどん増《ふ》えてきたのです。

それまで自分《じぶん》にとって、絵《え》を描《えが》くということは、誰《だれ》かに見《み》てもらうためでも誰《だれ》かのために描《えが》くものでもありませんでした。ただただ絵《え》を描《えが》くのが好《す》きで、大好《だいす》きなものを描《えが》きたい。そんな自己満足《じこまんぞく》だけで描《えが》いていたのです。ところが、そんな自己満足《じこまんぞく》のかたまりのようなミー

ダイナンギンポちゃん

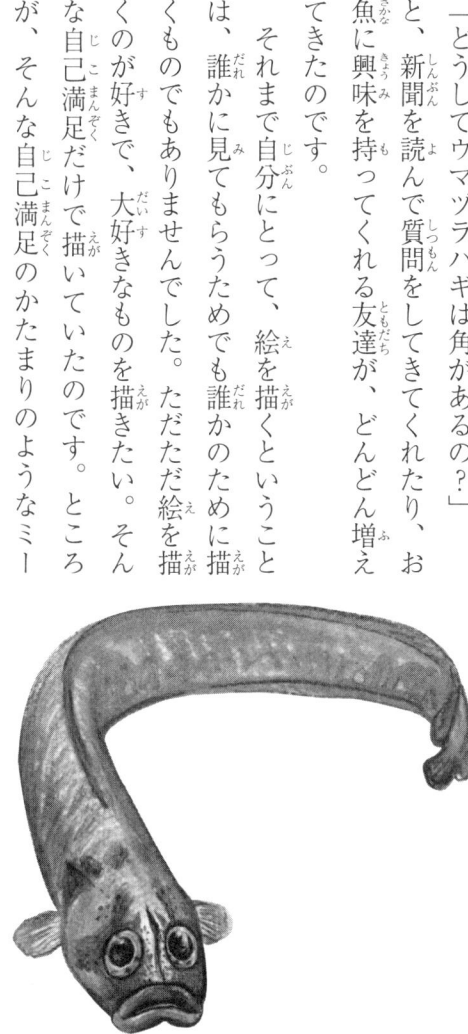

ボー新聞《しんぶん》を、たくさんの人《ひと》が毎回楽《まいかいたの》しそうに読《よ》んでくれる。そのことに、おどろくとともに、言葉《ことば》にしつくせないほどのうれしさがこみ上《あ》げてきたのでした。

このときを境《さかい》に、自分《じぶん》の中《なか》で、絵《え》を描《えが》く心構《こころがま》えがガラリと変《か》わっていきました。鰓《えら》や鱗《うろこ》は細《こま》かいところまでていねいに。お魚《さかな》の顔《かお》は、いちばん魅力的《みりょくてき》に見《み》える表情《ひょうじょう》で。色《いろ》もキレイに塗《ぬ》ろう。もっとかわいく、もっとワクワク見《み》てもらえるように描《えが》いてみよう。自分《じぶん》ではなく誰《だれ》かのために絵《え》を描《えが》きたいと思《おも》うようになったのです。

絵《え》は自分《じぶん》で楽《たの》しむだけじゃない。人《ひと》に見《み》てもらい、人《ひと》をよろこばせるという役割《やくわり》もあるんだ。そして、自分《じぶん》の書《か》いた文《ぶん》や絵《え》が、人《ひと》を動《うご》かし、影響《えいきょう》を与《あた》えることもあるんだ。

先生《せんせい》がミーボー新聞《しんぶん》を通《とお》して教《おし》えてくれたのは、宝物《たからもの》のようにかけがえのない、たいせつなことでした。絵《え》に力《ちから》があることを初《はじ》めて知《し》ったのです。

このときの体験《たいけん》が、さかなクンとしての人生《じんせい》に大《おお》きく大《おお》きく影響《えいきょう》をあたえることになろうとは、当時《とうじ》の自分《じぶん》は思《おも》ってもみませんでした。

水槽《すいそう》で家《いえ》が沈《しず》む!?

小学校《しょうがっこう》を卒業《そつぎょう》するころになると、我《わ》が家《や》の水槽《すいそう》の数《かず》は大小含《だいしょうふく》めて10本《ぽん》ほどに増《ふ》え、合《あ》わせて50種《しゅ》くらいのお魚《さかな》を飼《か》っていました。

水槽《すいそう》は、それ自体《じたい》が重《おも》たいうえに大量《たいりょう》の水《みず》を入《い》れます。だから、とてつもない重量《じゅうりょう》になってしまいます。その多《おお》くの水槽《すいそう》を、リビング横《よこ》の畳《たたみ》の部屋《へや》に置《お》いていました。

そのせいか畳《たたみ》は沈《しず》み、水換《みずか》えの際《さい》にこぼれた水《みず》の影響《えいきょう》で、どんどん黒《くろ》ずみ腐《くさ》っていきました。畳《たたみ》が沈《しず》み腐《くさ》っていくなんて、ある意味《いみ》、家《いえ》の緊急事態《きんきゅうじたい》。それでも母《はは》は、

「水槽《すいそう》って、畳《たたみ》に置《お》いちゃダメだったのね。」

と、ケロッと言《い》うだけでした。むしろ誕生日《たんじょうび》には、さらに新《あたら》しい水槽《すいそう》を買《か》ってくれたほどでした。おかげで心《こころ》おきなく、いつでも好《す》きなときにお魚《さかな》を観察《かんさつ》することができたのでした。

「お魚《さかな》が好《す》きならとことんやりなさい。」

という母《はは》の姿勢《しせい》は、畳《たたみ》が腐《くさ》ろうとも、いつもどんなときでも変《か》わりませんでした。そ

の姿勢《しせい》に、いつもいつも助《たす》けられていました。だって一度《いちど》たりとも、お魚《さかな》を見《み》たい、飼《か》いたい、描《えが》きたいといった自分《じぶん》の中《なか》からわき出《で》てくる思《おも》いを、ガマンした記憶《きおく》がないのですから。

奥谷喬司《おくたにたかし》先生《せんせい》

小学《しょうがく》2年生《ねんせい》でタコに出会《であ》って以来《いらい》、自分《じぶん》にとって図鑑《ずかん》は、片時《かたとき》も離《はな》すことのできない宝物《たからもの》でした。図鑑《ずかん》は、まだ見《み》たことのない海《うみ》の生《い》き物《もの》に初《はじ》めて出会《であ》う場所《ばしょ》。知《し》らないことやワクワクすることがたくさん詰《つ》まっています。毎日穴《まいにちあな》があくほど図鑑《ずかん》を眺《なが》めては、のっているタコやお魚《さかな》ひとつひとつにあこがれて、

「マダコに会《あ》ってみたいな♫　このムラサキダコをいつか間近《まぢか》で見《み》てみたい♪」

そんなことを思《おも》い描《えが》いていました。

たくさんの図鑑《ずかん》を読《よ》み漁《あさ》っているうちに、ひとつの疑問《ぎもん》がわいてきました。こんなにすばらしい図鑑《ずかん》って、いったいどんな人《ひと》が作《つく》っているんだろう、と。ふと、手元《てもと》にあったタコの図鑑《ずかん》の巻末《かんまつ》を開《ひら》き、著者名《ちょしゃめい》を見《み》てみると、〝奥谷喬司《おくたにたかし》（東京水産大学《とうきょうすいさんだいがく》）〟と書《か》かれています。

「おくたにたかし先生《せんせい》っていう人《ひと》が書《か》いてるんだあ。」

ほかの図鑑《ずかん》も調《しら》べてみると、おどろくべきことに、自分《じぶん》の家《いえ》にあったタコや、水《みず》の生《い》き物《もの》などの図鑑《ずかん》には、かならずこの〝奥谷喬司《おくたにたかし》〟先生《せんせい》の名前《なまえ》が書《か》かれていました。

「すごいな、どれもこれも奥谷喬司《おくたにたかし》先生《せんせい》だ。こんなすごい図鑑《ずかん》をたくさん作《つく》る先生《せんせい》がいるんだなぁ〜。きっとすごい先生《せんせい》なんだろうなぁ。」

そのときから、すっかり奥谷喬司《おくたにたかし》先生《せんせい》の大《だい》ファンになりました。

数日後《すうじつご》、部屋《へや》をかたづけていると、偶然《ぐうぜん》2年生《ねんせい》のころに大好《だいす》きだった『タコ』というタイトルの絵本《えほん》が出《で》てきました。

「うっわ、なつかしー。タコが大好《だいす》きだったときに買《か》った絵本《えほん》だ！」

ひさしぶりに読《よ》んで、最後《さいご》の著者紹介《ちょしゃしょうかい》のページを見《み》ると、あれ？　そこにも監修者《かんしゅうしゃ》として奥谷先生《おくたにせんせい》のお名前《なまえ》が！　しかもその絵本《えほん》には、顔写真《かおじゃしん》まで掲載《けいさい》されていました。ニッコリ笑顔《えがお》でメガネをかけた、なんとも素敵《すてき》なお顔《かお》。

「奥谷先生《おくたにせんせい》ってこんなに優《やさ》しそうな先生《せんせい》なんだ。」

初《はじ》めてお顔《かお》を拝見《はいけん》して、ますます奥谷先生《おくたにせんせい》に会《あ》ってみたくなりました。

その日《ひ》の夜《よる》のことです。なにげなく新聞《しんぶん》のテレビ欄《らん》を見《み》たら、NHK《エヌエイチケイ》の動物生態番組《どうぶつせいたいばんぐみ》『ウォッチング』がなんとタコの特集《とくしゅう》！　ワクワクしながらテレビをつけると、司《し》会《かい》のタモリさんのとなりに、なんとなんと！　奥谷先生《おくたにせんせい》が座《すわ》っているのです！　会《あ》いたいと強《つよ》く思《おも》えば、自然《しぜん》と出会《であ》えてしまう。自分《じぶん》でも不思議《ふしぎ》なほどの引《ひ》き寄《よ》せパワーが、このときも発揮《はっき》されたのです！

「奥谷先生《おくたにせんせい》だぁ！　すごーい、やったぁ！」

テレビの中《なか》の奥谷先生《おくたにせんせい》は、想像以上《そうぞういじょう》にやさしい語《かた》り口《くち》でした。おっとりゆっくり、ていねいに説明《せつめい》してくださる奥谷先生《おくたにせんせい》のお姿《すがた》に、さらにさらにあこがれの気持《きも》ちが募《つの》り、いつのまにか自分《じぶん》にとって神様《かみさま》のような存在《そんざい》になっていったのでした。

神様《かみさま》からの手紙《てがみ》

奥谷先生《おくたにせんせい》への想《おも》いは、日《ひ》に日《ひ》に強《つよ》くなっていきました。奥谷先生《おくたにせんせい》の名前《なまえ》のとなりには、かならず〝東京水産大学《とうきょうすいさんだいがく》〟の文字《もじ》があります。

「きっと奥谷先生《おくたにせんせい》は、この東京水産大学《とうきょうすいさんだいがく》の偉《えら》ーい先生《せんせい》なんだろうな。」

ある日《ひ》、気持《きも》ちがおさえきれなくなって、勇気《ゆうき》を出《だ》して奥谷先生《おくたにせんせい》あてに手紙《てがみ》を出《だ》すことにしました。心《こころ》をこめてタコの絵《え》を描《えが》き、

『将来《しょうらい》、奥谷先生《おくたにせんせい》のような立派《りっぱ》なタコの博士《はかせ》になりたいです。』

と書《か》きました。気持《きも》ちさえ伝《つた》えられればいい、そう思《おも》っていました。

すると数日後《すうじつご》、奇跡《きせき》のようなことが‼ 小学校《しょうがっこう》から帰《かえ》ると、母《はは》から一通《つう》の手紙《てがみ》が手渡《てわた》されました。

封筒《ふうとう》の裏《うら》を見《み》ると、〝東京水産大学《とうきょうすいさんだいがく》 奥谷喬司《おくたにたかし》〟先生《せんせい》のお名前《なまえ》が！

「うわうわうわぁあああ。か、神様《かみさま》からお返事《へんじ》が届《とど》いたー！ お返事《へんじ》いただけたー！」

ビックリしすぎて、ドスンと尻《しり》もちをついてしまったほど。あまりのよろこびように、母《はは》も兄《あに》もあっけにとられていました。まさか、まさか神様《かみさま》からお返事《へんじ》がくるなんて！

ふぅーっと大《おお》きく深呼吸《しんこきゅう》して、ドキドキしながら封《ふう》を開《あ》けると、そこには、『お手紙《てがみ》ありがとう。日本《にっぽん》には、タコの研究者《けんきゅうしゃ》は少《すく》ないので、一生懸命勉強《いっしょうけんめいべんきょう》してタコの先生《せんせい》になってくださいね。がんばってね。』

と、やさしそうな字《じ》で書《か》いてありました。

自分《じぶん》にとってそれは、神様《かみさま》からの言葉《ことば》。そのとき思《おも》ったのです。奥谷先生《おくたにせんせい》みたいに水産大学《すいさんだいがく》の先生《せんせい》になって、図鑑《ずかん》を作《つく》りたい。そして、自分《じぶん》が知《し》っているお魚《さかな》や海《うみ》の生《い》き物《もの》のことを、みんなに教《おし》えてあげたい！　と。

将来《しょうらい》の夢《ゆめ》

小学校卒業《しょうがっこうそつぎょう》が近《ちか》づくと、日本中《にっぽんじゅう》の小学校《しょうがっこう》でおこなわれる恒例行事《こうれいぎょうじ》があります。それは卒業文集《そつぎょうぶんしゅう》を作《つく》るという作業《さぎょう》。卒業生《そつぎょうせい》ひとりひとりが作文《さくぶん》を書《か》くのですが、わが小学《しょうがっ》校《こう》の作文《さくぶん》のテーマは〝将来《しょうらい》の夢《ゆめ》〟でした。

プロ野球選手《やきゅうせんしゅ》、サッカー選手《せんしゅ》などスポーツ系《けい》の夢《ゆめ》を書《か》く男子《だんし》が多《おお》いなか、自分《じぶん》は迷《まよ》うことなく、ある夢《ゆめ》を書《か》きました。

神様《かみさま》のような奥谷先生《おくたにせんせい》へのあこがれ、そしてミーボー新聞《しんぶん》で初《はじ》めて知《し》った、自分《じぶん》の絵《え》や文《ぶん》で人《ひと》をよろこばせることができるという大《おお》きな感動《かんどう》。あらためて将来《しょうらい》を思《おも》い浮《う》かべたとき、12歳《さい》の自分《じぶん》の心《こころ》の中《なか》に浮《う》かんできた思《おも》い……。

そして、卒業文集《そつぎょうぶんしゅう》には、大好《だいす》きなお魚《さかな》の絵《え》とともにこうつづりました。

「将来《しょうらい》の夢《ゆめ》は、東京水産大学《とうきょうすいさんだいがく》の先生《せんせい》になることです。そして、お魚《さかな》について研究《けんきゅう》したことをみんなに伝《つた》えてあげたいです。東京水産大学《とうきょうすいさんだいがく》の先生《せんせい》になったら、自分《じぶん》の絵《え》で、みんなのためになるお魚《さかな》の図鑑《ずかん》を作《つく》りたいです。」

ランドセルの卒業式《そつぎょうしき》

ついに小学校《しょうがっこう》の卒業式《そつぎょうしき》の日《ひ》がやってきました。じつは、自分《じぶん》にはひとつ決《き》めていることがありました。

卒業式《そつぎょうしき》の朝《あさ》、母《はは》に言《い》いました。

「お母《かあ》さん。今日《きょう》はランドセルで学校《がっこう》にいってくるね。」

「でも、今日《きょう》はランドセル持《も》っていかなくていいんじゃなかった?」

「そうなんだけど、6年間《ねんかん》お世話《せわ》になったランドセルといっしょに卒業《そつぎょう》したいんだよ。最後《さいご》にありがとうって言《い》いたいんだ。」

そう言《い》うと、母《はは》は満面《まんめん》の笑《え》みで言《い》いました。

「そうね。それならランドセルでいっておいで。」

「うん！」

この日《ひ》のために用意《ようい》してくれたスーツにランドセルをしょって、元気《げんき》に小学校《しょうがっこう》へと出発《しゅっぱつ》しました。もちろん登校中《とうこうちゅう》に会《あ》う同級生《どうきゅうせい》たちのなかで、ランドセルをしょっているのは自分《じぶん》ひとりだけでした。なんだか視線《しせん》を感《かん》じたりもしたけれど、ちっとも気《き》になりませんでした。

すこし後《うし》ろをほかのお母《かあ》さんたちといっしょに歩《ある》いていた母《はは》にも、その様子《ようす》は見《み》えていました。知《し》らないお母《かあ》さんたちが、

「あの子《こ》ランドセルできてるわよ。」

「親《おや》は知《し》ってるのかしら。」

卒業式《そつぎょうしき》の写真《しゃしん》

「恥《は》ずかしくないのかしらね。」

とヒソヒソと話《はな》している声《こえ》も耳《みみ》に入《はい》ってきていたそうです。

教室《きょうしつ》に着《つ》くと、クラスメイトたちが、からかってきました。

「ミーボー、なにランドセルできてんだよー。今日《きょう》はランドセルいらないんだぜ。」

「知《し》ってるよ。でもランドセルできたかったんだ。」

「変《へん》なの。」

みんながドッと笑《わら》いました。騒《さわ》ぎを聞《き》きつけて、担任《たんにん》の藤原先生《ふじわらせんせい》が教室《きょうしつ》の中《なか》に入《はい》ってきました。自分《じぶん》のランドセル姿《すがた》を見《み》た先生《せんせい》は、ビックリした様子《ようす》で、

「いつもとまちがえちゃったの？」

と、たずねてきました。

「ちがいます。ランドセルできたかったんです。」

理由《りゆう》を話《はな》すと、先生《せんせい》は納得《なっとく》した表情《ひょうじょう》をして言《い》いました。

「そう。それは立派《りっぱ》な考《かんが》えだと思《おも》うわ。」

卒業式《そつぎょうしき》の後《あと》、校長先生《こうちょうせんせい》と藤原先生《ふじわらせんせい》が、母《はは》のそばにきてこう言《い》ってくれたそうです。

「何度《なんど》も小学校《しょうがっこう》の卒業式《そつぎょうしき》に出《で》ていますが、卒業式《そつぎょうしき》にランドセルで登校《とうこう》したのはおたく

のお子《こ》さんが初《はじ》めてです。でも理由《りゆう》を聞《き》いて納得《なっとく》しました。本当《ほんとう》に立派《りっぱ》でしたね。」

母《はは》はその言葉《ことば》を聞《き》いて、涙《なみだ》がこみあげてきたのだそうです。

小学校《しょうがっこう》最後《さいご》の日《ひ》。毎日《まいにち》いっしょに通《かよ》ったランドセルといっしょに卒業《そつぎょう》できた自分《じぶん》は、とっても幸《しあわ》せだったといまでも思《おも》っています。

水槽学部《すいそうがくぶ》!?

その年《とし》の春《はる》。地元《じもと》の中学校《ちゅうがっこう》へ進学《しんがく》して、晴《は》れて中学生《ちゅうがくせい》となりました。

入学《にゅうがく》して新入生《しんにゅうせい》がまず直面《ちょくめん》するのが、どこの部活《ぶかつ》に入《はい》るか問題《もんだい》。サッカー、野球《やきゅう》、バスケットボール、柔道《じゅうどう》といったスポーツ系《けい》から、美術《びじゅつ》、演劇《えんげき》などの文化系《ぶんかけい》の部活《ぶかつ》まで種類《しゅるい》はさまざま。入学《にゅうがく》してしばらくは、教室《きょうしつ》でも部活《ぶかつ》の話題《わだい》で持《も》ちきりでした。

「ミーボー、オレといっしょにサッカー部入《ぶはい》ろうぜ。」

「野球部見《やきゅうぶみ》にいかね？」

いろんな友達《ともだち》が声《こえ》をかけてくれましたが、だいたいスポーツ系《けい》の部活《ぶかつ》ばかり。運動《うんどう》が大《だい》の苦手《にがて》な自分《じぶん》には、合《あ》いそうにない部活《ぶかつ》ばかりでした。

（スポーツ系《けい》は、ちょっと無理《むり》だなぁ。入《はい》るならお魚系《さかなけい》の部活《ぶかつ》がいいけど、そんな部《ぶ》活《かつ》、あるわけないもんなぁ。どうしよう。）

お魚系《さかなけい》の部活《ぶかつ》がないのなら、どの部活《ぶかつ》にも入《はい》るつもりはありませんでした。帰宅部《きたくぶ》になって、学校帰《がっこうがえ》りにうんと思《おも》う存分《ぞんぶん》、お魚屋《さかなや》さんめぐりをしよう！　そう思《おも》っていたのです。ところがそんなとき、また別《べつ》の友達《ともだち》が声《こえ》をかけてきました。

「ねえミーボー、スイソウガク部《ぶ》いってみない？」

反射的《はんしゃてき》に断《ことわ》ろうとしたそのとき、頭《あたま》の中《なか》に、ある言葉《ことば》がピピン！　とひっかかったのです。

「スイソウガク？　スイソウ？　水槽《すいそう》!?　ええぇ！　〝水槽学《すいそうがく》〟部《ぶ》があるのー？」

「うん。けっこう部員《ぶいん》いるらしいよ。顧問《こもん》は理科《りか》の鈴木先生《すずきせんせい》だって。どう？　いってみよう！」

（水槽学部《すいそうがくぶ》ってことは、水槽《すいそう》がたくさんある部活《ぶかつ》ってこと？　顧問《こもん》が理科《りか》の先生《せんせい》ってことは、絶対《ぜったい》にお魚《さかな》いるじゃん！）

まさかのお魚系部活《さかなけいぶかつ》！　そんな夢《ゆめ》みたいな部活《ぶかつ》があったんだ♪

「わぁ～い‼　たのしみだぁー♪」

さっきまでの帰宅部狙《きたくぶねら》いはどこへやら、ワクワクしながら水槽学部《すいそうがくぶ》の教室《きょうしつ》へと向《む》かいました。

ところが！　です。いざ、部室《ぶしつ》のドアをノックして開《あ》けてみると、ドンドン、プカプカ、ピーヒョロロ！　まったく想像《そうぞう》もしていなかったすさまじい音《おと》が聞《き》こえてくるのです。

（え？　どういうこと？？）

教室《きょうしつ》の中《なか》に入《はい》ると、そこにはさまざまな楽器《がっき》を練習《れんしゅう》している人《ひと》たちの姿《すがた》が。

「あ……。スイソウガクブって、す、吹奏楽部《すいそうがくぶ》ね……。」

そのとき初《はじ》めて、〝吹奏《すいそう》〟と、〝水槽《すいそう》〟を勘違《かんちが》いしていたことに気《き》がついたのでした。

「そこの新入生《しんにゅうせい》、見学《けんがく》？　こちらへどうぞ。」

ひとりの先輩《せんぱい》に声《こえ》をかけていただいたので、とりあえず水槽《すいそう》ならぬ、吹奏楽部《すいそうがくぶ》を見学《けんがく》してみることにしました。

吹奏楽部《すいそうがくぶ》には見《み》たことのない楽器《がっき》がたくさんありました。ちっちゃなピッコロから大《おお》きなチューバまで。迫力《はくりょく》のある打楽器《だがっき》もあります。いろんな大《おお》きさ、いろんな形《かたち》。

音色《ねいろ》もそれぞれちがいます。なかでもいちばん気《き》になったのがトロンボーン。音《おと》を変《か》えるために伸《の》び縮《ちぢ》みさせる動《うご》きが、生《い》き物《もの》みたいでとてもおもしろそうに見《み》えました。先輩《せんぱい》たちがみんなでひとつの曲《きょく》を演奏《えんそう》している姿《すがた》はとてもかっこよく見《み》えました。もともと小学生時代《しょうがくせいじだい》にギターを習《なら》っていたこともあって、音楽《おんがく》には興味《きょうみ》がありました。見学《けんがく》が終《お》わるころにはすっかり、入部《にゅうぶ》する気満々《きまんまん》になっていました。

楽器《がっき》とお魚《さかな》が青春《せいしゅん》

きっかけはとんでもない勘違《かんちが》いだったものの、晴《は》れて吹奏楽部《すいそうがくぶ》に入部《にゅうぶ》することにな

トランペットフィッシュ（ヘラヤガラ）ちゃんとトロンボーンを吹《ふ》くタツノオトシゴちゃん

り、次《つぎ》の日《ひ》からさっそく、毎日《まいにち》部活《ぶかつ》の練習《れんしゅう》に明《あ》け暮《く》れる日々《ひび》がはじまりました。担当《たんとう》楽器《がっき》は最初《さいしょ》から気《き》になっていたトロンボーン。コツをつかまないと音《おと》を出《だ》すことすら難《むずか》しい楽器《がっき》。その一筋縄《ひとすじなわ》ではいかない感《かん》じがおもしろくて、あっというまに、楽器《がっき》の魅力《みりょく》にハマっていったのでした。

　吹奏楽部《すいそうがくぶ》には、朝練《あされん》も放課後《ほうかご》の練習《れんしゅう》もあります。毎朝《まいあさ》三十分《ぷん》は早《はや》く学校《がっこう》へいって練《れん》習《しゅう》し、放課後《ほうかご》も暗《くら》くなるまで練習練習《れんしゅうれんしゅう》の毎日《まいにち》でした。

　野球部《やきゅうぶ》が目指《めざ》す甲子園《こうしえん》のように、吹奏楽部《すいそうがくぶ》には毎年夏休《まいとしなつやす》みにおこなわれる『全日本《ぜんにほん》吹奏楽《すいそうがく》コンクール』という大会《たいかい》があります。予選《よせん》、県大会《けんたいかい》を勝《か》ち抜《ぬ》いた学校《がっこう》だけが、東京《とうきょう》の普門館《ふもんかん》でおこなわれる全国大会《ぜんこくたいかい》に出《で》られるのです。吹奏楽部員《すいそうがくぶいん》はこのコンクールに向《む》けて、猛練習《もうれんしゅう》をします。朝《あさ》7時《じ》には家《いえ》を出《で》て、外《そと》が薄暗《うすぐら》くなってから帰宅《きたく》する毎日《まいにち》。当然《とうぜん》お魚《さかな》と触《ふ》れ合《あ》う機会《きかい》は、小学校《しょうがっこう》のときに比《くら》べたらガクンと少《すく》なくなってしまいました。それでも、お魚《さかな》さんへの気持《きも》ちは、まったく変《か》わることはありませんでした。

　小学校卒業《しょうがっこうそつぎょう》の時点《じてん》で、名前《なまえ》を覚《おぼ》えたお魚《さかな》の種類《しゅるい》はお

鈴木先生《すずきせんせい》

よそ100種《しゅ》。100と聞《き》くと多《おお》く感《かん》じるかもしれませんが、世界中《せかいじゅう》には、約《やく》3万種《まんしゅ》ほどのお魚《さかな》がいるといわれています。日本《にっぽん》で知《し》られるお魚《さかな》だけでも4000種《しゅ》以上《いじょう》。それを考《かんが》えると自分《じぶん》の知識《ちしき》なんてほんのちょっと。どんなに調《しら》べても、次《つぎ》から次《つぎ》へと知《し》らないお魚《さかな》が出《で》てくるのですから、興味《きょうみ》が薄《うす》れることなんてないのです。

あいかわらず学校《がっこう》には教科書《きょうかしょ》よりも図鑑《ずかん》を持《も》っていき、休《やす》み時間《じかん》はお魚《さかな》の絵《え》や先生《せんせい》の似顔絵《にがおえ》をひたすら描《えが》いていました。部活《ぶかつ》の時間《じかん》もずっと絵《え》を描《えが》いているので、最終《さいしゅう》的《てき》には「ちゃんと練習《れんしゅう》しなさいーっ！」と、先生《せんせい》からしかられることもしばしば。そして夜《よる》、家《いえ》へ帰《かえ》ってきたら図鑑《ずかん》を見《み》たり、飼《か》っているお魚《さかな》と過《す》ごし、部活《ぶかつ》がない日《ひ》はお魚屋《さかなや》さんめぐり。休《やす》みの日《ひ》は友達《ともだち》と江《え》の島《しま》や三崎港《みさきこう》、城ヶ島《じょうがしま》でお魚釣《さかなつ》り。これが中《ちゅう》学生活《がくせいかつ》のすべてでした。勉強《べんきょう》の入《はい》りこむスペースは……、ハイ。ほとんどありませんでした。

悪夢《あくむ》の儀式《ぎしき》

母《はは》が勉強《べんきょう》のことをいっさい口《くち》うるさく言《い》わなかったぶんなのでしょうか、父《ちち》はとても厳《きび》しいところがありました。父《ちち》は、日《ひ》ごろから仕事《しごと》で家《いえ》を空《あ》けることが多《おお》かったのですが、なぜだか通知表《つうちひょう》をもらう日《ひ》だけは、かならずといっていいほど家《いえ》にいました。そしてどういうわけだか、かならずその日《ひ》は、高級《こうきゅう》なお寿司屋《すしや》さんが予約《よやく》されているのです。

「お寿司大好《すしだいす》き！　わーーい、やったーー！」

なんて、無邪気《むじゃき》によろこんだのは、最初《さいしょ》の年《とし》だけでした。通知表《つうちひょう》をもらう日《ひ》、それは我《わ》が家《や》にとって世《よ》にもおそろしい儀式《ぎしき》の日《ひ》なのです。

お寿司屋《すしや》さんにつき、おごそかな雰囲気《ふんいき》のなか座敷《ざしき》に通《とお》されると、それははじまります。

「見《み》せなさい。」

と、父《ちち》の低《ひく》い声《こえ》が個室《こしつ》の中《なか》に響《ひび》き渡《わた》ります。その眼光鋭《がんこうするど》く問答無用《もんどうむよう》の雰囲気《ふんいき》に縮《ちぢ》み上《あ》がりながら、おそるおそる差《さ》し出《だ》すのは、通知表《つうちひょう》。

もちろん、学校《がっこう》の成績《せいせき》はヒドイもの。通知表《つうちひょう》は毎回《まいかい》、アヒルさんの行列《ぎょうれつ》のように、数字《すうじ》の2がズラリと並《なら》んでいるありさまです。くるぞくるぞ〜と思《おも》いながら首《くび》をすくめていると、ダダーーーン！　テーブルを思《おも》いっきり叩《たた》く音《おと》とともに、

「なんだこれは‼　なにやってんだ！　どうなってるんだー！」

と耳《みみ》をつんざくような大《おお》きなカミナリが、どっかーん！　まわりのお客《きゃく》さんもビックリしてざわざわしてしまうくらい、お店中《みせじゅう》に響《ひび》き渡《わた》る大《おお》きな父《ちち》のカミナリが落《お》ちるのです。いつもあまりのおそろしさに震《ふる》えあがり、カミナリが去《さ》っていくのを待《ま》つしかありませんでした。

帰《かえ》り道《みち》、最悪《さいあく》の気分《きぶん》で歩《ある》いていると、母《はは》は父《ちち》に聞《き》こえないように小《ちい》さな声《こえ》で、いつもこうささやきました。

「だいじょうぶよ。なにがあったって命《いのち》がとられるわけじゃないんだから。」

カブトガニがやってきた！

お魚《さかな》と絵《え》とトロンボーンに、中学時代《ちゅうがくじだい》の青春《せいしゅん》すべてをささげていた、中学《ちゅうがく》3年《ねん》の春《はる》のことでした。昼休《ひるやす》みに、お魚《さかな》の絵《え》を描《えが》いていると、校内放送《こうないほうそう》で自分《じぶん》の名前《なまえ》が呼《よ》び出《だ》されました。

「おい、ミーボー。おまえじゃねーか？」

「なにかしたのかよ？」

学校《がっこう》の放送《ほうそう》で呼《よ》び出《だ》されるなんて、めったにあることではありません。教室中《きょうしつじゅう》がにわかにザワザワしはじめました。

（急《きゅう》になんだろう。なんか悪《わる》いことしたっけ？　テストの点数《てんすう》、相当《そうとう》ひどかったのかな。それとも吹奏楽部《すいそうがくぶ》でなにか特別練習《とくべつれんしゅう》させられるのかな。）

ゆううつな気分《きぶん》でおそるおそる職員室《しょくいんしつ》へいくと、鈴木先生《すずきせんせい》がこっちこっちと手《て》まねきをしています。

「先生《せんせい》、なんでしょうか？」

「じつはね、カブトガニ！　カブトガニが届《とど》いたんだよ！」

「カ、カブトガニですか？」

「そう。理科室《りかしつ》にいるから、ちょっといっしょに見《み》にいこうよ。」

「うわぁ。」

鈴木先生《すずきせんせい》の話《はなし》によると、1年生《ねんせい》の黒崎《くろさき》クンのおじいちゃんから、突然《とつぜん》カブトガニが送《おく》られてきたのだそうです。黒崎《くろさき》クンのおじいちゃんは九州《きゅうしゅう》で漁師《りょうし》をしていて、お魚《さかな》を獲《と》る網《あみ》にカブトガニがときどきかかるのだとか。せっかくなので、そのカブトガニをぜひとも教材《きょうざい》で使《つか》ってほしいと、わざわざ孫《まご》の通《かよ》う中学校《ちゅうがっこう》へと送《おく》ってきてくれたのでした。

理科《りか》の先生《せんせい》あてに届《とど》いたので鈴木先生《すずきせんせい》が代表《だいひょう》で開《あ》けてみると、生《い》きているカブトガニが入《はい》っていてビックリ仰天《ぎょうてん》。ということで、自分《じぶん》が呼《よ》び出《だ》されたのです。

理科室《りかしつ》へ向《む》かいながら事情《じじょう》を聞《き》いたものの、正直半信半疑《しょうじきはんしんはんぎ》でした。まさか生《い》きた化《か》石《せき》といわれるカブトガニが学校《がっこう》にいるなんて、想像《そうぞう》することもできなかったからです。しかし、本当《ほんとう》でした。理科室《りかしつ》のドアを開《あ》けると、目《め》の前《まえ》にいたのは、全長《ぜんちょう》60センチほどの大《おお》きなカブトガニ！　大《おお》きなトレイのような入《い》れ物《もの》の中《なか》でガチャガチャと音《おと》をたてて動《うご》いていました。

「うっわあ。本物《ほんもの》だ！　カブトガニだぁ。すごい、すごいですね、先生《せんせい》！　本物《ほんもの》はこんなにでかいんですねー！」

目《め》の前《まえ》にいるカブトガニに、その場《ば》でスキップしたいくらい心《こころ》の中《なか》は大興奮《だいこうふん》でした。

「すっごい元気《げんき》じゃないですかぁ！　先生《せんせい》！　びっくりです！」

「ああ……。」

自分《じぶん》のよろこびようとは正反対《せいはんたい》に、鈴木先生《すずきせんせい》はなんだか浮《う》かない顔《かお》。

「あれ？　先生《せんせい》、どうしたんですか？」

「じつは先生《せんせい》、飼《か》い方《かた》がわからないんだよ……。」

「えええ！」

理科《りか》の先生《せんせい》なら、飼育経験豊富《しいくけいけんほうふ》だと勝手《かって》に思《おも》いこんでいたものだから、まさかの言《こと》葉《ば》に、またまたビックリ！

「どう飼《か》えばいいかわからないんだよ〜。教《おし》えてくれる？」

「はい！　先生《せんせい》、せっかくですから、みんなで協力《きょうりょく》して飼《か》いましょうよ！」

「そうだね。でも大変《たいへん》だよ。大丈夫《だいじょうぶ》？」

「大丈夫《だいじょうぶ》です！　先生《せんせい》！」

「そうか。じゃあ、飼《か》ってみようか。」

こうして、カブトガニを学校《がっこう》で飼育《しいく》することになったのです。

さっそく、吹奏楽部《すいそうがくぶ》の中《なか》でも生《い》き物《もの》やお魚好《さかなず》きのメンバーを理科室《りかしつ》に集《あつ》めました。

1年生《ねんせい》の黒崎《くろさき》クンにもきてもらいました。そして事情《じじょう》を説明《せつめい》すると、みんな意外《いがい》と乗《の》り気《き》。協力《きょうりょく》して飼《か》うことになりました。

さて、飼《か》うとなったらカブトガニの生活《せいかつ》する環境《かんきょう》をととのえてあげなくてはいけません。まずは海水《かいすい》です。おがくずの中《なか》に入《い》れられて届《とど》いたので、海《うみ》の中《なか》で生活《せいかつ》しているカブトガニに必要《ひつよう》な海水《かいすい》がありませんでした。そこでさっそく、鈴木先生《すずきせんせい》の車《くるま》で海《うみ》まで海水《かいすい》をくみにいくことになりました。

内陸部《ないりくぶ》に位置《いち》する綾瀬《あやせ》は、近《ちか》くに海《うみ》がありません。いちばん近《ちか》い茅ケ崎《ちがさき》のほうまでいき、ポリタンクに海水《かいすい》をくみました。学校《がっこう》へ戻《もど》ってきたころには、日《ひ》も暮《く》れかけていました。

急《いそ》いで海水《かいすい》をカブトガニの入《はい》った入《い》れ物《もの》にそそいであげると、心《こころ》なしかカブトガニもホッと落《お》ちついた様子《ようす》。ところが、ここで新《あら》たな問題《もんだい》が発生《はっせい》です。カブトガニを入《い》れていたケースが小《ちい》さすぎるのです。身動《みうご》きができないどころか、背《せ》中《なか》が水《みず》から出《で》てしまっています。

「これじゃあ水《みず》が足《た》りなさすぎて、カブ

みんなでポリタンクに海水《かいすい》をくみました。

トガニ、すぐ弱《よわ》っちゃうよね。」

一同《いちどう》、ため息《いき》。とはいえ、これ以上大《いじょうおお》きな入《い》れ物《もの》も水槽《すいそう》も、理科室《りかしつ》にはありません。しばらくの間《あいだ》、全員《ぜんいん》が黙《だま》りこんでしまいました。

その日《ひ》は遅《おそ》いので入《い》れ物《もの》の問題《もんだい》は、また明日考《あしたかんが》えることになりました。

帰宅《きたく》するやいなや、今日《きょう》のカブトガニのことを母《はは》に報告《ほうこく》しました。

「カブトガニちゃんの水槽《すいそう》がなくて困《こま》ってるんだ。学校《がっこう》にある入《い》れ物《もの》はどれも小《ちい》さすぎて、背中《せなか》が出《で》ちゃうんだよ。」

すると母《はは》は、ポンと手《て》をたたき、こう言《い》ったのです。

「じゃあ熱帯魚屋《ねったいぎょや》さんにいってみようか。」

そしてすぐに車《くるま》を走《はし》らせ、大和《やまと》にある大《おお》きな熱帯魚屋《ねったいぎょや》さんへ連《つ》れていってくれたのでした。

お店《みせ》につくと、入《い》り口《ぐち》の前《まえ》に横幅《よこはば》90センチの水槽《すいそう》が〝大特価《だいとっか》〟という札《ふだ》とともに照明《しょうめい》と濾過装置《ろかそうち》もついて1万円《まんえん》で売《う》られていました。通常《つうじょう》なら5万《まん》~6万円《まんえん》はする代物《しろもの》です。

「ねえ、これだったらカブトガニ入《はい》るんじゃない?」

母《はは》はその3点《てん》セットを指《ゆび》さして言《い》いました。

「うん、入《はい》る！」

「じゃあ、お母《かあ》さんがこれ買《か》ってあげる。」

「えー⁉　いいの⁉」

母《はは》はその水槽《すいそう》セットと人工海水《じんこうかいすい》の素《もと》をすぐさま購入《こうにゅう》し、そのまま理科室《りかしつ》へと運《はこ》んでくれたのでした。

理科室《りかしつ》には、まだ鈴木先生《すずきせんせい》が残《のこ》って作業《さぎょう》をしていました。

「先生《せんせい》！　お母《かあ》さんが水槽《すいそう》を買《か》ってくれました！」

鈴木先生《すずきせんせい》はビックリした様子《ようす》でこちらに歩《ある》いてきました。

「お母《かあ》さん、よろしいんですか？」

「ええ。いいんですよ。この水槽《すいそう》だったらカブトガニちゃん入《はい》りますか？」

「入《はい》ります！」

「よかった。学校《がっこう》で使《つか》ってください。」

さっそく水槽《すいそう》を流《なが》しの横《よこ》に設置《せっち》し、そこでカブトガニを飼育《しいく》することになりました。母《はは》のおかげで、カブトガニの家《いえ》が完成《かんせい》したのです。

カブちゃんのお散歩《さんぽ》

翌日《よくじつ》から、朝《あさ》と放課後《ほうかご》の吹奏楽部《すいそうがくぶ》の練習時間《れんしゅうじかん》は、カブトガニのお世話《せわ》の時間《じかん》にもなりました。カブトガニに〝カブちゃん〟という名前《なまえ》をつけ、エサをやったり定期的《ていきてき》に水《みず》を換《か》えたりするのですが、カブトガニ自体《じたい》が60センチほどもあるので、いくら横幅《よこはば》90センチもある大《おお》きな水槽《すいそう》といえども、30センチ進《すす》むとゴツンとぶつかってしまいます。方向転換《ほうこうてんかん》するにも、奥行《おくゆ》きは45センチしかありません。体《からだ》を斜《なな》めにしながら、時間《じかん》をかけて方向転換《ほうこうてんかん》している姿《すがた》を見《み》ているうちに、なんだかかわいそうに思《おも》えてきました。

「カブちゃん、大変《たいへん》そうだなあ。せまい水槽《すいそう》の中《なか》はさぞかしきゅうくつだろうなあ。かわいそうに……。そっか！　散歩《さんぽ》だ！　カブちゃんを散歩《さんぽ》させてあげよう！」

放課後《ほうかご》の部活《ぶかつ》の時間《じかん》、さっそく水槽《すいそう》から出《だ》して、カブちゃんを理科室《りかしつ》の床《ゆか》に下《お》ろしてみました。すると、なんだかうれしそうに、カチャンカチャンと音《おと》をたてながら歩《ある》きはじめました。

「わあ。カブちゃんうれしそう。広《ひろ》いところ歩《ある》けてよかったねえ。」

その日《ひ》から、朝夕《あさゆう》の部活《ぶかつ》の練習《れんしゅう》の時間《じかん》は、カブちゃんのお散歩《さんぽ》タイムにもなったのでした。

カブちゃんたちのお食事《しょくじ》は、ひっくり返《かえ》してからあげます。

みんなでカブちゃんのお世話《せわ》をしました。

カブちゃんとの別《わか》れ

カブちゃんとの楽《たの》しい時間《じかん》は、そう長《なが》くはつづきませんでした。

飼《か》いはじめてから数日後《すうじつご》のある日《ひ》、鈴木先生《すずきせんせい》が深刻《しんこく》な顔《かお》でやってきました。

「カブトガニが死《し》んじゃったよ。」

まさかの報告《ほうこく》でした。

「ええ！　あんなに元気《げんき》だったのに。そんなあ……。」

（カブちゃん、どうして。どうして……。）

泣《な》きそうになる気持《きも》ちを必死《ひっし》でおさえ、鈴木先生《すずきせんせい》とともに理科室《りかしつ》へと急《いそ》ぎました。

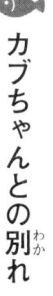

理科室《りかしつ》が近《ちか》くなると、どこからかなにやら異様《いよう》なニオイが漂《ただよ》ってきました。しかもそのニオイは、理科室《りかしつ》に近《ちか》づけば近《ちか》づくほど強《つよ》くなってきます。今《いま》までの人生《じんせい》で嗅《か》いだことのないほど強烈《きょうれつ》な、脳天《のうてん》にまで突《つ》き刺《さ》さるようなひどい悪臭《あくしゅう》に、思《おも》わず鼻《はな》をおさえました。

「ぜ、ぜんぜえええ（先生《せんせい》）。ごどニオイばだんですがぁあ（このニオイはなんですか）？」

「ガブトガディどディオイだぁぁぁ（カブトガニのニオイだぁぁぁ）。」

鈴木先生《すずきせんせい》もおなじように鼻《はな》をおさえながら、必死《ひっし》でニオイをこらえています。

鼻《はな》が曲《ま》がりそうなほどのニオイに必死《ひっし》で耐《た》えながら、理科室《りかしつ》のトビラを開《あ》けると、目《め》に見《み》えないその悪臭《あくしゅう》が、いっきに外《そと》へ吐《は》き出《だ》されるようにして襲《おそ》ってきました。

「うぉぉぉ〜〜。」

涙《なみだ》と吐《は》き気《け》が止《と》まらず、その場《ば》で倒《たお》れそうになるのを気力《きりょく》で必死《ひっし》に持《も》ちこたえ、目《め》を見開《みひら》きました。

「だ、だ、だ、大丈夫《だいじょうぶ》かあ。」

鈴木先生《すずきせんせい》も、目《め》を真《ま》っ赤《か》にして苦《くる》しそうです。

「ぜ、ぜんぜえ……（先生《せんせい》……）。」

「どうじようか（どうしようか……）？」

そこには、ピクリとも動《うご》かなくなってしまったカブちゃんがいました。甲羅《こうら》でおおわれていて表情《ひょうじょう》なんてまるでわかりません。けれど、どうして死《し》んでいることはこんなにはっきりとわかるものなのでしょう。昨日《きのう》までたしかにそこにあった〝命《いのち》〟のあたたかさが、まるで感《かん》じられないのです。臭《にお》いからなのか悲《かな》しいからなのかよくわからなかったけれど、目《め》からはポロポロと涙《なみだ》がこぼれ落《お》ちて止《と》まりませんでした。

「せんせい。一生懸命生《いっしょうけんめいい》きてくれた大事《だいじ》なカブちゃんなので、が、がんばって、はく製《せい》にしてきます。」

先生《せんせい》とふたりがかりで、ビニール袋《ぶくろ》を何重《なんじゅう》にも重《かさ》ねた中《なか》にカブちゃんを入《い》れました。口《くち》をきつくしばると多少《たしょう》はニオイが弱《よわ》くなったものの、それでもすさまじいニオイです。

カブちゃんの入《はい》ったビニール袋《ぶくろ》を持《も》って帰《かえ》りました。途中《とちゅう》、ビニール袋《ぶくろ》から漂《ただよ》うあまりのニオイに、近《ちか》くを歩《ある》いていた人《ひと》はみんな離《はな》れていきます。事情《じじょう》を知《し》っている友達《ともだち》でさえ、同情《どうじょう》した表情《ひょうじょう》を浮《う》かべながらも、いっしょに並《なら》んで歩《ある》いてくれる人《ひと》はひとりもいませんでした。

ようやく家《いえ》へつくと、

「なに、そのニオイ！」

と、母《はは》は大《おお》あわて！　とんでもない悪臭《あくしゅう》に近所《きんじょ》の人《ひと》も大騒《おおさわ》ぎするほどでした。

「ごめんね！　お母《かあ》さん。カブちゃんが死《し》んじゃったんだ。いまからはく製《せい》にするから、みんな外《そと》に出《で》てて！」

家族全員《かぞくぜんいん》を家《いえ》の外《そと》に出《だ》すと、できるだけニオイが広《ひろ》がらないように、まずお風呂場《ふろば》の窓《まど》を閉《し》め切《き》りました。マスクを五枚重《まいかさ》ね、ニオイが目《め》にしみないようにゴーグルをすると、意《い》を決《けっ》してお風呂場《ふろば》へ入《はい》りました。

オエ、オエエエ～と、次《つぎ》から次《つぎ》へとおそってくる吐《は》き気《け》に耐《た》えながら、甲羅《こうら》の中《なか》の身《み》を取《と》り出《だ》します。ドロドロロ～ッと出《で》てくるはらわたや身《み》は、もうこの世《よ》のニオイとは思《おも》えないほどの臭《くさ》さ。必死《ひっし》で中身《なかみ》をかきだしビニール袋《ぶくろ》に詰《つ》めたら、使《つか》い古《ふる》した歯《は》ブラシを使《つか》って甲羅《こうら》の中《なか》をピカピカに磨《みが》きました。

天日干《てんぴぼ》しにするため、カブちゃんの抜《ぬ》け殻《がら》を洗濯物《せんたくもの》の干場《ほしば》に置《お》いたときには、すでに作業《さぎょう》をはじめてから2時間近《じかんちか》くが経過《けいか》していました。想像以上《そうぞういじょう》の疲《つか》れがどっとあふれてきて、そのままそこで寝転《ねころ》がったまま、しばらく動《うご》くことができませんでした。

こうして必死《ひっし》で作《つく》ったカブちゃんのはく製《せい》は、学校《がっこう》に持《も》っていくと理科室《りかしつ》で展示《てんじ》してくれることになりました。カブちゃんの姿《すがた》は永遠《えいえん》にのこることになったのです。

先日《せんじつ》テレビ番組《ばんぐみ》のロケで母校《ぼこう》を訪《おとず》れる機会《きかい》がありました。とてもうれしいことに、いまでもカブちゃんは中学校《ちゅうがっこう》の理科室《りかしつ》でたいせつに保管《ほかん》、展示《てんじ》されていたのです。あのときニオイに耐《た》えて作《つく》った努力《どりょく》が報《むく》われた気《き》がします。

2代目《だいめ》カブちゃん、ようこそ！

カブちゃんとの別《わか》れによって、強烈《きょうれつ》な体験《たいけん》をすることになってしまいましたが、それ以上《いじょう》にカブちゃんがいなくなったショックは相当《そうとう》なものでした。せっかくみんなでかわいがっていたのに、突然《とつぜん》の別《わか》れとガラーンとした水槽《すいそう》を見《み》るたびに、言葉《ことば》にできないさびしさに襲《おそ》われるのです。

ダメ元《もと》で、ボクは黒崎《くろさき》クンにまた送《おく》ってもらえるように頼《たの》んでみました。黒崎《くろさき》クンは快諾《かいだく》してくれて、さっそくおじいちゃんに頼《たの》んでくれました。すると数日後《すうじつご》、再《ふたた》び、中学校《ちゅうがっこう》にカブトガニが届《とど》いたのでした！　今回《こんかい》のカブトガニはすこぶる元気《げんき》なメス。

（もしかして、オスもいたら赤《あか》ちゃんを産《う》んでくれるかもしれない！）

そう思《おも》ったら、いてもたってもいられません。図々《ずうずう》しいのを承知《しょうち》で、

「黒崎《くろさき》クン、オスもおじいちゃんにお願《ねが》いできるかなぁ？」

「先輩《せんぱい》、オスとメスってどうちがうんですか?」

「メスは体《からだ》の両脇《りょうわき》にあるトゲが3対《つい》なんだけど、オスは6対《つい》あるんだ。で、あとオスは頭《あたま》の先《さき》がボコッとへこんでいるのが特徴《とくちょう》なんだ。」

そう説明《せつめい》すると、黒崎《くろさき》クンは、

「わかりました! おじいちゃんにすぐに伝《つた》えます。」

「うわあ。ありがとう、黒崎《くろさき》クン!」

その日《ひ》から、首《くび》を長《なが》くしてオスのカブちゃんがやってくるのを待《ま》つ日《ひ》が続《つづ》きました。

そして数週間後《すうしゅうかんご》、ついに! オスのカブトガニが届《とど》いたのです。

「やったー! 黒崎《くろさき》クン、そして黒崎《くろさき》クンのおじいちゃん、ありがとうございます!」

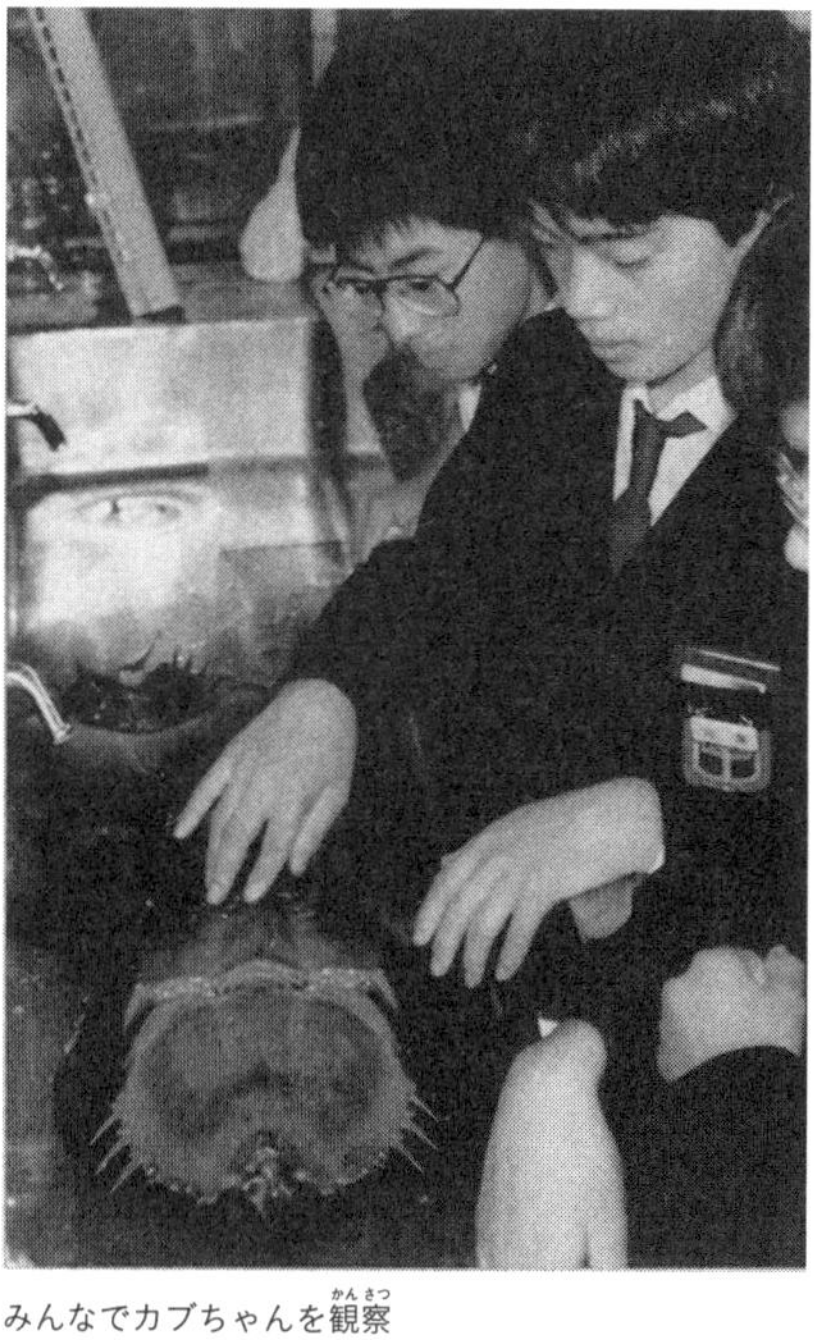
みんなでカブちゃんを観察《かんさつ》

つがいで飼《か》えることが、うれしくてうれしくてたまりませんでした。水槽《すいそう》はちょっと狭《せま》くなってしまったけれど、メスのカブちゃんも仲間《なかま》が増《ふ》えてなんだかうれしそうです。

2匹《ひき》になったカブちゃんのおかげで、吹奏楽部《すいそうがくぶ》の部活《ぶかつ》の時間《じかん》はますます楽《たの》しくなりました。

「カブちゃんたち、お散歩《さんぽ》だよー。」

朝練《あされん》のときに水槽《すいそう》から出《だ》して床《ゆか》を歩《ある》かせます。あっちでカチャンカチャン、こっちでカチャンカチャン。しばらくして、再《ふたた》び水槽《すいそう》へ戻《もど》し、放課後《ほうかご》の練習《れんしゅう》でまたお散歩《さんぽ》タイムがはじまります。楽器《がっき》の音色《ねいろ》に合《あ》わせてカブちゃんたちも音《おと》をた

カブちゃんのお散歩《さんぽ》

てながらお散歩《さんぽ》しているようで、見《み》ているだけで楽《たの》しくなりました。ドンドンプカプカ吹奏楽部《すいそうがくぶ》がいろんな音《おと》をさせて練習《れんしゅう》している足下《あしもと》で、あの生《い》きた化石《かせき》であるカブトガニが元気《げんき》に歩《ある》いているのです。想像《そうぞう》するだけで、とーっても愉快《ゆかい》じゃありませんか？

そしてその後《ご》、吹奏楽部《すいそうがくぶ》カブちゃんチームは、とんでもない偉業《いぎょう》を成《な》し遂《と》げてしまうことになるのです。

トウモロコシ？　じゃなくて卵《たまご》！

学校《がっこう》に2代目《だいめ》カブちゃんたちがきて数《すう》か月《げつ》。オスのカブちゃんがメスの後《うし》ろにしがみついている姿《すがた》をたびたび目《め》にするようになりました。

（これって、もしかして図鑑《ずかん》で見《み》る繁殖行動《はんしょくこうどう》じゃない!?）

そう思《おも》うとカブトガニの様子《ようす》が気《き》になって気《き》になってしかたがありません。部活以《ぶかつい》外《がい》の休《やす》み時間《じかん》も、ちょくちょく水槽《すいそう》をのぞきにいくようになりました。ところが、次《つぎ》のときには離《はな》れていたり、またその次《つぎ》のときにはくっついていたり、そうかと思《おも》うとまた離《はな》れていたり……。繁殖行動《はんしょくこうどう》と確信《かくしん》するまでには至《いた》りませんでした。

（ただ水槽《すいそう》が狭《せま》かったから、くっついているように見《み》えただけなのかな？）

ある日《ひ》の午後《ごご》。吹奏楽部《すいそうがくぶ》カブちゃんチームと理科室《りかしつ》へいくとカブちゃんの水槽《すいそう》の中《なか》になにやら黄色《きいろ》い粒々《つぶつぶ》がたくさん転《ころ》がっています。

「これ、こないだの給食《きゅうしょく》の残《のこ》りのトウモロコシじゃない？」

「やだー。誰《だれ》だろうね、こんないたずらしたのは。」

「カブちゃんたちかわいそうに。いまキレイにしてあげるね。」

まったくひどいことをする人《ひと》もいるなあ。ため息《いき》をつきながら、水槽《すいそう》の中《なか》をのぞきこむと、んん？　なにやら様子《ようす》がちがいます。

「あれ？　トウモロコシにしてはまんまるすぎじゃない？」

「ほんとだ。あ、これＢＢ弾《ビービーだん》じゃない？」

「たしかに！　あのエアガンにいれるＢＢ弾《ビービーだん》だよ。ひっどいなあ。」

カブちゃんたちがエサとまちがえて食《た》べたら大変《たいへん》！　急《いそ》いで掃除《そうじ》しようと、そのＢ《ビー》弾《だん》を網《あみ》ですくおうとしました。すると、ふわりふわりと水《みず》の中《なか》を漂《ただよ》ってうまくすくえません。ＢＢ弾《ビービーだん》とも、なにやらちょっとちがうようです。ようやく一粒《ひとつぶ》すくって手《て》に持《も》ってみると、プニュッとやわらかい感《かん》触《しょく》！

「あれ？　これBB弾《ビービーだん》じゃないよ。なんかやわらかいよ！」

まさかまさか！　理科室《りかしつ》の棚《たな》からいそいで顕微鏡《けんびきょう》を持《も》ってきて、倍率《ばいりつ》を合《あ》わせて覗《のぞ》いてみました。すると！　細胞《さいぼう》のようなものがジワジワ～ッと動《うご》いて見《み》えるではないですか！

「うっわ。うわうわうわぁ。これ、生《い》き物《もの》だ！　きっとカブトガニの卵《たまご》だよ！」

心臓《しんぞう》はバックバク。思《おも》わず飛《と》び跳《は》ねちゃいそうな体《からだ》と気持《きも》ちをおさえるのが大変《たいへん》なくらい、心《こころ》の中《なか》は大興奮《だいこうふん》！

「え？　これ卵《たまご》なの？　ウソでしょ!?」

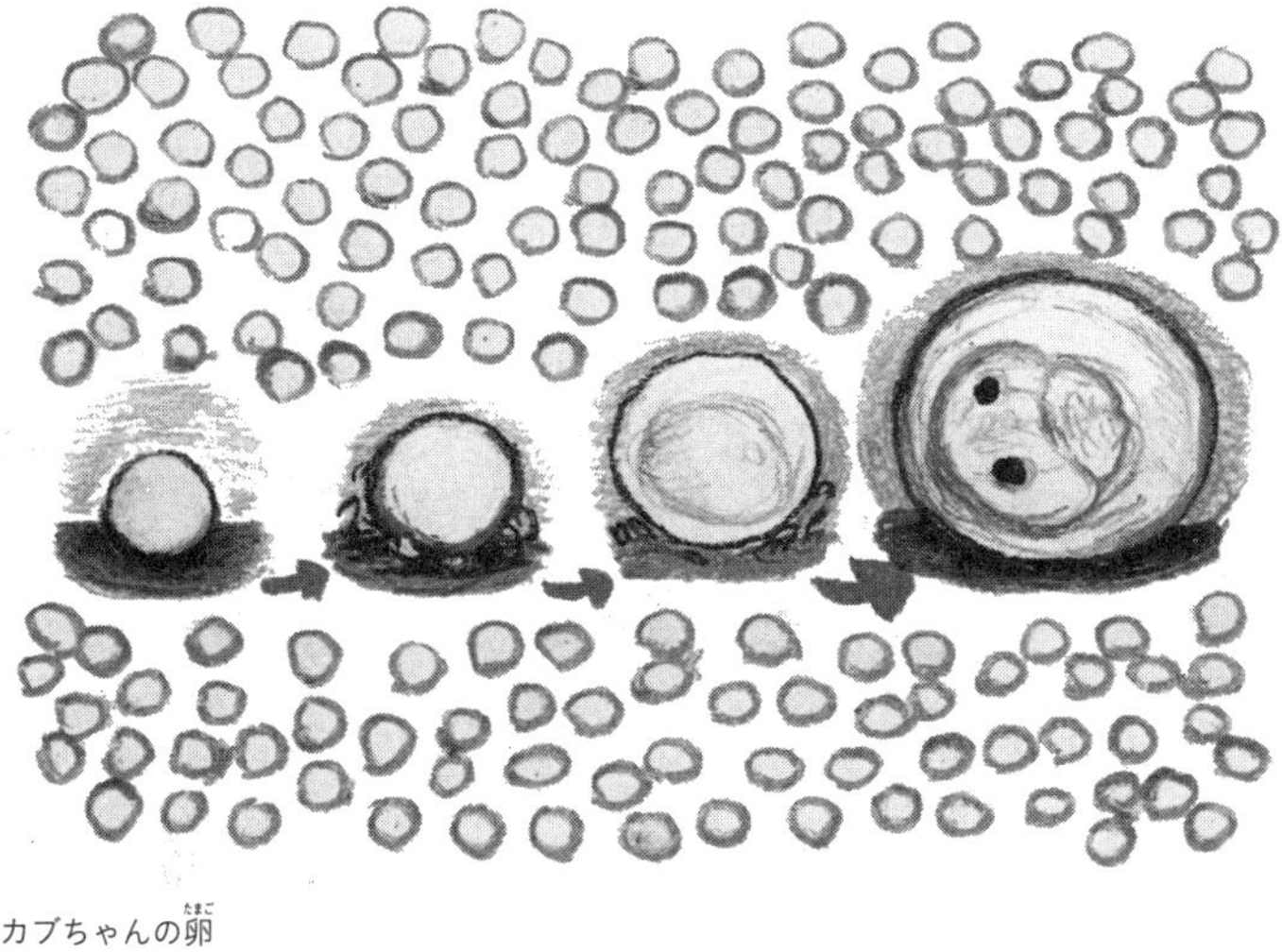

カブちゃんの卵《たまご》

かわるがわる顕微鏡《けんびきょう》をのぞいては、みんな「ホントだホントだ。」と大騒《おおさわ》ぎ。何度《なんど》見直《みなお》しても、真《ま》っ黄色《きいろ》の卵《たまご》の表面《ひょうめん》が、波打《なみう》って動《うご》いているのです。まちがいありません！　急《いそ》いで教室《きょうしつ》へ引《ひ》き返《かえ》し、カブトガニがのっている図鑑《ずかん》を持《も》って理科室《りかしつ》に戻《もど》ってきました。けれど、繁殖行動《はんしょくこうどう》についてはのっていても、どこにも卵《たまご》やふ化《か》のさせ方《かた》についてはは書《か》いてありませんでした。

「卵《たまご》、どうしたらいいんだろう。このまま水槽《すいそう》の中《なか》に入《い》れっ放《ぱな》しでいいのかな。」

「別《べつ》の水槽《すいそう》に入《い》れ替《か》えないと、親《おや》が食《た》べちゃうんじゃない？」

「どうしよう、わからないや……。」

「ミーボーにもわからないんだったら、わかるヤツいるわけないじゃん。」

いろいろな意見《いけん》が出《で》るものの、もちろん誰《だれ》ひとりとしてカブトガニの卵《たまご》を育《そだ》てたことのある人《ひと》はいません。いまのようにインターネットですぐに検索《けんさく》できるような術《すべ》もありませんでした。この卵《たまご》をこれから先《さき》どうしたらいいのか、まるでわかりませんでした。

しばらくの間《あいだ》、考《かんが》えこんでいると誰《だれ》かが言《い》いました。

「専門《せんもん》の人《ひと》に聞《き》いてみればいいんじゃない？　カブトガニの専門《せんもん》の先生《せんせい》とか、いないのかな。」

「そっか、それだ！」

自分《じぶん》がお魚《さかな》のことにこんなにくわしくなれたのは、図鑑《ずかん》はもちろんですが、お魚屋《さかなや》さんや漁師《りょうし》さんがいろんなことを教《おし》えてくれたからです。わからないことは、プロに聞《き》くのがいちばん！　さっそく水族館《すいぞくかん》に電話《でんわ》して、聞《き》いてみることにしました。江《え》の島水族館《しますいぞくかん》、京急油壺《けいきゅうあぶらつぼ》マリンパーク、そして鴨川《かもがわ》シーワールド。思《おも》いつく水族館《すいぞくかん》に電話《でんわ》をかけてみました。

「あのー。中学校《ちゅうがっこう》でカブトガニを飼《か》っているんですが、卵《たまご》を産《う》んだんです。でもどうやって飼育《しいく》すればいいかわからないので教《おし》えてください。」

すると、水族館《すいぞくかん》の方《かた》はとてもおどろいて、こうおっしゃってくださいました。

「カブトガニは水族館《すいぞくかん》でもめったに卵《たまご》は産《う》まないんです。それが中学校《ちゅうがっこう》でだなんて！　スゴイことですよ。たいへん貴重《きちょう》なので、大事《だいじ》にしてください。」

「水槽《すいそう》で産《う》んだってことは、その水槽《すいそう》の水質水温《すいしつすいおん》がいいからです。だから卵《たまご》も親《おや》の水《みず》とおなじ水《みず》で飼《か》うといいですよ。」

「そのままおなじ水槽《すいそう》で飼《か》っていると、親《おや》が食《た》べちゃう可能性《かのうせい》があるのでかならず別《べつ》の水槽《すいそう》に移《うつ》してくださいね。」

いろんな水族館《すいぞくかん》の方《かた》からたくさんのアドバイスと激励《げきれい》を受《う》け、吹奏楽部《すいそうがくぶ》カブちゃんチームによる、『カブトガニふ化計画《かけいかく》』はついにはじまったのでした。

カブJr.《ジュニア》誕生《たんじょう》！

カブトガニのカブちゃんは毎日数百粒《まいにちすうひゃくりゅう》の卵《たまご》を産《う》みました。

その後《ご》カブちゃんチームのみんなで卵《たまご》をわけて育《そだ》てることにしました。家《いえ》に帰《かえ》ると、卵《たまご》ばかりを眺《なが》める日々《ひび》がはじまりました。

じーっと観察《かんさつ》をしていると、まず、ほかのお魚《さかな》とは成長《せいちょう》のしかたがまるでちがうことに気《き》がつきます。おもしろいことにカブトガニの卵《たまご》は、お魚《さかな》の卵《たまご》とちがって、卵《たまご》そのものが成長《せいちょう》とともに大《おお》きくなっていくのです。

真《ま》っ黄色《きいろ》だった卵《たまご》が、すこし大《おお》きくなって淡《あわ》い黄色《きいろ》になり、その後成長《あとせいちょう》してさらにクリーム色《いろ》になり、しだいに透明感《とうめいかん》が出《で》てくるのです。

最終的《さいしゅうてき》に、透《す》きとおって卵《たまご》の中《なか》の幼生《ようせい》が見《み》えるようになってきました。卵《たまご》の中《なか》の幼《よう》生《せい》の姿《すがた》は、まだカブトガニ特有《とくゆう》の尾剣《びけん》が生《は》えていないので、古代《こだい》に生息《せいそく》していた節足《せっそく》動物《どうぶつ》である三葉虫《さんようちゅう》にそっくり！　透《す》き通《とお》った卵《たまご》の中《なか》で、その幼生《ようせい》がクルクルまわったりしています。

　生《い》きた化石《かせき》ともいわれるカブトガニの赤《あか》ちゃんの姿《すがた》はとても神秘的《しんぴてき》で美《うつく》しく、またとてもかわいいのです。

　ある日《ひ》、水族館《すいぞくかん》の飼育員《しいくいん》さんに連絡《れんらく》をすると、

「そこまで成長《せいちょう》したんですか！　それはまた、なかなかスゴい！」

とビックリするほど大《おお》きな声《こえ》でほめてくれました。そして、

「ふ化《か》したら、アルテミアというプランクトンをあげてください。また、熱帯魚用《ねったいぎょよう》の粉《こな》のエサを沈《しず》めてあげても食《た》べると思《おも》いますよ。」

と、ていねいに飼育法《しいくほう》を教《おし》えてくれました。

　それから数日後《すうじつご》。飼育員《しいくいん》さんに教《おし》えてもらったエサをさっそく用意《ようい》し、準備万端《じゅんびばんたん》で観察《かんさつ》をしていると、水槽《すいそう》の中《なか》で卵《たまご》がフワフワと舞《ま》い上《あ》がっていました。これまでは見《み》られなかった光景《こうけい》です。

「ありゃりゃ！　水槽《すいそう》の中《なか》の泡《あわ》で卵《たまご》が浮《う》かび上《あ》がっちゃったのかな？」

おかしいなあ、と思《おも》って泡《あわ》の位置《いち》を調整《ちょうせい》してみましたが、卵《たまご》はずっと浮《う》いたまま。どうしたんだろう？　すこし不安《ふあん》になって目《め》をこらしてよーく見《み》てみると、

「あっ。産《う》まれてる！」

なんと、ふ化《か》して産《う》まれた赤《あか》ちゃんが泳《およ》いでいたのです！　しかも背泳《せおよ》ぎで！

「産《う》まれた、ふ化《か》した、やった！　やったやった！」

どうこの喜《よろこ》びを表現《ひょうげん》したらいいのかわからず、拳《こぶし》をにぎりしめながら、部屋《へや》の中《なか》をグルグルグル。

「そうだ！　鈴木先生《すずきせんせい》に知《し》らせなきゃ！」

そう思《おも》いたち、先生《せんせい》の自宅《じたく》へ大慌《おおあわ》てで電話《でんわ》をしました。ところが、先生《せんせい》はなかなか電話《でんわ》に出《で》てくれません。しばらくすると、

「はい、鈴木《すずき》です。」

とてもねむそうな声《こえ》で、先生《せんせい》がようやく電話《でんわ》に出《で》てくれました。

「先生《せんせい》、産《う》まれましたよ！　カブちゃんの卵《たまご》、ふ化《か》しました！」

大声《おおごえ》で報告《ほうこく》すると、先生《せんせい》は、

「ええ！　ホント？　それはよかった。」

そうおっしゃった後《あと》で、一言《ひとこと》。

「でもいま何時《なんじ》だか知《し》ってる？」

時計《とけい》を見《み》てみると、なんと夜中《よなか》の3時《じ》！　夕食《ゆうしょく》を食《た》べ終《お》わってから5～6時間《じかん》、時《じ》間《かん》を忘《わす》れてずーっと水槽《すいそう》を見《み》ていたのでした。そういえば、家《いえ》の中《なか》はシーンと静《しず》まり返《かえ》っています。夢中《むちゅう》になりすぎて、そんなことにすら気《き》づかなかったのです。

「さ、さ、3時《じ》でしたー！　先生《せんせい》、すいませんでしたー！」

と、あわてて電話《でんわ》を切《き》ったのでした。

カブちゃんチームの家《いえ》でも数匹《すうひき》の赤《あか》ちゃんが誕生《たんじょう》しました。さっそくお世話《せわ》になった水族館《すいぞくかん》のみなさまに報告《ほうこく》すると、「これはすごい快挙《かいきょ》

広報 あやせ
平成2年11月15日号
No.453
元気に育て僕らのカブちゃん
19匹のカブトガニがふ化
実った生徒の熱意
北の台中
クモに近いカブトガニ
生きた教材として活用

地元《じもと》の新聞《しんぶん》にカブちゃんの話題《わだい》が掲載《けいさい》されました。

だ！」とほめてくださいました。カブちゃんチームは、達成感《たっせいかん》とうれしさでいっぱいになりました。

しかもこの出来事《できごと》は、これだけで終《お》わりませんでした。中学生《ちゅうがくせい》がカブトガニの人工《じんこう》ふ化《か》に成功《せいこう》したと聞《き》きつけた新聞社《しんぶんしゃ》の記者《きしゃ》さんたちが、この話題《わだい》を記事《きじ》として取《と》り上《あ》げてくれたのです。

新聞《しんぶん》にのったとたん、学校中《がっこうじゅう》が大騒《おおさわ》ぎになりました。ほかの学年《がくねん》や、クラスの人《ひと》たちからも声《こえ》をかけられることが増《ふ》え、いままで教室《きょうしつ》の片隅《かたすみ》で静《しず》かにお魚《さかな》の絵《え》を描《えが》いていた自分《じぶん》のところに、たくさんの人《ひと》がカブトガニの話《はなし》を聞《き》きにくるようになったのです。

最初《さいしょ》はかなりびっくりしましたが、カブちゃんの感動《かんどう》を素直《すなお》に話《はな》しました。すると、

「すごいね、すごいね！」

「へえ、おもしろーい。」

「カブトガニをふ化《か》させるなんて聞《き》いたことないよ。」

と、聞《き》きにきてくれるみんながニコニコ笑顔《えがお》になってくれるのです。これをきっかけ

にお魚《さかな》やカブトガニに興味《きょうみ》を持《も》ってくれる友達《ともだち》が増《ふ》えました。

自分《じぶん》にとってカブちゃんたちとその卵《たまご》の飼育《しいく》は、とにかく楽《たの》しくてしかたがありませんでした。卵《たまご》が成長《せいちょう》していくのを観察《かんさつ》するのが、ただただうれしくて夢中《むちゅう》になっていただけのことなのです。それをみんながこんなにも、笑顔《えがお》でよろこんでくれる、興《きょう》味《み》を持《も》ってくれる。しかも『素人《しろうと》が人工《じんこう》ふ化《か》に成功《せいこう》したのは日本初《にっぽんはつ》』というご褒美《ほうび》までついてきました。

この想像《そうぞう》もしなかった騒《さわ》ぎに、若干《じゃっかん》こそばゆさを感《かん》じながらも、すこしは自分《じぶん》の〝お魚好《さかなず》き〟が学校《がっこう》の、そしてみんなの役《やく》に立《た》ったのかなぁ。そう思《おも》うと、とてもうれしくなったのでした。

いま思《おも》うと、カブちゃんたちにとっては、毎日《まいにち》のお散歩《さんぽ》が、潮《しお》の満《み》ち干《ひ》のように感《かん》じられ、卵《たまご》を産《う》んでくれたのかもしれません。

けっきょくカブちゃんたちの赤《あか》ちゃんはふ化《か》した後《あと》、一度《いちど》だけ脱皮《だっぴ》もしましたが、その後育《ごそだ》つことはありませんでした。けれど、カブちゃんたちとの出会《であ》いは、観察《かんさつ》の楽《たの》しさ、飼育《しいく》の喜《よろこ》び、命《いのち》の尊《とうと》さ、人々《ひとびと》をよろこばせる感動《かんどう》など、後《のち》の自分《じぶん》にとってたいせつな、たくさんのことを学《まな》ばせてくれたのでした。

小《ちい》さな世界《せかい》でいじめは起《お》きる

声《こえ》が高《たか》く、話《はな》し方《かた》が変《か》わっていると言《い》われることもありますが、いじめられた記憶《きおく》がありません。いつもいつもタコやお魚《さかな》に夢中《むちゅう》で、周囲《しゅうい》から変《か》わっていると思《おも》われることも多《おお》かった気《き》がしますが、お魚《さかな》に夢中《むちゅう》になりすぎていたせいで、気《き》がつかなかっただけなのかもしれません。しかし、中学生《ちゅうがくせい》のとき、まわりにいじめられているコがいました。

あるとき、友達《ともだち》の男《おとこ》の子《こ》が、すごく悲《かな》しそうな顔《かお》をしていることに気《き》がつきました。まわりの状況《じょうきょう》に疎《うと》いところがある自分《じぶん》には、なぜその子《こ》がそんなに悲《かな》しい顔《かお》をしているのか、よくわかりませんでした。

「どうしたの？」

と聞《き》くと、目《め》を伏《ふ》せたまま、

「いや、べつに。」

としか答《こた》えてくれません。そこで、持《も》っていたノートに先週《せんしゅう》釣《つ》ったお魚《さかな》の絵《え》を描《えが》きました。

「ねえねえ、このお魚見《さかなみ》てみて！　キヌバリっていうハゼの仲間《なかま》でね、江《え》の島《しま》で釣《つ》れるんだよ！　キヌバリがいるところはさ、海《うみ》の水《みず》がすっごい透《す》きとおっててキレイなんだよぉ。」

するとその子《こ》はやっと顔《かお》を上《あ》げてボソッと、

「いいなあ。たまには釣《つ》りも。」

と言《い》いました。

「じゃあ今度《こんど》いっしょにいこうよ。来週《らいしゅう》の日曜日《にちようび》いかない？」

「いいよ。」

こうしてその子《こ》とふたりで釣《つ》りにいくことになったのです。

江《え》の島《しま》にいき、ふたりで釣《つ》りをしました。ただ釣《つ》り糸《いと》を垂《た》らしていただけでしたが、釣《つ》りをしているうちに悲《かな》しそうな、その子《こ》の顔《かお》がじょじょにやわらかくホッとした表情《ひょうじょう》になってきたのがわかりました。なにがあったのか、そのとき聞《き》くことはできなかったけれど、すこしだけ見《み》せてくれた笑顔《えがお》がただうれしくて、「よかった。」と、安心《あんしん》しました。

数日後《すうじつご》、その子《こ》と話《はなし》をしていると、ほかの同級生《どうきゅうせい》がこっちをキッとにらみつけてきたことがありました。そして小石《こいし》を、こちらに向《む》けて思《おも》いきり蹴飛《けと》ばしてきたのです。そのとき初《はじ》めて、その子《こ》の悲《かな》しい顔《かお》の理由《りゆう》を知《し》ったのでした。

しばらくして、石《いし》を蹴飛《けと》ばしてきた同級生《どうきゅうせい》が、

「あいつなんか言《い》ってなかったか?」

と聞《き》いてきました。

「ううん。なにも言《い》ってなかったよ。」

そう言《い》うと、その同級生《どうきゅうせい》は、す〜っと、いってしまいました。心《こころ》の中《なか》が、なんともいえないモヤモヤした気持《きも》ちになりました。

(なんか、お魚《さかな》とおなじだなあ。)

以前《いぜん》、家《いえ》の水槽《すいそう》の中《なか》で起《お》きたある出来事《できごと》を思《おも》い出《だ》しました。

釣《つ》ってきたメジナを、家《いえ》の水槽《すいそう》で飼《か》っていたときのことです。メジナの一匹《ぴき》がケガをしていることに

メジナちゃん

気《き》がつきました。ほかのメジナから執拗《しつよう》に突《つ》っつかれていたのです。

かわいそうに思《おも》って別《べつ》の水槽《すいそう》に移《うつ》してあげると、また別《べつ》の一匹《ぴき》がいじめられました。今度《こんど》は、いじめっ子《こ》を別《べつ》の水槽《すいそう》に移《うつ》してみました。すると、新《あら》たないじめっ子《こ》があらわれたのです。どうやっても、いじめはなくなりませんでした。

メジナは、広《ひろ》い海《うみ》の中《なか》では仲《なか》よく群《む》れを作《つく》って泳《およ》いでいます。それなのに、狭《せま》い水《すい》槽《そう》の中《なか》に入《い》れると、なぜだかいじめがはじまってしまうのです。

学校《がっこう》も水槽《すいそう》も、広《ひろ》い世界《せかい》や海《うみ》と比《くら》べると、どちらも狭《せま》く限《かぎ》られた小《ちい》さな世界《せかい》。狭《せま》いところにいると、お魚《さかな》も人《ひと》も、みんな心《こころ》が苦《くる》しくなっちゃうのかなあ……？　そんなことを思《おも》ったのでした。

その後《ご》も何度《なんど》かふたりで釣《つ》りに出《で》かけました。狭《せま》い世界《せかい》から解放《かいほう》された安堵感《あんどかん》もあったのかもしれません。だんだん、その子《こ》の表情《ひょうじょう》も明《あか》るくなり、笑顔《えがお》を見《み》せてくれることも多《おお》くなりました。もともとは、こうやって元気《げんき》に笑《わら》う子《こ》だったよなあ。そう気《き》づいたとき、また笑《わら》えてよかった。心《こころ》からそう思《おも》ったのでした。

釣《つ》りをすればみんな友達《ともだち》！

カブちゃんのことが新聞《しんぶん》にのったことで、自分《じぶん》では知《し》らないうちに地元周辺《じもとしゅうへん》では名《な》前《まえ》と顔《かお》が知《し》られるようになっていたようです。

ある日《ひ》のこと。学校帰《がっこうがえ》りにとつぜん肩《かた》をグイッとつかまれ、びっくりして見上《みあ》げると、そこには眉間《みけん》にシワを寄《よ》せたコワ〜イ顔《かお》がちらほら。

「おめー、魚《さかな》ばっかりじゃねーかよ。」

その人《ひと》たちは地元《じもと》でも有名《ゆうめい》なヤンキーさん。危険《きけん》を感《かん》じ、あわてて走《はし》って逃《に》げると、そのヤンキーさんたちは猛《もう》ダッシュで追《お》いかけてきて、グーで殴《なぐ》りかかろうとしてきます。

「ギャ―――。やめてやめて！」

無我夢中《むがむちゅう》で必死《ひっし》に抵抗《ていこう》しました。すると、

「ん？　おめえけっこうかわいい顔《かお》してんだな。」

と、殴《なぐ》ろうと振《ふ》り上《あ》げていた手《て》を下《お》ろしたのです。すると、ドスのきいた声《こえ》でこう言《い》うのです。
「てめー、魚《さかな》でこんだけ目立《めだ》ってってけど、本当《ほんとう》に魚《さかな》って
おもしれえのかよ？」
「お、おもしろいよ。江《え》の島《しま》へいくと夕方《ゆうがた》になれば防波《ぼうは》
堤《てい》からサバだって釣《つ》れるんだよ。」
「マジかよ。サバってあの、サバの塩焼《しおや》きのサバかよ。」
「そうだよ。釣《つ》れたてのサバさんはおいしいよ！」
「じゃあおめー、そんなに言《い》うんだったらよぉ、俺《おれ》たち
も連《つ》れてけよ。」
「いいよ。じゃあ来週《らいしゅう》の日曜日《にちようび》にいこうよ！」
「おう。ぜってーだぞ。」
そんなこんなで、地元《じもと》でも有名《ゆうめい》なヤンキーグループの
人《ひと》たちと釣《つ》りにいくことになりました。けれども不思議《ふしぎ》
と恐怖感《きょうふかん》はありませんでした。昔《むかし》から、いけすを眺《なが》めて
いて知《し》り合《あ》った料理屋《りょうりや》さんの板前《いたまえ》さんやお魚屋《さかなや》さんと

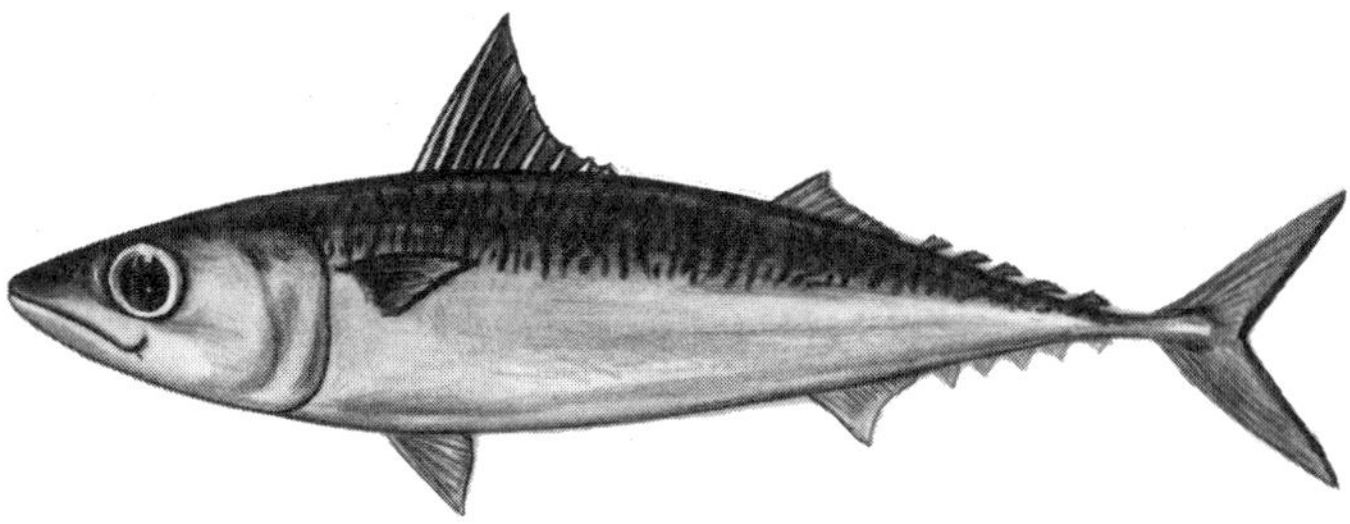

マサバちゃん

も、すぐに意気投合《いきとうごう》していっしょに釣《つ》りへ出《で》かけていた自分《じぶん》。共《とも》に釣《つ》り糸《いと》を垂《た》れていれば、どんな人《ひと》とでもきっと仲《なか》よくなれる！　そう信《しん》じていたのです。

次《つぎ》の日曜日《にちようび》、約束《やくそく》どおりヤンキーさんたちと釣《つ》りに出《で》かけました。最初《さいしょ》は「ダリぃ、ダリぃ。」と、文句《もんく》ばっかり言《い》っていたヤンキーさんたちも、一匹《ぴき》二匹《ひき》と釣《つ》れるごとに、どんどんキラキラと目《め》が輝《かがや》いてきました。

けっきょく、思《おも》った以上《いじょう》に盛《も》り上《あ》がり、お魚《さかな》も大漁《たいりょう》！　いつもはこわいヤンキーさんたちも、すっかり心《こころ》は少年《しょうねん》に戻《もど》ったようで、釣《つ》りのアドバイスも素直《すなお》に聞《き》いてくれ、日《ひ》が暮《く》れるころにはすっかり仲《なか》よくなっていました。

釣《つ》りにいくと、どんな人《ひと》も不思議《ふしぎ》とみんな笑顔《えがお》になります。そして心《こころ》と心《こころ》が触《ふ》れ合《あ》っていっきに距離《きょり》が縮《ちぢ》まるのです。小《ちい》さいころからこんな経験《けいけん》をたくさんしてきました。小学校《しょうがっこう》のときに「タコ！　タコ！」とからかってきた友達《ともだち》とも、気《き》づけばいっしょに釣《つ》りにいく仲間《なかま》になっていました。

もしかするとイジメや仲間《なかま》はずれなど、ツライ思《おも》い出《で》があまりないのは、釣《つ》りが持《も》つ魅力《みりょく》はもちろん、自分《じぶん》のお魚《さかな》への強《つよ》い思《おも》いが、自然《しぜん》とまわりを和《なご》やかにさせていたからなのかもしれません。お魚《さかな》のパワーは、すばらしいです！

フィールドワーク部《ぶ》でサバイバル

カブちゃんの感動《かんどう》の出来事《できごと》から1年後《ねんご》、地元《じもと》の公立高校《こうりつこうこう》へと進学《しんがく》しました。おなじ中学出身《ちゅうがくしゅっしん》の友達《ともだち》は数人程度《すうにんていど》だったので、当初《とうしょ》は自分《じぶん》のお魚好《さかなず》きを知《し》っている人《ひと》はほぼいませんでした。ところが、高校生《こうこうせい》になっても自分《じぶん》の生活《せいかつ》はまったく変《か》わりません。あいかわらず毎日教科書《まいにちきょうかしょ》よりも図鑑《ずかん》を多《おお》く持《も》っていき、筆箱《ふでばこ》も下敷《したじ》きもすべてがお魚《さかな》グッズ。クラスではあっという間《ま》に「魚好《さかなず》き」が浸透《しんとう》していきました。仲《なか》のいい友達《ともだち》から「さかなクン」や「魚博士《さかなはかせ》」というあだ名《な》で呼《よ》ばれるようになるのに、あまり時《じ》間《かん》はかかりませんでした。

部活《ぶかつ》はというと、なんと海《うみ》とは真逆《まぎゃく》の、登山《とざん》のできるフィールドワーク部《ぶ》へ！　本《ほん》当《とう》は吹奏楽部《すいそうがくぶ》に入《はい》りたかったのですが、しぶしぶの選択《せんたく》でした。小《ちい》さいころ、家族《かぞく》でよく登山《とざん》していたので入部《にゅうぶ》したのですが、このフィールドワーク部《ぶ》、部活《ぶかつ》レベルをはるかに超《こ》えた、超《ちょう》サバイバル部《ぶ》だったのであります！

入部《にゅうぶ》してまもなくのこと。放課後《ほうかご》、部室《ぶしつ》へいくと、顧問《こもん》の先生《せんせい》が、腕組《うでぐ》みをして仁《に》

王立《おうだ》ちしています。何事《なにごと》かと思《おも》ったら、

「よし、おまえら準備《じゅんび》ができたらタンポポを採《と》るぞ！」

と先生《せんせい》。

「タンポポ？　タンポポ採《と》ってどうするんですか？」

「つべこべ言《い》わずに、根《ね》っこから採《と》るんだ。いいな！」

しかたなく、学校《がっこう》の敷地中《しきちじゅう》に咲《さ》いているタンポポを、シャベルで掘《ほ》り出《だ》して集《あつ》めてきました。すると先生《せんせい》は、

「洗《あら》って根《ね》っこのところだけ集《あつ》めろ。」

と次《つぎ》の指令《しれい》。不安《ふあん》に駆《か》られながらも言《い》われたとおりにすると、

「そしたらその根《ね》っこをフライパンで炒《いた》めろ！」

（ええ!?　なんなの、これ？）

不安《ふあん》はどんどん大《おお》きくなっていきますが、ほかの部員《ぶいん》たちはとっても真剣《しんけん》な表情《ひょうじょう》で黙々《もくもく》と作業《さぎょう》に取《と》り組《く》んでいます。

「炒《いた》めたらそれにお湯《ゆ》を入《い》れるんだ！」

言《い》われるがまま、炒《いた》めた根《ね》っこにお湯《ゆ》を入《い》れると、真《ま》っ黒《くろ》な液体《えきたい》が出来上《できあ》がりまし

た。

「よし、出来上《できあ》がりだ。それが緊急時《きんきゅうじ》に飲《の》むタンポポコーヒーだ。飲《の》んでみろ！」

色《いろ》はコーヒーのようにまっ黒《くろ》だけど、渋《しぶ》くて苦《にが》く、おいしいわけがありません。当時《とうじ》の自分《じぶん》にはただ根《ね》っこ湯《ゆ》を飲《の》ませられたという苦《にが》い思《おも》い出《で》でしかありませんでした。

またちがう日《ひ》には学校中《がっこうじゅう》の食《た》べられそうな草《くさ》を集《あつ》めて炊《た》き込《こ》みご飯《はん》を作《つく》ったりと、まさに毎回《まいかい》、部活《ぶかつ》の時間《じかん》がサバイバルだったのです。

あったあった！　吹奏楽部《すいそうがくぶ》！

フィールドワーク部《ぶ》の極端《きょくたん》な激《はげ》しさに疲《つか》れはじめていたころ、歴史《れきし》の授業《じゅぎょう》でテストがありました。歴史《れきし》の先生《せんせい》は音楽《おんがく》にとてもくわしく、授業中《じゅぎょうちゅう》も音楽《おんがく》の話《はなし》になって脱線《だっせん》してしまうことが多々《たた》ありました。

その日《ひ》のテストは穴埋《あなう》め問題《もんだい》でした。けれども授業中《じゅぎょうちゅう》もお魚《さかな》の絵《え》を描《えが》いて過《す》ごしている自分《じぶん》には超難問《ちょうなんもん》。問題《もんだい》には全然答《ぜんぜんこた》えることができず、時間《じかん》だけがたっぷり！　そこで、答案用紙《とうあんようし》に先生《せんせい》への手紙《てがみ》を書《か》くことにしたのです。

「自分《じぶん》は中学《ちゅうがく》のときに吹奏楽部《すいそうがくぶ》に入《はい》っていて、バスクラリネットの音《おと》が大好《だいす》きでした。先生《せんせい》は音楽《おんがく》におくわしいので教《おし》えてください！　バスクラの大活躍《だいかつやく》する曲《きょく》ってなにかご存《ぞん》じですか？」

すると、テスト後《ご》に先生《せんせい》から呼《よ》び出《だ》されました。

（やっばー。テストもしないで手紙《てがみ》書《か》いちゃったから怒《おこ》られるのかな？）

おそるおそる先生《せんせい》のところへいくと、先生《せんせい》は怒《おこ》った様子《ようす》はなく、むしろ笑顔《えがお》で待《ま》っていてくれたのです。

「君《きみ》、バスクラ好《す》きなの？」

開口一番《かいこういちばん》、先生《せんせい》はそう聞《き》いてきました。

「は、はい！　バスクラ大好《だいす》きなんです。自分《じぶん》、声《こえ》が高《たか》いのであの渋《しぶ》〜い低音《ていおん》が大好《だいす》きなんです！　でも中学《ちゅうがく》のときはバスクラが1本《ぽん》しかなくて、吹《ふ》けなかったんですよ。」

そう答《こた》えると、先生《せんせい》は、そうかそうかとうなずきながら、

「うちの吹奏楽部《すいそうがくぶ》、廃部寸前《はいぶすんぜん》なんだよ。君《きみ》、入《はい》ってくれないかな？」

と言《い》うのです。

「ええ？　吹奏楽部《すいそうがくぶ》、あったんですか!?　じゃあ、いまからいきます！」

自分《じぶん》にとってはまさかの出来事《できごと》！　吹奏楽部《すいそうがくぶ》がないと思《おも》ってあきらめていたのですから！


さっそく、吹奏楽部《すいそうがくぶ》があるという場所《ばしょ》を訪《たず》ねると、ぜんぶで10人《にん》にも満《み》たないほどの本当《ほんとう》に小《ちい》さな部活《ぶかつ》でした。同級生《どうきゅうせい》は熊倉《くまくら》クン、松岡《まつおか》クン、井《い》上《うえ》クンの3人《にん》だけ。バスクラリネットは、誰《だれ》も担《たん》当《とう》がいない状態《じょうたい》で楽器倉《がっきそう》庫《こ》にホコリをかぶって、ぽつんと隅《すみ》においてあり

クラリネットを吹《ふ》くお魚《さかな》たち

ました。

その日《ひ》のうちにフィールドワーク部《ぶ》は退部《たいぶ》し、晴《は》れて吹奏楽部員《すいそうがくぶいん》となりました。もちろん担当《たんとう》は、あこがれだったバスクラリネット！　中学《ちゅうがく》3年間《ねんかん》で大好《だいす》きになった吹《すい》奏楽《そうがく》をまたできることに超感激《ちょうかんげき》！　やる気《き》も気合《きあい》も満々《まんまん》！　大好《だいす》きな音楽《おんがく》＆《アンド》お魚三昧《さかなざんまい》の高校生活《こうこうせいかつ》がこうしてスタートしたのです。

夢《ゆめ》のmy《マイ》バスクラリネット

バスクラリネットの音色《ねいろ》は、やっぱり最高《さいこう》でした。曲《きょく》に深《ふか》みをあたえる、やさしく響《ひび》き渡《わた》る重低音《じゅうていおん》。声《こえ》の高《たか》い自分《じぶん》には、とてもあこがれの音色《ねいろ》なのです。部活《ぶかつ》で吹《ふ》くたびにうっとりし、もっともっといい音《おと》を出《だ》したい！　と、練習《れんしゅう》にも身《み》が入《はい》るのでした。

このバスクラリネットが大活躍《だいかつやく》する有名《ゆうめい》な曲《きょく》があります。それは銭形平次《ぜにがたへいじ》のテーマソング。曲《きょく》のなかで登場《とうじょう》する渋《しぶ》〜い低音《ていおん》が、バスクラが奏《かな》でる音《おと》なのです。

ある日《ひ》の放課後《ほうかご》、中学《ちゅうがく》のころから通《かよ》っている横浜《よこはま》のセントラル楽器《がっき》さんへ出《で》かけました。店員《てんいん》さんにお願《ねが》いすると、キラキラ輝《かがや》く新品《しんぴん》のバスクラリネットをもってきてくれました。

「うわぁ。かっこいいなあ。バスクラだあ！　いいなあ♪　いいなあ♪」

大《おお》はしゃぎしていると、店員《てんいん》さんは、

「よかったら吹《ふ》いてみますか？」

「い、いいんですかあー⁉」

さっそく吹《ふ》いてみると、あまりの音《おと》の深《ふか》みに感激《かんげき》してしまいました。自分《じぶん》で吹《ふ》いてみると、またちがう感動《かんどう》が生《う》まれるのが管楽器《かんがっき》です。音《おと》が振動《しんどう》して体《からだ》に伝《つた》わり、音《おと》と一体《いったい》となる感覚《かんかく》がたまらないのです。

「すいません、このバスクラリネットおいくらですか？」

いちおう聞《き》いてみると、

「47万円《まんえん》です。」

と店員《てんいん》さん。

「ギョエ～‼　やっぱり高《たか》い……。さすがに買《か》えないや。」

店員《てんいん》さんにあらためてお礼《れい》を言《い》い、店《みせ》を後《あと》にしたのでした。

家《いえ》へ帰《かえ》る間《あいだ》も、さっき吹《ふ》いたバスクラの音色《ねいろ》が忘《わす》れられません。

（いい音《おと》だったなあ。やっぱりバスクラ最高《さいこう》だなあ。）

余韻《よいん》にひたりながら家《いえ》へ帰《かえ》ると、真《ま》っ先《さき》に母《はは》にあの音色《ねいろ》のすばらしさを教《おし》えてあげました。

「ねえお母《かあ》さんお母《かあ》さん、ちょっとこの曲《きょく》聞《き》いてよ。」

そう言《い》って、銭形平次《ぜにがたへいじ》のテーマソングを流《なが》しました。

「あら！　銭形平次《ぜにがたへいじ》じゃない。どうしたの？　急《きゅう》に。」

「いいから、ちょっと聞《き》いててよ。この低音《ていおん》どう？　ステキじゃない？」

「低音《ていおん》？　うん、たしかに渋《しぶ》くていい低音《ていおん》ねえ。」

「でしょでしょ？　いいよねえ、この低音《ていおん》。これね、バスクラリネットの音《おと》なんだよ。」

「へえ、これ、いま部活《ぶかつ》で吹《ふ》いている楽器《がっき》じゃない。いい音色《ねいろ》ね。」

「それでね、今日《きょう》楽器屋《がっきや》さんにいってきたんだ。そこにバスクラリネットがあってね、吹《ふ》かせてもらったんだ。」

「へえ、よかったじゃない。」

「ねえ、いっしょに見《み》にいこうよ。」

そして、また後日《ごじつ》あの楽器屋《がっきや》さんへと出向《でむ》いたのです。

この前《まえ》とおなじ店員《てんいん》さんが、またバスクラリネットを吹《ふ》かせてくれました。この音《おと》を母《はは》に聞《き》かせたかった自分《じぶん》としては、もうそれだけで大満足《だいまんぞく》でした。

「この音色《ねいろ》をどうしても母《はは》に聞《き》かせたかったんです。ありがとうございます！」

そうお礼《れい》を言《い》う自分《じぶん》の横《よこ》で、母《はは》は突然《とつぜん》、

「本当《ほんとう》にすばらしい音色《ねいろ》です。このバスクラリネット、いただけますか？」

「えっ？　お母《かあ》さん⁉」

「いいのよ、買《か》いましょう。」

「ちょ、ちょっと待《ま》って。お誕生日《たんじょうび》でもクリスマスでもないんだから。それに高《たか》いんだよ。いいよ、買《か》わなくていいよ。」

あせって止《と》める自分《じぶん》に、母《はは》は言《い》いました。

「大丈夫《だいじょうぶ》よ。こういうときのために、コツコツためてた定期預金《ていきよきん》、おろしてきたから。」

まさか母《はは》がこんな大金《たいきん》を用意《ようい》してきてくれていたとは。自分《じぶん》としては本当《ほんとう》に音色《ねいろ》を聞《き》かせたかっただけなのに。うれしさと申《もう》し訳《わけ》なさで、心《こころ》の中《なか》は大混乱《だいこんらん》でした。

帰《かえ》り道《みち》、自分《じぶん》の腕《うで》には買《か》ってもらったばかりのバスクラリネットがありました。少《すこ》し前《まえ》を歩《ある》く母《はは》を呼《よ》び止《と》め、言《い》いました。

「お母《かあ》さん、ありがとう！　いつか、出世払《しゅっせばら》いでかならずお返《かえ》しします。」

「じゃあ、その日《ひ》を待《ま》ってるわね。」

母《はは》はそう言《い》って、笑《わら》ったのでした。

それからというもの、バスクラリネットを吹《ふ》く日々《ひび》がはじまりました。低音楽器《ていおんがっき》のバスクラリネットは、チューバやバリトンサックスにくらべると音量《おんりょう》が少《すく》ないといわれます。けれど、どうしても大《おお》きな音《おと》を出《だ》せるようになりたくて、当時別《とうじべつ》の高校《こうこう》でチューバを吹《ふ》いていたヒヨといっしょに、音《おと》のにぎやかな高速道路《こうそくどうろ》の上《うえ》にかかる橋《はし》で、ひたすら練習《れんしゅう》にはげみました。おかげで肺活量《はいかつりょう》も増《ふ》えたようで、しばらくする

バスクラリネットの演奏《えんそう》

と、部活《ぶかつ》のみんながびっくりするほど、大《おお》きい音《おと》がだせるようになりました。

初《はじ》めてのアルバイト

高校生《こうこうせい》になって、さらに新《あら》たなお魚《さかな》ライフが増《ふ》えました。それは、アルバイト。幼《おさな》なじみのヒヨが、ある日《ひ》、お魚屋《さかなや》さんのバイトに誘《さそ》ってくれたのです。

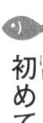

「いまでも魚好《さかなす》きだろ? オレ、いまスーパーの魚屋《さかなや》でバイトしてっからよ。いっしょにやんねーか?」

とつぜんのバイトの誘《さそ》いでしたが、お魚屋《さかなや》と聞《き》いてことわるわけがありません。

「ヒヨ、お魚屋《さかなや》さんでバイトしてるの? すごーい。やるやる!」

アルバイトをしたら、自由《じゆう》なお金《かね》がたくさん増《ふ》えます。そうしたら、図鑑《ずかん》だってお魚《さかな》だってもっともっとたくさん手《て》に入《はい》る! ヒヨの誘《さそ》いをすぐにオーケーしました。

お魚屋《さかなや》さん……。思《おも》い浮《う》かぶのは、小《ちい》さいころから通《かよ》っていた大和《やまと》のお魚屋《さかなや》さん、魚音《うおおと》。大《おお》きないけすがあって、そこで働《はたら》いていた小松《こまつ》のにいちゃんには、とてもかわいがってもらいました。お魚《さかな》の豆知識《まめちしき》やさばき方《かた》、お魚《さかな》に関《かん》するいろいろなことを教《おし》えてもらった場所《ばしょ》でもありました。

お魚屋《さかなや》さんはお魚《さかな》といつも触《ふ》れ合《あ》っていられます。それに小《ちい》さいころの自分《じぶん》みたいなコがやってきたら、すっごく楽《たの》しそう♪　そんなことを想像《そうぞう》していると、バイトにいくのが楽《たの》しみで楽《たの》しみでしかたありませんでした。

しかし、現実《げんじつ》はそうあまくはありませんでした。パンチパーマに腹巻《はらま》き姿《すがた》の社長《しゃちょう》は、いつもどなっていました。あまりのおっかなさに、毎回《まいかい》ビクビクしていました。アルバイトをはじめたばかりの自分《じぶん》に、やり方《かた》もノウハウもなにも教《おし》えてくれないまま、初日《しょにち》から大事《だいじ》な作業《さぎょう》もどんどん回《まわ》されてきたのです。

最初《さいしょ》に言《い》われたのは、

「オメー、アジ洗《あら》っとけ！」

なにをしていいかわからずに立《た》っていると、とつぜん箱《はこ》の中《なか》いっぱいに入《はい》ったマアジをドンッと渡《わた》されたのです。洗《あら》うだけなら大丈夫《だいじょうぶ》、自分《じぶん》にもできるぞ。

「はいっ‼」

できるかぎり大《おお》きく威勢《いせい》のいい声《こえ》で返事《へんじ》をすると、蛇口《じゃぐち》をひねってジャーッとマアジを洗《あら》いはじめました。ところが、水道水《すいどうすい》で洗《あら》っているとそれまでキラキラ輝《かがや》いていていたマアジが、なぜかみるみるうちに真《ま》っ白《しろ》になっていきます。

（あれ、なんでだろう？）

不安《ふあん》に感《かん》じていると、

「おい、バッカヤロー！　オメエなに水《みず》で洗《あら》ってんだ！」

とつぜん背後《はいご》からカミナリが落《お》ちたかと思《おも》うようなどなり声《ごえ》が飛《と》んできました。

「海《うみ》の魚《さかな》のアジを真水《まみず》で洗《あら》うヤツがあるかぁぁぁぁ！」

海水魚《かいすいぎょ》のマアジは、淡水《たんすい》で洗《あら》うとあっというまに色《いろ》と輝《かがや》きがあせてしまうのです。だから海水《かいすい》とおなじ濃度《のうど》の塩水《しおみず》を作《つく》り、その中《なか》で洗《あら》わなければいけなかったのですが、なにも知《し》らなかったため、そのまま水道水《すいどうすい》で洗《あら》ってしまったのでした。

マアジちゃん

「す、すいません……。」

「すいませんですむか！　これどうすんだ、売《う》り物《もの》になんねーじゃねーか。」

「うう、すいません。自分《じぶん》がぜんぶ買《か》います。」

自分《じぶん》が洗《あら》ったマアジは、ぜんぶ買《か》い取《と》るはめになりました。

またこんなこともありました。

「この鮭《さけ》を弁当用《べんとうよう》に切《き》っとけ。ひと切《き》れ70グラムな。」

と、三枚《まい》におろされた鮭《さけ》を渡《わた》されました。

（70グラム？　どうやって切《き》ってもいいのかな？）

なんの説明《せつめい》もなかったので、とりあえず計《はか》りながら、頭《あたま》のほうから切《き》り身《み》にしていきました。するとどうしてもしっぽの部分《ぶぶん》は小《ちい》さくなってしまいます。

（しっぽにあたっちゃったお客《きゃく》さんはハズレだな。かわいそうに。）

そんなのんきなことを考《かんが》えていると、またまたカミナリが！

「おめー、頭《あたま》に脳《のう》みそ入《はい》ってんのか！　そんな切《き》り方《かた》でだせるか！　このボケ！　斜《なな》めに切《き》っていくんだ！　ちゃんと考《かんが》えろ！」

とどなりまくられ、鮭《さけ》の切《き》り身《み》も自分《じぶん》で買《か》うことに……。

一事《いちじ》が万事《ばんじ》この調子《ちょうし》。バイト代《だい》のほとんどが、売《う》り物《もの》にならなくなったお魚代《さかなだい》に消《き》えるという、なんとも切《せつ》ない初《はじ》めてのバイト生活《せいかつ》だったのです。当初思《とうしょおも》い描《えが》いていたような、お魚好《さかなず》きのお客《きゃく》さんの相手《あいて》をしたり、いろんなお魚《さかな》と触《ふ》れ合《あ》ったり、なんて甘《あま》い日々《ひび》はまったくやってきませんでした。

現実《げんじつ》は、ただひたすら社長《しゃちょう》のカミナリにビクビクしながら、お客《きゃく》さんを窓越《まどご》しに見《み》かけるだけ。楽《たの》しみにしていたお魚《さかな》だって、食用《しょくよう》で流通《りゅうつう》しているおなじ種類《しゅるい》ばかり……。お魚《さかな》をあつかう仕事《しごと》とはいえ、楽《たの》しいことばかりじゃない。理想《りそう》と現実《げんじつ》のちがいをまざまざと痛感《つうかん》したのでした。

しかし悪《わる》いコトばかりではありません。失敗《しっぱい》から学《まな》ぶこともたくさんありました。お魚《さかな》を扱《あつか》うときに気《き》をつけなくてはいけない基本的《きほんてき》なこと。お魚《さかな》のプロが常識《じょうしき》としてやっていることなど、たくさんのことを知《し》ることができたのです。

出《で》たい！　出《で》てみたい！

高校《こうこう》2年生《ねんせい》の冬《ふゆ》、思《おも》いがけない転機《てんき》が訪《おとず》れました。その日《ひ》は楽《たの》しみにしていたテレビ番組《ばんぐみ》の日《ひ》。テレビ東京系列《とうきょうけいれつ》で放送《ほうそう》されていた『TV《テレビ》チャンピオン』という番組《ばんぐみ》の『第《だい》2回全国魚通選手権《かいぜんこくさかなつうせんしゅけん》』の放送日《ほうそうび》でした。数日前《すうじつまえ》に予告《よこく》CM《シーエム》を見《み》てからというもの、この日《ひ》を楽《たの》しみにしていたのです。

魚通選手権《さかなつうせんしゅけん》というだけあって、お寿司《すし》を目隠《めかく》しで食《た》べて当《あ》てる問題《もんだい》や、レントゲン写真《しゃしん》の骨《ほね》を見《み》て、そのお魚《さかな》を持《も》ってくる問題《もんだい》など、どれもマニアックな難問《なんもん》ばかり。テレビの前《まえ》に正座《せいざ》をし、すっかり選手《せんしゅ》になった気分《きぶん》で、いっしょになって答《こた》えながら夢中《むちゅう》で見《み》ていました。

番組《ばんぐみ》がはじまってから半分《はんぶん》ほどたったときでしょうか。自分《じぶん》の答《こた》えが、けっこうな確率《かくりつ》で正解《せいかい》していることに気《き》がついたのです。

「あ。これはきっとシロギスだな。」

と思《おも》うと、

「正解《せいかい》はシロギスである。」

と、ナレーションの声《こえ》。

「たぶんスズキ！」

とつぶやくと、またもや、

「正解《せいかい》は、スズキである。」

と、大正解《だいせいかい》！　そんな調子《ちょうし》でいくつか当《あ》てているうちに、ひょっとして、出《で》たら2〜3問《もん》は当《あ》たるんじゃないか⁉　そんな思《おも》いがこみ上《あ》げてきたのです。この番組《ばんぐみ》、出《で》てみたい！　そう一度《いちど》思《おも》ったら、今度《こんど》は出《で》たくて出《で》たくてたまらなくなってしまいました。

放送《ほうそう》の最後《さいご》に、チャンピオンになった人《ひと》がテレビに向《む》かって叫《さけ》びました。

「オレにかかってこい！」

その声《こえ》を聞《き》いた瞬間《しゅんかん》、思《おも》わずダンッと立《た》ち上《あ》がりました。

「よーし、かかっていくぞ！」

チャンピオンの雄叫《おたけ》びは、まるで自分《じぶん》への挑戦状《ちょうせんじょう》のように聞《き》こえたのでした。さっそくハガキの両面《りょうめん》いっぱいにお魚《さかな》の絵《え》を描《えが》きました。そして『お魚大好《さかなだいす》き！　出場《しゅつじょう》させてください！』と一言《ひとこと》添《そ》えて投函《とうかん》したのでした。

それまで、人《ひと》から聞《き》かれてお魚《さかな》のことを話《はな》すことはあっても、自分《じぶん》から積極的《せっきょくてき》に話《はな》すことは、ほとんどありませんでした。自分《じぶん》のお魚《さかな》の知識《ちしき》を試《ため》してみたいと思《おも》ってアクションを起《お》こしたのは、このときが初《はじ》めてのことでした。

とはいえ、テレビの世界《せかい》の話《はなし》。ハガキを一枚投函《まいとうかん》したくらいで、本当《ほんとう》に連絡《れんらく》がくるなんて正直思《しょうじきおも》ってもいませんでした。放送直後《ほうそうちょくご》は、そのときの熱意《ねつい》のままハガキを書《か》いてしまったけれど、本当《ほんとう》は、おとなしくて人前《ひとまえ》に出《で》るのが苦手《にがて》な自分《じぶん》。テレビに出《で》るなんてとんでもない。恥《は》ずかしくて想像《そうぞう》しただけで、かぁーっと顔《かお》が熱《あつ》くなってきてしまいます。

「あー恥《は》ずかしい恥《は》ずかしい。」

いつになっても連絡《れんらく》がこないことに半分《はんぶん》ホッとし、そのうちそんな出来事《できごと》があったことさえも、すっかり忘《わす》れてしまいました。

これが予選《よせん》!?

春《はる》になり、高校《こうこう》3年生《ねんせい》になったばかりのある日曜日《にちようび》。吹奏楽部《すいそうがくぶ》の仲間《なかま》たちと江《え》の島《しま》へお魚釣《さかなつ》りに出《で》かけ、夕方帰宅《ゆうがたきたく》すると、

「さっき、テレビ局《きょく》から電話《でんわ》があったわよ。」

と母《はは》が言《い》いました。テレビ局《きょく》？　思《おも》い当《あ》たる節《ふし》がありません。

「きっとまちがい電話《でんわ》だよ。一般市民《いっぱんしみん》に、テレビ局《きょく》から電話《でんわ》がかかってくるわけないじゃん。」

「まあ、そりゃそうよね。」

母《はは》とふたり、ケラケラ笑《わら》い飛《と》ばしていると、電話《でんわ》が鳴《な》りだしました。

「マーちゃん。またテレビ局《きょく》！」

電話《でんわ》に出《で》た母《はは》が、あわてた表情《ひょうじょう》で受話器《じゅわき》を手渡《てわた》してきました。

（え？　自分《じぶん》に？　なんだろう。）

おそるおそる電話《でんわ》に出《で》ると、電話《でんわ》の受話器《じゅわき》からおどろきの言葉《ことば》が聞《き》こえてきたのです。

「TV《テレビ》チャンピオンです。」

「ええ⁉」

そういえばハガキを書《か》いたんだっけ！　応募《おうぼ》したことを、ようやく思《おも》い出《だ》したのです。急《きゅう》な電話《でんわ》に困惑《こんわく》する自分《じぶん》のことなどいっさいかまわずに、TV《テレビ》チャンピオンさんから、

「それでは、いまから予選《よせん》です。」

「い、いまからですか？」

「なにも見《み》ずに1問《もん》15秒《びょう》以内《いない》に答《こた》えていってください。」

とつぜん、電話《でんわ》での予選《よせん》がはじまりました。

「では、ブリの呼《よ》び名《な》を関東《かんとう》の呼《よ》び名《な》で順番《じゅんばん》に言《い》ってください。」

「えーっと、ブリはモジャコ、ワカシ、イナダ、ワラサ、ブリです。」

「では、鮎《あゆ》の塩辛《しおから》はなんといいますか？」

「はい、うるかです。」

こんな調子《ちょうし》で20問《もん》ほど。次《つぎ》から次《つぎ》へと出《だ》される問題《もんだい》に答《こた》えるのがやっとで、気《き》がつくと汗《あせ》びっしょりになっていました。

「以上《いじょう》です。得点《とくてん》のよかった方《かた》には、またこちらからお電話《でんわ》いたします。電話《でんわ》がなかったら予選落《よせんお》ちしたと思《おも》ってください。」

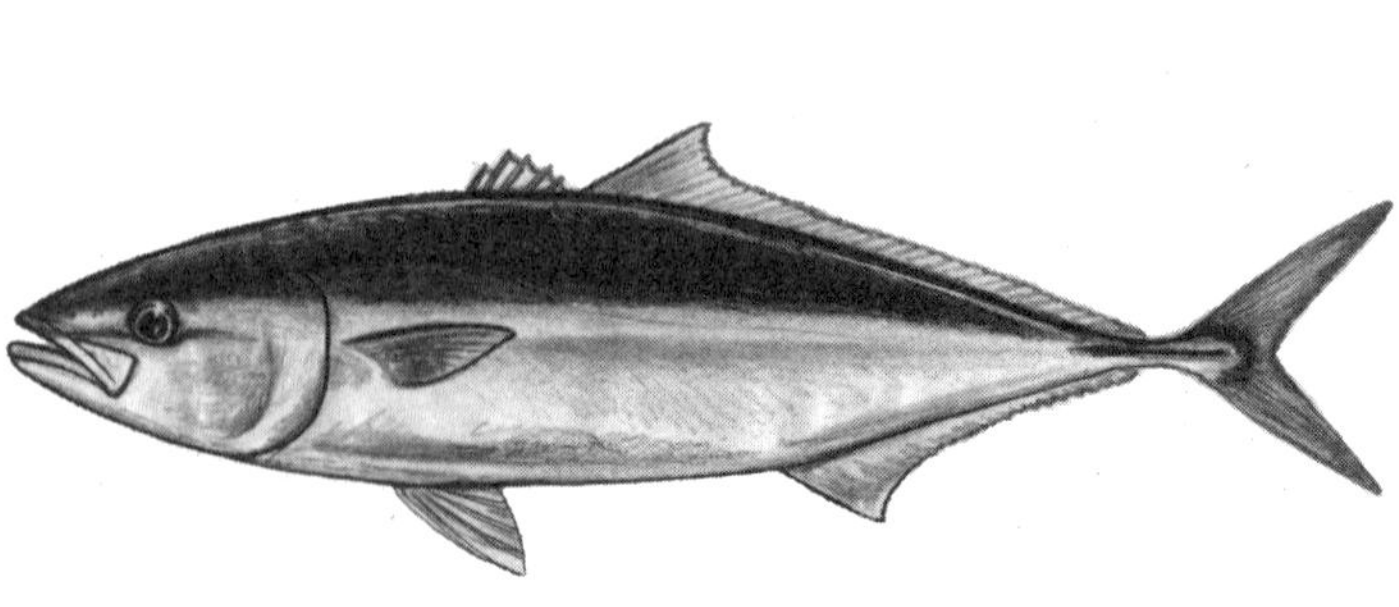
ブリちゃん

そう言《い》って電話《でんわ》での予選《よせん》は終了《しゅうりょう》したのでした。

とつぜん起《お》きたこのめまぐるしい数分間《すうふんかん》が終《お》わり、しばし放心状態《ほうしんじょうたい》。お茶《ちゃ》を飲《の》んで一息《ひといき》ついてやっと、ジワジワ実感《じっかん》がわいてきたのでした。

ついにTV《テレビ》チャンピオン出場《しゅつじょう》へ！

数日後《すうじつご》、ふたたびTV《テレビ》チャンピオンさんから電話《でんわ》がかかってきました。

「予選《よせん》の成績《せいせき》は、2位《い》でした！」

「え！　そんなによかったんですか⁉」

「というわけで、いままで高校生《こうこうせい》の出場《しゅつじょう》は前例《ぜんれい》がないのですが、とても優秀《ゆうしゅう》な成績《せいせき》だったので、第《だい》3回全国魚通選手権《かいぜんこくさかなつうせんしゅけん》の本戦《ほんせん》に出場《しゅつじょう》していただきます。」

「あ、ありがとうございます！」

「本戦《ほんせん》は、銚子《ちょうし》の魚市場《うおいちば》でおこないます。高校生《こうこうせい》ということですので、学《がく》ランできてください。」

こうしてあのTV《テレビ》チャンピオンに、出場《しゅつじょう》することになったのでした。

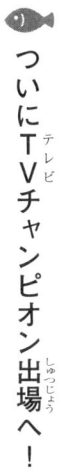

出場《しゅつじょう》が決《き》まるとまわりは大騒《おおさわ》ぎ！　吹奏楽部《すいそうがくぶ》の仲間《なかま》たちは、〝さかなクンがんばれ！〟と教室《きょうしつ》の黒板《こくばん》にイラストやメッセージを書《か》いて応援《おうえん》ＶＴＲ《ブイティーアール》に出演《しゅつえん》してくれました。母《はは》はふだんよりも張《は》りきって、いろいろな魚介類《ぎょかいるい》を使《つか》った料理《りょうり》を出《だ》してくれました。

そして本戦当日《ほんせんとうじつ》。詰《つ》め襟《えり》の学《がく》ランを着《き》て、千葉県銚子《ちばけんちょうし》の魚市場《うおいちば》へと向《む》かいました。本戦会場《ほんせんかいじょう》に着《つ》くと、解答席《かいとうせき》のまわりには、魚市場《うおいちば》で働《はたら》く競《せ》り人《にん》さんや漁師《りょうし》さんなどのギャラリーであふれています。そしてディレクターさんやカメラマンさんなど、たくさんのテレビの制作《せいさく》チームの方々《かたがた》。

（ひゃぁ〜！　緊張《きんちょう》するなあ。心臓《しんぞう》がバクバクしてきた。）

何度《なんど》も何度《なんど》も深呼吸《しんこきゅう》をして、必死《ひっし》に気持《きも》ちを落《お》ちつかせようとしました。出場者《しゅつじょうしゃ》で高校生《こうこうせい》は、自分《じぶん》ただひとり。ほかの方々《かたがた》は水産試験場《すいさんしけんじょう》の先生《せんせい》など、偉《えら》い方《かた》ばかりでした。

（みなさん、お魚《さかな》にくわしそうだなあ。絶対勝《ぜったいか》てっこないよなあ。）

その迫力《はくりょく》に圧倒《あっとう》され、緊張《きんちょう》でビクビクしてしまいました。

感動《かんどう》は爆発《ばくはつ》だ！

ついにはじまった第《だい》3回全国魚通選手権《かいぜんこくさかなつうせんしゅけん》。第《だい》1問目《もんめ》は早押《はやお》しクイズです。目《め》の前《まえ》に、中落《なかお》ちのような真《ま》っ赤《か》な身《み》がたくさんのったどんぶりが運《はこ》ばれてきました。このどんぶりの身《み》はなんの身《み》か、というクイズなのですが、完食《かんしょく》しなくては答《こた》えることができません。お腹《なか》の調子《ちょうし》も準備万端《じゅんびばんたん》！「よーいスタート！」の合図《あいず》とともに、猛《もう》スピードで食《た》べはじめました。

（んん！　お、おいしいっ！）

味《あじ》わっている場合《ばあい》ではないのですが、あまりのおいしさに思《おも》わずビックリ。濃厚《のうこう》でプリップリで、なんておいしいお魚《さかな》なんだろう！　ほっぺたがとろけそうです。

目《め》の前《まえ》には、たくさんの腕組《うでぐ》みをした地元《じもと》の漁《りょう》

クロマグロちゃん

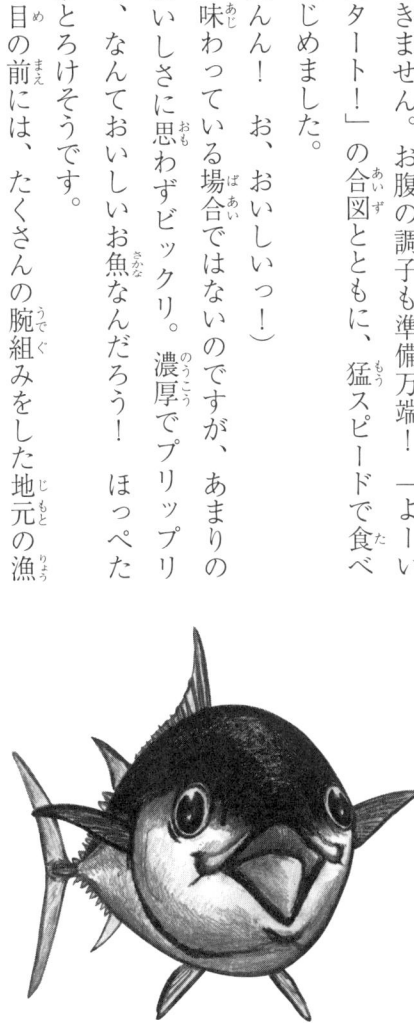

師《し》さんたち。

「あんなどんぶり一個《こ》でわかんのかなあ?」

とブツブツ話《はな》している声《こえ》が聞《き》こえてきます。

(すっごいおいしいけど、これなんのマグロだろう。キハダかな? メバチかな? それともクロマグロかなあ?)

初《はじ》めて食《た》べた気《き》がするけれど、この赤身《あかみ》、マグロ類以外《るいいがい》には考《かんが》えられません。でも何《なに》マグロなのか……。答《こた》えが導《みちび》き出《だ》せぬまま、とりあえずガーッと食《た》べて、口《くち》の中《なか》のご飯《はん》を飲《の》みこみながら、お魚《さかな》を選《えら》びに走《はし》っていると、ならんでいるお魚《さかな》のなかに、赤《あか》く輝《かがや》いているひときわ大《おお》きいアカマンボウが、と

アカマンボウちゃん

つぜん目《め》に飛《と》びこんできたのです。

（ぎゃあ！　アカマンボウだ！　図鑑《ずかん》でしか見《み》たことのないあこがれのアカマンボウがいるぅ！　すっごーい！）

ずっと本物《ほんもの》を見《み》てみたかったアカマンボウ！　初《はじ》めて目《め》にしたうれしさのあまり、あろうことか、

「アカマンボウ！」

と答《こた》えました。

「正解《せいかい》です！」

市場中《いちばじゅう》に響《ひび》き渡《わた》る正解《せいかい》のアナウンス！　そして割《わ》れんばかりの大拍手《だいはくしゅ》！　当《あ》たっちゃった！　まさかの正解《せいかい》に、ビックリしたのは自分《じぶん》のほう。思《おも》わず飛《と》び上《あ》がってよろこびました。すると、市場《いちば》が大《おお》きな笑《わら》い声《ごえ》に包《つつ》まれました。そのとき初《はじ》めて、自分《じぶん》がうれしさのあまり跳《は》ねていたことに気《き》がついたのでした。

TV《テレビ》チャンピオンの問題《もんだい》は、どれも難《むずか》しいものばかりでした。テレビで観《み》ているのと、参加《さんか》するのとは、まったくちがいました。

難問《なんもん》が続《つづ》きますが、難《むずか》しければ難《むずか》しいほど、なぜかどんどん楽《たの》しくなっていきまし

た。
正解《せいかい》するたびに、思《おも》わず「うわあぁ！　やったー！」と飛《と》び跳《は》ねてしまう自分《じぶん》。体《からだ》全体《ぜんたい》で素直《すなお》に感情《かんじょう》をだすなんて、生《う》まれて初《はじ》めてのことでした。なんて気持《きも》ちいいんだろう！

そんな自分《じぶん》の姿《すがた》を見《み》て、まわりのギャラリーの方々《かたがた》は手《て》をたたいて「すげーな、高《こう》校生《こうせい》！」「よかったね！」とよろこんでくれています。
（そうか、喜《よろこ》びとか感動《かんどう》って、こうやって飛《と》んだり跳《は》ねたり叫《さけ》んだりして、ありのまま外《そと》に出《だ》していいんだ！　本当《ほんとう》の気持《きも》ちって、見《み》ている人《ひと》にも伝《つた》わるんだ。これってぜんぜん恥《は》ずかしいことじゃないんだ。）

飛《と》んだり跳《は》ねたり、目《め》をまん丸《まる》くしたり。感動《かんどう》を素直《すなお》に爆発《ばくはつ》させながら、無我夢中《むがむちゅう》で問題《もんだい》を解《と》いているうちに、気《き》づけば決勝戦《けっしょうせん》。初挑戦《はっちょうせん》にして、なんと最後《さいご》の３人《にん》にまでのこったのです。

決勝《けっしょう》の問題《もんだい》は、『ブイヤベースの風味《ふうみ》だけで、使《つか》われている7種《しゅ》の魚介類《ぎょかいるい》をすべて答《こた》える』というこれまでの問題《もんだい》とは比《くら》べものにならないほどの超難問《ちょうなんもん》。しかも、まず別《べつ》のふたつの料理《りょうり》を食《た》べて、その食材《しょくざい》を当《あ》てなければ、解答権《かいとうけん》すら得《え》られません。

2問《もん》なんとか当《あ》てて、いよいよ目《め》の前《まえ》に、具《ぐ》が入《はい》っていないスープだけのブイヤベースが運《はこ》ばれてきました。

「よーい、スタート！」

最初《さいしょ》の2問《もん》をクリアしても、ブイヤベースの食材《しょくざい》7種《しゅ》すべてを一発《いっぱつ》で当《あ》てないと、もう一度《いちど》、ふりだしに戻《もど》るというきびしいルール。みんな一度《いちど》で正解《せいかい》できず、何度《なんど》も振《ふ》り出《だ》しに戻《もど》る一進一退《いっしんいったい》の攻防戦《こうぼうせん》が続《つづ》きましたが、けっきょく、優勝《ゆうしょう》はできませんでした。

初《はじ》めて経験《けいけん》した悔《くや》しさ

母《はは》は、準優勝《じゅんゆうしょう》だったことについて、特別深《とくべつふか》く聞《き》いてはきませんでした。きっと、いつもとはちがう自分《じぶん》の様子《ようす》を察《さっ》してくれていたのだと思《おも》います。家《いえ》に帰《かえ》っても悔《くや》しさはなかなか収《おさ》まりませんでした。

正解《せいかい》したときの感動《かんどう》があまりにも大《おお》きかったからでしょうか、負《ま》けてしまったことが悔《くや》しくて悔《くや》しくてたまらなかったのです。なんでわからなかったんだろう。なんで当《あ》てられなかったんだろう。最終問題《さいしゅうもんだい》への後悔《こうかい》が、次《つぎ》から次《つぎ》へと押《お》し寄《よ》せてきます。せっかくのチャンスをつかみ取《と》ることができず、心《こころ》がとっても落《お》ちこんでいました。

リベンジできる！

オンエアから数週間後《すうしゅうかんご》、ＴＶ《テレビ》チャンピオンさんからまた電話《でんわ》がかかってきました。

なんと！　放送《ほうそう》を見《み》た視聴者《しちょうしゃ》の方々《かたがた》から、「あの高校生《こうこうせい》をまた見《み》たい！」「次《つぎ》も出《だ》してあげてください。」というお手紙《てがみ》やお電話《でんわ》が、テレビ局《きょく》にたくさん届《とど》いているというのです。スタッフの方《かた》は言《い》いました。

「通常《つうじょう》、負《ま》けた方《かた》はもう出場《しゅつじょう》できないのですが、特別《とくべつ》に次《つぎ》の大会《たいかい》も出《で》ていただくことになりました。」

思《おも》いがけないお話《はなし》でした。まさかリベンジするチャンスがくるなんて！　しかもたくさんのお手紙《てがみ》やお電話《でんわ》だって⁉

テレビの向《む》こうで、自分《じぶん》の知《し》らないたくさんの方々《かたがた》が応援《おうえん》してくださっている。テレビ局《きょく》に手紙《てがみ》を書《か》いてまで‼　その見《み》えないパワーに圧倒《あっとう》されてしまいました。

「うれしい！　本当《ほんとう》にありがとうございます！　がんばります！」
なんとかそれだけ伝《つた》えて電話《でんわ》を切《き》ると、しばらくその場《ば》から動《うご》くことができません
でした。やがて、もう一度《いちど》TV《テレビ》チャンピオンに出《で》られるといううれしさが、じわじわ
とこみ上《あ》げてきて、母《はは》に言《い》いました。
「お母《かあ》さん！　出《で》られるんだって！　もう一度《いちど》TV《テレビ》チャンピオン出《で》ていいんだっ
て！」
「まあ、そうなの？　よかったじゃない！」
母《はは》は、自分《じぶん》のことのように大喜《おおよろこ》び。多《おお》くの視聴者《しちょうしゃ》の方々《かたがた》が応援《おうえん》してくれたおかげで
出《で》られることになったと説明《せつめい》すると、母《はは》は目《め》を潤《うる》ませながら、
「たくさんの人《ひと》の応援《おうえん》してくださる気持《きも》ち！　こんなうれしいことないわ！」
「本当《ほんとう》にそうだね。」
「その人《ひと》たちのためにも、次《つぎ》はもっともっとがんばって、絶対《ぜったい》に優勝《ゆうしょう》しないとね。」
「がんばるよ！」
こうして、次《つぎ》の日《ひ》から優勝《ゆうしょう》に向《む》けての猛特訓《もうとっくん》がはじまったのでした。

みんなのサポートでリベンジ！

次《つぎ》の大会《たいかい》にも出《で》られることになり、がぜんやる気《き》になったのは、自分《じぶん》だけではありませんでした。まず、もっとも強力《きょうりょく》なサポーターとなったのは、母《はは》でした。

「マーちゃんは、お魚《さかな》の名前《なまえ》や特徴《とくちょう》とかはくわしいけど、TV《テレビ》チャンピオンで優勝《ゆうしょう》するにはもっとお魚《さかな》の味《あじ》を覚《おぼ》えなきゃね。」

と、毎日《まいにち》いろいろなお魚《さかな》をさまざまな調理法《ちょうりほう》、味《あじ》つけで食卓《しょくたく》に出《だ》してくれました。それをただ食《た》べるのではありません。かならず最初《さいしょ》は目隠《めかく》しをして、

「このお魚《さかな》はなにか当《あ》ててみて。」

と問題《もんだい》を出《だ》してくれるのです。正解《せいかい》するまで目隠《めかく》しを外《はず》させない徹底《てってい》ぶりでした。

サポートしてくれたのは、母《はは》だけではありませんでした。近所《きんじょ》のお魚屋《さかなや》さんやお寿《す》司屋《しや》さんも、

「珍《めずら》しい魚《さかな》仕入《しい》れておくから、がんばれよ！」

と、あまり手《て》に入《はい》らないキツネダイやウッカリカサゴなどのお魚《さかな》をわざわざ仕入《しい》れて

くださり、届《とど》くとすぐに連絡《れんらく》をくれました。そして味《あじ》の特徴《とくちょう》やオススメの食《た》べ方《かた》などもくわしく教《おし》えてくれたのでした。

兄《あに》は自分《じぶん》のアルバイト代《だい》をためて、ふだんいくことなんてとうていできないような高級《こうきゅう》フレンチのお店《みせ》へ、料理《りょうり》や素材《そざい》の勉強《べんきょう》になるからと連《つ》れていってくれました。そんなまわりのみなさまのあたたかい応援《おうえん》が、確実《かくじつ》に自分《じぶん》の生《い》きた知識《ちしき》となっていきました。

高校《こうこう》3年生《ねんせい》の冬《ふゆ》、ついにリベンジするときが訪《おとず》れました。視聴者《しちょうしゃ》のみなさまからのリクエストという特例枠《とくれいわく》で出場《しゅつじょう》した第《だい》4回全国魚通選手《かいぜんこくさかなつうせんしゅ》権《けん》で、ついに！　念願《ねんがん》の初優勝《はつゆうしょう》をすることができたのでした！　けっして自分《じぶん》ひとりの力《ちから》では、優勝《ゆうしょう》なんてできなかったと思《おも》います。

優勝《ゆうしょう》すると、賞金《しょうきん》をもらいました。そして、最初《さいしょ》の優勝賞金《ゆうしょうしょうきん》は、母《はは》に渡《わた》しました。

「お母《かあ》さん、これ、バスクラリネットのお金《かね》。

ウッカリカサゴちゃん

出世払《しゅっせばら》いで払《はら》うって言《い》っていたでしょう。」

「まあ！　せっかく自分《じぶん》でがんばって、初《はじ》めて勝《か》ちとった賞金《しょうきん》じゃない。」

賞金《しょうきん》を渡《わた》す自分《じぶん》に、母《はは》はおどろいたようでした。

「早《はや》くお金返《かねかえ》せてうれしいんだ。お母《かあ》さん、ありがとう。」

「そう。じゃあいただいておくわね。まさか1年《ねん》もたたないうちに返《かえ》してもらえると は思《おも》いもしなかったわ。」

この優勝《ゆうしょう》を皮切《かわき》りに、その後《ご》も選手《せんしゅ》として出場《しゅつじょう》し、なんと！　5連覇《れんぱ》できました。TV《テレビ》チャンピオンでの貴重《きちょう》な経験《けいけん》は、自分《じぶん》にとって、いまにつながる大切《たいせつ》な宝物《たからもの》です。

進路《しんろ》

TV《テレビ》チャンピオンでの優勝《ゆうしょう》の感動冷《かんどうさ》めやらぬなかで、いっきに現実《げんじつ》に引《ひ》き戻《もど》される出来事《できごと》が待《ま》っていました。それは今後《こんご》の進路《しんろ》を相談《そうだん》する個人面接《こじんめんせつ》です。高校《こうこう》3年生《ねんせい》、そろそろ卒業後《そつぎょうご》どういった進路《しんろ》に進《すす》むのか、具体的《ぐたいてき》に考《かんが》えなければいけない時期《じき》にさしかかっていたのです。勉強《べんきょう》もあまりせず、ずっとお魚《さかな》ばかりに夢中《むちゅう》だった自分《じぶん》の学《がく》力《りょく》はというと、なんとか進級《しんきゅう》できているくらいのレベル。

面接《めんせつ》で、担任《たんにん》の先生《せんせい》は、

「無理《むり》だな、大学《だいがく》。」

と、単刀直入《たんとうちょくにゅう》で、かつきびし～いお言葉《ことば》。小学校《しょうがっこう》からのあこがれであった東京水産大学《とうきょうすいさんだいがく》を、受験《じゅけん》できるレベルにすらなっていなかったのでした。

「はあ。やっぱりいままで勉強《べんきょう》してこなかった罰《ばつ》だなあ。」

きびしい現実《げんじつ》ですが、授業《じゅぎょう》も聞《き》かずにお魚《さかな》ばかりを追《お》いかけつづけていたのは、自分自身《じぶんじしん》。正直《しょうじき》、しかたがありません。

ゆううつな気分《きぶん》で家《いえ》へ帰《かえ》ると、水槽《すいそう》の中《なか》からキラキラくりくりしたおめめでこちらを見《み》つめてくるハリセンボンちゃんと目《め》が合《あ》いました。まるで、「ど

ハリセンボンちゃん

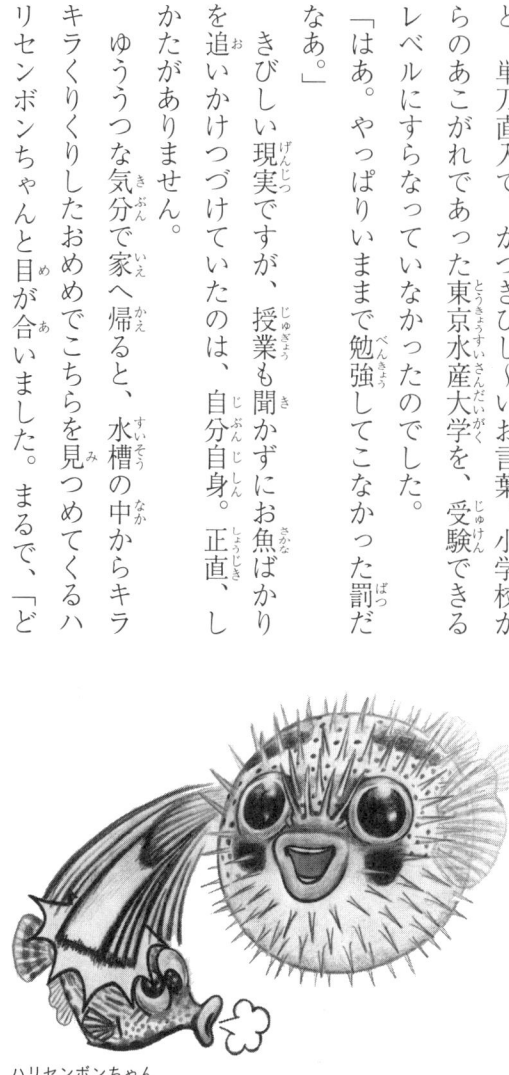

うしたの？　大丈夫《だいじょうぶ》？」となぐさめてくれているかのようでした。

「かわいいなあ、ハリセンボンちゃん。落《お》ちこんでるのがわかる？」

見上《みあ》げてくれるハリセンボンちゃんの姿《すがた》を眺《なが》めていると、だんだん心《こころ》があたたかくなってきました。

（いま自分《じぶん》にはこうしてやさしく見《み》つめてくれるハリセンボンちゃんがいる。それに毎日《まいにち》、好《す》きなだけお魚《さかな》の絵《え》を描《えが》くことができている。この生活《せいかつ》だけで十分《じゅうぶん》ありがたいことだよなあ。）

前向《まえむ》きというか、根《ね》が単純《たんじゅん》にできているというか……。あんなに落《お》ちこんだ気分《きぶん》だったのに、お魚《さかな》と目《め》が合《あ》っただけですっかり気分《きぶん》が晴《は》れ、元気《げんき》が戻《もど》ってきたのでした。

お魚《さかな》好《ず》きは一芸《いちげい》？

とはいえ、卒業後《そつぎょうご》の進路《しんろ》は考《かんが》えなくてはいけません。東京水産大学《とうきょうすいさんだいがく》への道《みち》が絶望的《ぜつぼうてき》になったため、ほかにどうやってお魚《さかな》を学《まな》ぶ方法《ほうほう》があるか。まだのこっているチャンスはあるのか調《しら》べてみました。いつかお魚《さかな》の図鑑《ずかん》を作《つく》りたいという夢《ゆめ》をかなえるためには、やっぱり大学《だいがく》に進《すす》みたいと思《おも》ったのです。

大学案内《だいがくあんない》の本《ほん》をパラパラめくっていると、ある大学《だいがく》のページに行《ゆ》き当《あ》たりました。この大学《だいがく》にはお魚系《さかなけい》の学部《がくぶ》はないものの、〝一芸入試《いちげいにゅうし》〟という入試方法《にゅうしほうほう》がありました。そのとき、ひらめいたのです。一芸入試《いちげいにゅうし》！　この方法《ほうほう》なら、テストができなくてもお魚《さかな》の実力《じつりょく》をわかってもらえさえすれば、もしかしたら入《はい》れるかもしれない！　そうしたらここの大学《だいがく》で、タコやお魚《さかな》についての道《みち》を切《き》り開《ひら》けるかもしれない！　と思《おも》い、一芸入試《いちげいにゅうし》にチャレンジすることにしました。

入学試験《にゅうがくしけん》は、小論文《しょうろんぶん》と面接《めんせつ》、書類審査《しょるいしんさ》の3つ。論文《ろんぶん》を書《か》いた後《あと》、4～5人《にん》での集団《しゅうだん》面接《めんせつ》がおこなわれます。面接官《めんせつかん》の方々《かたがた》を前《まえ》に横《よこ》一列《れつ》で座《すわ》り、ひとつひとつの質問《しつもん》に対《たい》して端《はし》から順々《じゅんじゅん》に答《こた》えていくという方法《ほうほう》でした。面接官《めんせつかん》の方《かた》が、自分《じぶん》たちを一通《ひととお》り見《み》渡《わた》すとこう言《い》いました。

「左端《ひだりはし》の方《かた》から、なにが得意《とくい》なのか言《い》ってください。」

指名《しめい》された左端《ひだりはし》の人《ひと》はすくっと立《た》ち上《あ》がり、面接官《めんせつかん》の方《かた》を見《み》つめてこう言《い》いました。

「私《わたし》は3日後《みっかご》のことがぜんぶわかります。」

まさかの発言《はつげん》に、思《おも》わずその人《ひと》をのぞきこみました。けれどもほかの人《ひと》たちはおどろいた様子《ようす》もなく、ただ前《まえ》を見《み》つめています。予知《よち》が得意《とくい》だというその人《ひと》は、さらにつづけてこう言《い》いました。

「先生《せんせい》、あなたは駅《えき》のホームで転《ころ》んでけがをしますから気《き》をつけてください。となりの先生《せんせい》は、食《た》べ物《もの》に注意《ちゅうい》が必要《ひつよう》です。生《なま》ものはさけたほうがいいと思《おも》います。」

（うそでしょー。3日後《みっかご》のことがわかるだって？　そんなスゴい人《ひと》がいるのー！）

おどろきを隠《かく》せないでいると、次《つぎ》は自分《じぶん》のとなりの人《ひと》。いきおいよく立《た》ち上《あ》がると、

「私《わたし》は宇宙《うちゅう》のことならなんでもわかります。宇宙《うちゅう》には×××という宇宙人《うちゅうじん》がいて……。」と、話《はな》しはじめたのです。

（えー――！　なんなんだ、この人《ひと》たち。みんなスケールがスゴすぎる！　お魚《さかな》の未《み》来《らい》がわかるなんて言《い》えないし、えー、どうしよう。）

あっけにとられ、頭《あたま》が真《ま》っ白《しろ》になってしまいました。

「じゃあ、次《つぎ》。あなたは？」

自分《じぶん》の番《ばん》になったものの、自分《じぶん》のお魚《さかな》の知識《ちしき》なんて予知《よち》や宇宙《うちゅう》に比《くら》べたら、ちっぽけなもの。そうおじけづきながら、

「は、はい！　お、お魚《さかな》です。」

と答《こた》えるだけで精《せい》いっぱい。

「それだけですか？」

「はい、お、お魚《さかな》が、お魚《さかな》が本当《ほんとう》に大好《だいす》きなんです。」

けっきょくそれしか言《い》うことができず、試験《しけん》の結果《けっか》は不合格《ふごうかく》。大学進学《だいがくしんがく》のチャンスはあっけなく散《ち》ってしまったのでした……。

あるはずの……がない！

高校《こうこう》を卒業《そつぎょう》した自分《じぶん》は、けっきょく大学進学《だいがくしんがく》をあきらめ、水産生物《すいさんせいぶつ》を学《まな》ぶことのできる専門学校《せんもんがっこう》へいくことにしました。水産生物《すいさんせいぶつ》が専門《せんもん》なら、授業《じゅぎょう》はぜんぶ興味《きょうみ》のあることばかりのはずです。大学《だいがく》だけが勉強《べんきょう》の場《ば》じゃない！　新《あたら》しい生活《せいかつ》にワクワクしながら、意気揚々《いきようよう》と入学式《にゅうがくしき》へ向《む》かったのでした。

と・こ・ろ・が……‼　まさかの事態《じたい》が起《お》こったのです。なんと、自分《じぶん》が入《はい》る予定《よてい》だった学科《がっか》の水産生物科《すいさんせいぶつか》が定員《ていいん》に達《たっ》しなかったため、今年度《こんねんど》から廃止《はいし》になるというのです！

「うそでしょ⁉　そ、そんなあ〜。」

お魚《さかな》の学科《がっか》がなくてガッカリ……‼

あまりの出来事《できごと》に、愕然《がくぜん》として言葉《ことば》も出《で》ませんでした。

ワクワク気分《きぶん》は一変《いっぺん》。いっきに奈落《ならく》の底《そこ》へと落《お》とされた気分《きぶん》でした。しかし、いまさらやめるわけにもいきません。泣《な》きたい気持《きも》ちを必死《ひっし》でこらえ、学校側《がっこうがわ》から配《くば》られた学習要項《がくしゅうようこう》に目《め》を通《とお》しました。そして、動物全般《どうぶつぜんぱん》が学《まな》べる〝アニマルケア科《か》〟という学科《がっか》を選択《せんたく》することにしたのです。この学科《がっか》でがんばれば、お魚《さかな》の道《みち》が開《ひら》けるかもしれない。そう思《おも》うと、明《あか》るい気持《きも》ちになったのでした。

しかし……あった！

アニマルケア科《か》の授業《じゅぎょう》の中《なか》に『水族館概論《すいぞくかんがいろん》』という授業《じゅぎょう》がありました。自分《じぶん》が興味《きょうみ》を持《も》った数少《かずすく》ない授業《じゅぎょう》のひとつでした。ある日《ひ》、講義《こうぎ》が終《お》わると、担当《たんとう》の佐山先生《さやませんせい》から声《こえ》をかけられました。

「きみー、あれだよね。高校《こうこう》のときに魚《さかな》のクイズ番組《ばんぐみ》に出《で》てたよね。」

「あ、はい。そうです。」

「テレビ見《み》てたよ。きみの知識《ちしき》は、魚《さかな》だけだったら私《わたし》より上《うえ》だね。すごかったよ。」

「うわぁ。ありがとうございます!」

すると、佐山先生《さやませんせい》はこう続《つづ》けました。

「お魚《さかな》の道《みち》に進《すす》みたいんでしょ?」

「そうなんです。だから水族館《すいぞくかん》が唯一《ゆいいつ》のお魚《さかな》への道《みち》だと思《おも》って、先生《せんせい》の授業《じゅぎょう》はしっかり受《う》けさせていただきます!」

「きみ、水族館《すいぞくかん》で働《はたら》きたいの?」

「はい。水族館《すいぞくかん》でたくさん学《まな》びたいです。」

「じゃあ、夏休《なつやす》み実習《じっしゅう》してみる?」

「はい!!」

「静岡《しずおか》にある東海大学海洋科学博物館《とうかいだいがくかいようかがくはくぶつかん》はどう?」

「わあ！　小学校《しょうがっこう》のときに修学旅行《しゅうがくりょこう》でいきました！　あの水族館《すいぞくかん》はすばらしいです。感動《かんどう》しました‼　たくさんのハオコゼが上《うえ》を向《む》いて泳《およ》ぐ姿《すがた》が忘《わす》れられないです。」

「ハハハ。さすがだな。じゃあ、履歴書《りれきしょ》を書《か》いて持《も》ってきなさい。」

水族館実習《すいぞくかんじっしゅう》は、お魚《さかな》の道《みち》へのエリートコース。入学早々《にゅうがくそうそう》、水族館《すいぞくかん》での実習《じっしゅう》チャンスという切符《きっぷ》を手《て》に入《い》れることができたのでした。

スタートから前途多難《ぜんとたなん》だった専門学校生活《せんもんがっこうせいかつ》に、ようやく明《あか》るい兆《きざ》しが見《み》えてきた瞬間《しゅんかん》でした。

お魚《さかな》の道《みち》を探《さが》して　①水族館実習《すいぞくかんじっしゅう》

お魚《さかな》を観察《かんさつ》して、お魚《さかな》を好《す》きなだけ描《えが》いて、お魚《さかな》に没頭《ぼっとう》して……。水族館《すいぞくかん》で働《はたら》いた

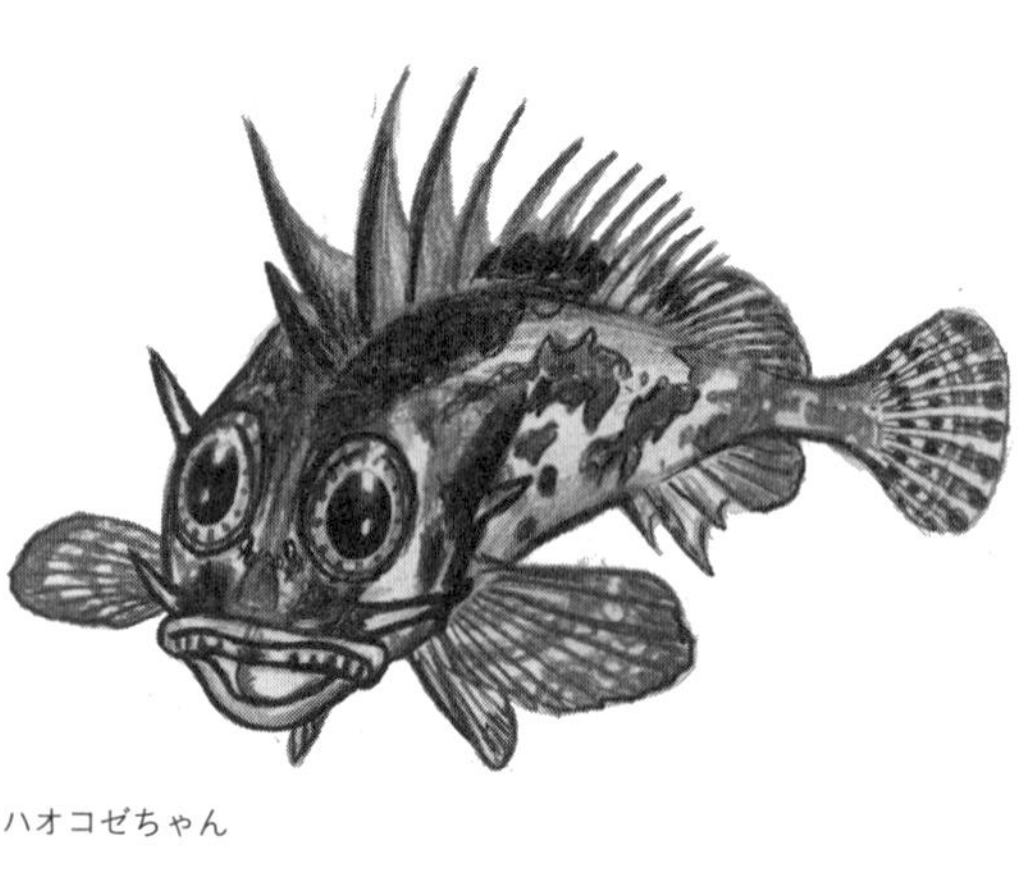

ハオコゼちゃん

ら、朝《あさ》から晩《ばん》までお魚《さかな》とずっといっしょにいられる！　水族館《すいぞくかん》で働《はたら》く自分《じぶん》の姿《すがた》は、想《そう》像《ぞう》すればするほど理想《りそう》の生活《せいかつ》。水族館《すいぞくかん》で一日中《いちにちじゅう》お魚《さかな》といっしょに過《す》ごす。ああ、なんてステキなお仕事《しごと》なんだろう。

実習《じっしゅう》にいくと決《き》まったときから夢《ゆめ》のような水族館実習《すいぞくかんじっしゅう》に胸《むね》をおどらせて、ついに夏《なつ》休《やす》み。静岡県清水市《しずおかけんしみずし》にある東海大学海洋科学博物館《とうかいだいがくかいようかがくはくぶつかん》に向《む》かいました。目《め》の前《まえ》には青《あお》い海《うみ》！　そして大《おお》きな水槽《すいそう》の中《なか》にはたくさんのお魚《さかな》！　これから一か月《げつ》、とっても楽《たの》しくなりそうです！

ところが、現実《げんじつ》はまるでちがったのでした。朝起《あさお》きると、早朝《そうちょう》からひたすら掃除《そうじ》、エサ作《づく》り、水質調査《すいしつちょうさ》、機械《きかい》の点検《てんけん》……。開館前《かいかんまえ》にやらなくてはならないことは、山《やま》のようにありました。それも、お魚以外《さかないがい》のことばかり。お魚《さかな》をじっくり見《み》るチャンスもありません。しかも覚《おぼ》えることが盛《も》りだくさん！　実習初日《じっしゅうしょにち》からすっかり意気消沈《いきしょうちん》してしまったのでした。

（ぜんぜん覚《おぼ》えられない……。）

飼育員《しいくいん》のみなさまが教《おし》えてくださる説明《せつめい》を、自分《じぶん》なりに必死《ひっし》で聞《き》いてはいるものの、頭《あたま》の中《なか》はちんぷんかんぷん、はてなマークだらけ。「わかった？」と聞《き》かれるた

びに、なんとか作《つく》り笑顔《えがお》で、
「はい、わかりました！」
と元気《げんき》よく返事《へんじ》をするものの、すぐに失敗《しっぱい》してしまいます。すっ転《ころ》んでエサをまき散《ち》らしたり、たくさんあるエサをいっきに水槽《すいそう》の中《なか》に入《い》れてしまい、お魚《さかな》が食《た》べるまもなくすべて底《そこ》に沈《しず》んで怒《おこ》られたこともありました。足手《あしで》まといにもほどがあるありさま。

毎日《まいにち》、「こらー！」「なにやってんだー！」とどなられ、「す、すいません――！」とひたすら謝《あやま》ることの連続《れんぞく》でした。自分《じぶん》でもはっきりと自覚《じかく》できるほど、ダメダメな実習生《じっしゅうせい》でした。

エビスダイちゃん

閉館後《へいかんご》、すべての作業《さぎょう》が終《お》わると、毎日《まいにち》かならず立《た》ち寄《よ》る場所《ばしょ》がありました。それは深海《しんかい》コーナーにあるエビスダイちゃんの水槽《すいそう》です。

エビスダイちゃんとの最初《さいしょ》の出会《であ》いは中学生《ちゅうがくせい》のとき。当時《とうじ》よく釣《つ》りにいっていた大《おお》磯《いそ》にある釣《つ》り具屋《ぐや》さんでのことでした。

その日《ひ》も、エサを買《か》いにいつもの釣《つ》り具屋《ぐや》さんへいくと、お店《みせ》に置《お》いてある水槽《すいそう》の中《なか》に見《み》たことのない、小《ちい》さくて真《ま》っ赤《か》なお魚《さかな》が泳《およ》いでいたのです。いっしょの水槽《すいそう》に入《はい》っているクロダイやマアジはせわしなく泳《およ》いでいるのに、全長《ぜんちょう》7~8センチほどのその真《ま》っ赤《か》なお魚《さかな》は、じーっとこちらを見《み》ているのです。

「わぁぁぁぁ。なんだこのかわいい真《ま》っ赤《か》なお魚《さかな》は!」

一目《ひとめ》でそのお魚《さかな》を好《す》きになってしまったのでした。見《み》れば見《み》るほどかわいいお顔《かお》。黒々《くろぐろ》としたまんまるのおめめが前《まえ》についていて、お口《くち》も笑《わら》っているような形《かたち》。まるでオバケのQ《キュー》太郎《たろう》みたい。そんな愛嬌《あいきょう》たっぷりのお顔《かお》で、ずーっと見《み》つめてくるものだからたまりません。あまりのかわいさに、

「すいません、このお魚《さかな》、売《う》っていただけませんか?」

と頼《たの》んでみると、釣《つ》り具屋《ぐや》のおじちゃんは申《もう》し訳《わけ》なさそうに言《い》いました。

「悪《わる》いねえ。それはうちの息子《むすこ》が釣《つ》ってきて、大事《だいじ》に飼《か》ってるもんだから売《う》れないいんだよ。」

その真《ま》っ赤《か》でかわいいお魚《さかな》こそが、エビスダイちゃんだったのです。エビスダイは

深《ふか》さ100メートルほどの岩礁《がんしょう》に住《す》んでいる、なかなか出会《であ》うことのできないお魚《さかな》。そのとき以来《いらい》、一度《いちど》もお目《め》にかかるチャンスはありませんでした。

そのエビスダイちゃんが、東海大学《とうかいだいがく》海洋科学博物館《かいようかがくはくぶつかん》には3匹《びき》も暮《く》らしていました。なんと！　50センチほどのビッグサイズ。しかも真《ま》っ赤《か》でかわいらしい表情《ひょうじょう》は変《か》わりません。再《ふたた》びエビスダイちゃんと出会《であ》えたことにすっかり感激《かんげき》して、実習《じっしゅう》で怒《おこ》られて落《お》ちこむたびに、ウルウル泣《な》きべそをかきながらエビスダイちゃんの水槽《すいそう》の前《まえ》にいき、話《はなし》を聞《き》いてもらうのでした。水族《すいぞく》館《かん》のエビスダイちゃんたちも、釣《つ》り具《ぐ》

エビスダイちゃん

屋《や》さんのコとおなじように、じーっとなにか言《い》いたそうに見《み》つめてきます。

「エビスダイちゃん、また失敗《しっぱい》して怒《おこ》られちゃったよ。」

ため息《いき》をつきながらそう語《かた》りかけると、3匹《びき》のエビスダイちゃんはいつも不思議《ふしぎ》と寄《よ》り添《そ》ってこちらを見《み》つめてくれるのです。そして、

「そんなことたいしたことじゃないぞー。」

と言《い》ってくれているかのように、黒目《くろめ》がちなクリクリおめめで見《み》つめてくれるのでした。その姿《すがた》を見《み》るたび、

「そうだよね、こんなことでへこたれてちゃダメだよね。明日《あした》もがんばるね。」

と、元気《げんき》とパワーをもらえるのでした。

理想《りそう》と現実《げんじつ》

一か月《げつ》の水族館実習《すいぞくかんじっしゅう》で、水族館《すいぞくかん》で働《はたら》くということが思《おも》っている以上《いじょう》に難《むずか》しいということが、じょじょにわかってきました。

まずは募集人員《ぼしゅうじんいん》の少《すく》なさ。水族館《すいぞくかん》の職員《しょくいん》は非常《ひじょう》に人気《にんき》が高《たか》い職業《しょくぎょう》なうえ、一度《いちど》入《はい》る

と離職率《りしょくりつ》はかなり低《ひく》く、みなさん何十年《なんじゅうねん》も勤《つと》めていらっしゃいます。なので、年間《ねんかん》を通《とお》してみても募集人員《ぼしゅうじんいん》がたった数人程度《すうにんていど》という非常《ひじょう》に狭《せま》き門《もん》なのです。

それに、お魚《さかな》が好《す》きだからといってもお魚《さかな》にずーっと没頭《ぼっとう》できるわけでもありませんでした。やらなくてはいけない裏方《うらかた》のお仕事《しごと》は山《やま》ほどあるし、お客《きゃく》さまが見《み》やすいように展示方法《てんじほうほう》を工夫《くふう》したり、お魚《さかな》たちの健康《けんこう》を維持《いじ》するための環境《かんきょう》づくりもつねに考《かんが》えなくてはいけません。それにお魚《さかな》ではなくペンギンさんやイルカさん担当《たんとう》になることもあるのです。もちろん生《い》き物《もの》ではなくエンジニア担当《たんとう》になることも……。

実習《じっしゅう》も終《お》わりに近《ちか》づいてきたある日《ひ》、トップの飼育員《しいくいん》さんがこうたずねました。

「なんで、きみは水族館《すいぞくかん》の実習《じっしゅう》にきたのかね？」

「お魚《さかな》が大好《だいす》きだからです。」

「それはわかるけど、将来本当《しょうらいほんとう》に水族館《すいぞくかん》に勤《つと》める気《き》があるのかい？　もし勤《つと》めるんだとしたら、なにを目的《もくてき》にやっていくの？」

そう聞《き》かれ、なにも答《こた》えることができませんでした。ただただお魚《さかな》が好《す》きで、お魚《さかな》をずっと見《み》ていたいだけ。そのときの自分《じぶん》は、正直《しょうじき》それしか考《かんが》えていなかったのです。水族館《すいぞくかん》で働《はたら》くという意味《いみ》が、しっかり理解《りかい》できていませんでした。

（自分《じぶん》が水族館《すいぞくかん》で働《はたら》いたら水族館《すいぞくかん》をめちゃくちゃに壊《こわ》してしまうかもなぁ……。）

いままでの失敗《しっぱい》の数々《かずかず》が、頭《あたま》の中《なか》をよぎるのでした。

一か月《げつ》の水族館実習《すいぞくかんじっしゅう》を終《お》えた後《あと》、翌年《よくねん》の夏《なつ》にもサンシャイン国際水族館《こくさいすいぞくかん》（現《げん》サンシャイン水族館《すいぞくかん》）で実習《じっしゅう》する機会《きかい》をあたえていただきました。けれども、恥《は》ずかしいほど進歩《しんぽ》なし。お魚《さかな》が気《き》になって仕事《しごと》に集中《しゅうちゅう》できず失敗《しっぱい》ばかりの実習生活《じっしゅうせいかつ》でした。

2回《かい》の水族館実習《すいぞくかんじっしゅう》を経《へ》て、痛感《つうかん》しました。自分《じぶん》には水族館《すいぞくかん》は向《む》いていない、と。こんなにたくさんのお魚《さかな》のそばにいられる仕事《しごと》はほかにないかもしれない。けれど、自分《じぶん》には向《む》いていない……。

お魚《さかな》の道《みち》を探《さが》して　②熱帯魚屋《ねったいぎょや》さん

水族館《すいぞくかん》は向《む》いていなかった。お魚屋《さかなや》さんも高校時代《こうこうじだい》のアルバイトでこりている。じゃあ別《べつ》の道《みち》で、お魚《さかな》と関《かか》われる仕事《しごと》を探《さが》そう。そう気持《きも》ちを切《き》り替《か》え、次《つぎ》にはじめたのが、熱帯魚屋《ねったいぎょや》さんでのアルバイトでした。熱帯魚屋《ねったいぎょや》さんには、世界中《せかいじゅう》からいろいろなお魚《さかな》が入《はい》ってきます。たくさんの種類《しゅるい》のお魚《さかな》をじっくり観察《かんさつ》しながら絵《え》を描《えが》き、飼育《しいく》をして、生態《せいたい》も調《しら》べてみたいと思《おも》っていた自分《じぶん》にとっては、ピッタリの職場《しょくば》でした。

専門学校《せんもんがっこう》を卒業《そつぎょう》すると同時《どうじ》に、アルバイトながら海水魚《かいすいぎょ》を専門《せんもん》にあつかうコーナーのすべてを任《まか》されるまでになったのです。仕入《しい》れから経理《けいり》、お店《みせ》の運営方法《うんえいほうほう》まで、ぜんぶを自分《じぶん》で管理《かんり》することになりました。

これを機《き》に、お店《みせ》の近《ちか》くで初《はじ》めての一人暮《ひとりぐ》らしもはじめました。熱帯魚屋《ねったいぎょや》さんが、自分《じぶん》の生《い》きる道《みち》なのかもしれない。そう感《かん》じはじめていました。

熱帯魚屋《ねったいぎょや》さんは、世界各地《せかいかくち》からお魚《さかな》を仕入《しい》れています。けれども長《なが》い時間《じかん》をかけて輸送《ゆそう》されてくるため、当然《とうぜん》、お店《みせ》に着《つ》いたときにはすごく息《いき》が荒《あら》かったりフラフラしていたりエサをなかなか食《た》べてくれなかったり。健康状態《けんこうじょうたい》の悪《わる》いお魚《さかな》がかなり多《おお》いのが実状《じつじょう》でした。

そんなお魚《さかな》は、一匹一匹《ぴきぴき》心《こころ》をこめて看病《かんびょう》をします。薬浴《やくよく》させて薬《くすり》の量《りょう》も調整《ちょうせい》し、時間《じかん》をかけて根気《こんき》よく根気《こんき》よく看病《かんびょう》するのです。すると、治《なお》りっこないと思《おも》っていたほど弱《よわ》っているお魚《さかな》でも、だんだん元気《げんき》になってくれることがあります。ボロボロでかさぶたのようだった表面《ひょうめん》がツルッとキレイになってきて、白《しろ》く濁《にご》っていたおめめが透《す》きとおってきて……。

お魚《さかな》だって、愛情《あいじょう》をこめて看病《かんびょう》すればここまで回復《かいふく》してくれるんだ！　元気《げんき》になった姿《すがた》を見《み》ることができると、感動《かんどう》で胸《むね》がいっぱいになるのでした。

ところが、ここからが熱帯魚屋《ねったいぎょや》さんの悲《かな》しい現実《げんじつ》です。

「よかったあ、元気《げんき》になった♪」

とよろこんでいても、お客様《きゃくさま》から、

「このお魚《さかな》いいね、ちょうだい。」

と言《い》われれば、すぐにお別《わか》れしなければならないのです。

もちろん、熱帯魚屋《ねったいぎょや》さんはお魚《さかな》を売《う》るのが商売《しょうばい》。仕入《しい》れたお魚《さかな》は基本的《きほんてき》にぜんぶ売《う》らなくてはいけません。そうでないと経営《けいえい》が成《な》り立《た》ちません。けれど、頭《あたま》ではそうわかっていても、かわいがっているお魚《さかな》が買《か》われていくのは毎回《まいかい》さびしくてたまりませんでした。

熱帯魚屋《ねったいぎょや》さんで働《はたら》いていた2年間《ねんかん》、お魚《さかな》との出会《であ》いと別《わか》れのサイクルの多《おお》さに、自《じ》分《ぶん》は最後《さいご》まで慣《な》れることができませんでした。心《こころ》はいつも♪ドナドナドーナドーナ♫の気分《きぶん》でした。

ある日《ひ》、お店《みせ》の経営者《けいえいしゃ》からこんな申《もう》し出《で》がありました。

「そろそろ、うちの正社員《せいしゃいん》にならないか？」

熱帯魚屋《ねったいぎょや》さんの仕事《しごと》は、やりがいもあり、お店《みせ》からのお誘《さそ》いは、とてもありがたいものでした。けれど、即座《そくざ》に返答《へんとう》することができませんでした。

「ありがとうございます。だけどすみません、ちょっと考《かんが》えさせてください。」

家《いえ》に帰《かえ》り、水槽《すいそう》を眺《なが》めながらじっくり考《かんが》えました。こんな自分《じぶん》を誘《さそ》ってくれたのです。そのご厚意《こうい》に誠意《せいい》を持《も》って応《こた》えるためにも、自分《じぶん》がこれからどうしたいのか、真剣《しんけん》に考《かんが》えなくては！　そう思《おも》ったのでした。

熱帯魚屋《ねったいぎょや》さんの仕事《しごと》は魅力的《みりょくてき》です。世界中《せかいじゅう》のいろいろなお魚《さかな》に出会《であ》うこともできます。飼育《しいく》をしながら生態《せいたい》を調《しら》べることも可能《かのう》です。時間《じかん》が空《あ》いているときには、お魚《さかな》の絵《え》だってたくさん描《えが》くことができます。

けれども、仕入《しい》れる種類《しゅるい》にはやはり限《かぎ》りがあります。お店《みせ》では売《う》れるお魚《さかな》がメインですから、チョウチョウウオ類《るい》やスズメダイ類《るい》など美《うつく》しくて可憐《かれん》なお魚《さかな》がほとんど。自分《じぶん》が好《す》きなウマヅラハギやハコフグやカサゴ、クエなどのシブーいお魚《さかな》は、ほとんど仕入《しい》れることはありません。

それに生き物《もの》を飼《か》い育《そだ》てることはとても難《むずか》しいと痛感《つうかん》したのも事実《じじつ》です。なかなか餌《え》づかなかったり、すぐ病気《びょうき》になってしまうお魚《さかな》もいます。

ある日《ひ》の夜《よる》、母《はは》に電話《でんわ》をしました。

「お母《かあ》さん。熱帯魚屋《ねったいぎょや》さんから正社員《せいしゃいん》にならないか、と誘《さそ》ってもらったんだけど、ことわろうと思《おも》うんだ。熱帯魚屋《ねったいぎょや》さんもやめようと思《おも》う。」

「あら、どうして?」

母《はは》はしずかにたずねました。

「はっきり言葉《ことば》にするのは難《むずか》しいんだけど、ちがうと思《おも》うんだ。なんかちがう気《き》がする、自分《じぶん》の生《い》きる道《みち》は。」

「そう思《おも》うなら、そうしたらいいよ。一度《いちど》しかない人生《じんせい》なんだもの。自分《じぶん》の決《き》めたことがいちばんよ。お母《かあ》さんは応援《おうえん》し

チョウチョウウオちゃん(トリクチス幼生《ようせい》)

てるから。」

母《はは》の言葉《ことば》に背中《せなか》を押《お》され、一《いち》からまた新《あら》たな道《みち》を探《さが》すことにしました。あとから知《し》ったのですが、このとき、親戚《しんせき》やまわりの大人《おとな》たちから「なぜ定職《ていしょく》につかせないのか。」「ちょっと甘《あま》いんじゃないのか。」と、母《はは》はいろいろ言《い》われていたようです。けれど母《はは》は、自分《じぶん》にはそんなことは、なにひとつ言《い》いませんでした。ただひたすら、信《しん》じて応援《おうえん》してくれていたのでした。

お魚《さかな》の道《みち》を探《さが》して　③お寿司屋《すしや》さん

専門学校《せんもんがっこう》を卒業後《そつぎょうご》、熱帯魚屋《ねったいぎょや》さんと掛《か》け持《も》ちで働《はたら》いていたのが、大船《おおふな》にあるお寿司屋《すしや》さんでした。大将《たいしょう》の川澄《かわすみ》さんとは、TV《テレビ》チャンピオンがきっかけで知《し》り合《あ》いました。川澄《かわすみ》さんは『全国《ぜんこく》すし職人《しょくにん》にぎり技選手権《わざせんしゅけん》』、そして自分《じぶん》は『全国魚通選手権《ぜんこくさかなつうせんしゅけん》』での優勝者同士《ゆうしょうしゃどうし》でした。

お魚《さかな》のお仕事《しごと》を探《さが》していることを知《し》り、川澄《かわすみ》さんが「アルバイトにおいで。」と言《い》ってくれたのでした。お寿司屋《すしや》さんもお魚《さかな》の道《みち》のひとつ！　よろこんで働《はたら》かせていただくことにしたのですが、これがまた、いくらがんばってもシャリひとつ上手《じょうず》ににぎれるようになりませんでした。

「本当《ほんとう》に不器用《ぶきよう》だな。」

他《ほか》の板前《いたまえ》さんたちは、いつもそう苦笑《にがわら》い。それでも根気《こんき》よくていねいに、何度《なんど》でもシャリのにぎり方《かた》を指導《しどう》してくださいました。それなのに、シャリが手《て》にベタベタついてしまったり、なぜかいつも一貫《いっかん》が大《おお》きくなってしまったりと、何度練習《なんどれんしゅう》してもうまくできません。

「できました！　このシャリいかがですか。」

「それじゃあ、おにぎりだろ。」

「すいませーん。」

こんな会話《かいわ》が何度《なんど》もくり返《かえ》され、けっきょく一度《いちど》もお寿司《すし》をにぎる担当《たんとう》になることはありま

川澄《かわすみ》さんといっしょに

せんでした。自分《じぶん》の担当《たんとう》は皿洗《さらあら》いや出前《でまえ》、甘《あま》エビ（ホッコクアカエビ）の殻《から》むきばかり。しかし、それすら完璧《かんぺき》にはできず、お皿《さら》は割《わ》るし、出前《でまえ》にいくと迷子《まいご》になるしで、ほめられたのは唯一甘《ゆいいつあま》エビの殻《から》むきだけでした。

自分《じぶん》にとって、いちばんのお目当《めあ》てであるお魚《さかな》も、仕入《しい》れる魚種《ぎょしゅ》はだいたい30〜40種《しゅ》。本音《ほんね》はチョウチンアンコウやリュウグウノツカイなどを見《み》たいけれど、それはお寿司屋《すしや》さんではかないません。

（はぁ、お寿司屋《すしや》さんも向《む》いてないなぁ。）

もっといままで見《み》たことのないようなお魚《さかな》と出会《であ》いたい、そしてそのお魚《さかな》ひとつひとつとじっくり向《む》き合《あ》って、輝《かがや》きや感動《かんどう》を絵《え》に描《えが》いてのこしたい。お魚屋《さかなや》さん、お寿《す》司屋《しや》さん、熱帯魚屋《ねったいぎょや》さん、水族館《すいぞくかん》……。ぜんぶお魚《さかな》に関《かか》わるお仕事《しごと》なのに、どの職業《しょくぎょう》も、自分《じぶん》が描《えが》く理想《りそう》には当《あ》てはまらないのでした。

描《えが》いていいんですか!?

自分《じぶん》に合《あ》う仕事《しごと》ってどんなんだろう？　そんなもの、世《よ》の中《なか》にあるんだろうか？

悶々《もんもん》とした思《おも》いをつねに心《こころ》の片隅《かたすみ》に抱《かか》えながら、お寿司屋《すしや》さんのアルバイトの休憩時間《きゅうけいじかん》は、たいてい水槽《すいそう》で泳《およ》いでいるお魚《さかな》の絵《え》を描《えが》いて過《す》ごしていました。自分《じぶん》にとって、お魚《さかな》の絵《え》を描《えが》いているときがいちばん夢中《むちゅう》になれて楽《たの》しい時間《じかん》。それは幼《おさな》いころからちっとも変《か》わってはいませんでした。

休憩中《きゅうけいちゅう》、いつものように水槽《すいそう》の中《なか》のウマヅラハギやヒラメを見《み》ながら、絵《え》を描《えが》いて過《す》ごしていたときのことです。川澄《かわすみ》さんがやってきました。

「また絵《え》を描《えが》いてんのかい？」

と、言《い》いました。

「はいっ！　お魚《さかな》の絵《え》を描《えが》いてると、時間《じかん》を忘《わす》れちゃうんですよ。このウマヅラハギちゃんのやさしい表情《ひょうじょう》を絵《え》であらわせるとすっごいうれしくて。」

そう答《こた》えると、川澄《かわすみ》さんは絵《え》をのぞきこんで言《い》いました。

「たしかに、表情《ひょうじょう》があって、おもしろく描《えが》くね〜。」

「ありがとうございます！　うわあ〜、ほめていただいてうれしいです。」

すると、川澄《かわすみ》さんはポンと手《て》をたたいて、こう言《い》ったのです。

「はっきりいって、寿司職人《すししょくにん》には向《む》いてないけど、絵《え》はすばらしい！　そうだ、絵《え》を描《か》いてよ。うちの店《みせ》の壁《かべ》いっぱいに！　好《す》きなように魚《さかな》を描《か》いて！」

「えええ！　本当《ほんとう》ですか～？」

川澄《かわすみ》さんの突然《とつぜん》の提案《ていあん》に、びっくりしました。もちろんお店《みせ》の壁《かべ》に描《えが》くなんて、いままで考《かんが》えたことも想像《そうぞう》したこともありません。

「だーいじょうぶ大丈夫《だいじょうぶ》。思《おも》いきり描《か》いちゃってよ。」

と、さわやかにおっしゃってくださいました。

「そう言《い》っていただけるなら。描《えが》かせていただきます！」

すぐに川澄《かわすみ》さんは、アクリル絵《え》の具《ぐ》など必要《ひつよう》な画材一式《がざいいっしき》を、ぜんぶ買《か》いそろえてくださいました。しかも、

「思《おも》いっきりのびのび描《か》いていいよ。時給《じきゅう》も上《あ》げるからさ。」

絵《え》を描《えが》いてお金《かね》をいただくのは人生《じんせい》で初《はじ》めてでした。やるからには、自分史上最高《じぶんしじょうさいこう》のものに仕上《しあ》げなければ！　お魚《さかな》の壁画《へきが》なんて生《う》まれて初《はじ》めての挑戦《ちょうせん》でしたが、ひさしぶりに体中《からだじゅう》から、フツフツとこみ上《あ》げてくるものを感《かん》じたのでした。

「うわぁああ。よーし！　がんばるぞぉ！」

その日《ひ》から、毎日《まいにち》のようにお店《みせ》の前《まえ》に立《た》ち、壁《かべ》に絵《え》を描《えが》きつづけました。ちょうど

真冬《まふゆ》の時期《じき》。北風《きたかぜ》がビュービュー吹《ふ》く日《ひ》も、雪《ゆき》がちらつくほど寒《さむ》い日《ひ》もありました。けれど、絵《え》を描《えが》いているとそんなことまるで気《き》になりませんでした。アカマンボウにマダイ、オキゴンベにエビスダイ、アンコウにウマヅラハギ。脚立《きゃたつ》にしがみつきながら、壁一面《かべいちめん》、無我夢中《むがむちゅう》でたくさんのお魚《さかな》の絵《え》を描《えが》かせていただいたのでした。

「やった——！　できたあ〜！」

描《えが》きはじめてから約《やく》3か月後《げつご》。ようやく最後《さいご》の色《いろ》を塗《ぬ》り終《お》え、完成《かんせい》したばかりの壁画《へきが》を見上《みあ》げました。そこには大好《だいす》きなお魚《さかな》たちが、のびのびと泳《およ》いでいました。心地《ここち》よい疲労感《ひろうかん》と達成感《たっせいかん》が体《からだ》を包《つつ》みこんでいきます。

マダイちゃん

貴重《きちょう》な機会《きかい》をあたえてくださった川澄《かわすみ》さんも、満面《まんめん》の笑《え》みでよろこんでくださいました。

よろこぶ姿《すがた》がうれしくて

お店《みせ》の壁画《へきが》は、またたくまに地元《じもと》で話題《わだい》になっていきました。道《みち》ゆく人々《ひとびと》が、みんな指《ゆび》をさしながらニコニコ笑顔《えがお》で見《み》てくださいます。壁画《へきが》を目《め》にした人《ひと》たちの反応《はんのう》が気《き》になって、店《みせ》のそばでこっそり見《み》ていたときです。

「あのおめめのおっきいお魚《さかな》さんかわいいねー。」

小《ちい》さい女《おんな》のコがお母《かあ》さんと手《て》をつなぎながら話《はな》しているのが聞《き》こえてきました。

（自分《じぶん》の描《えが》いた絵《え》でよろこんでもらえるなんて、うれしいなあ。）

思《おも》わず胸《むね》がぐっと熱《あつ》くなりました。この感情《かんじょう》、懐《なつか》し

お魚壁画《さかなへきが》

い！　小学《しょうがく》6年生《ねんせい》のころ廊下《ろうか》に貼《は》り出《だ》してもらっていた『ミーボー新聞《しんぶん》』のことを思《おも》い出《だ》したのです。自分《じぶん》で描《えが》いたお魚《さかな》の絵《え》を、たくさんの人《ひと》に見《み》てもらう喜《よろこ》び。あのときに感《かん》じた気持《きも》ちとおなじだ！

　ずっと、自分《じぶん》がこれからどうやって生《い》きていきたいのか、考《かんが》えていました。まだはっきりとは見《み》えていないけれど、その答《こた》えのひとつが、このとき少《すこ》し見《み》えた気《き》がしたのでした。

（自分《じぶん》にはやっぱり〝絵《え》〟なんだ！　これからも大好《だいす》きなお魚《さかな》を絵《え》に描《えが》いて、それをたくさんの人《ひと》に見《み》てもらいたい。）

　あらためてそう実感《じっかん》したのでした。

ひとすじの光《ひかり》

　壁画《へきが》が完成《かんせい》してから数《すう》か月後《げつご》。川澄《かわすみ》さんのお魚壁画《さかなへきが》のうわさはどんどん広《ひろ》まり、いろいろなところから「うちにも描《えが》いて。」「うちのお店《みせ》にもお願《ねが》いします。」と、どんどんお声《こえ》をかけていただくようになりました。

「え‼　本当《ほんとう》⁉」と、とまどいを感《かん》じつつも、自分《じぶん》の絵《え》を気《き》に入《い》ってくださった、そのことがただうれしくて、よろこんで引《ひ》き受《う》けることにしたのでした。

いただいたご依頼《いらい》は、ひとつひとつじっくり心《こころ》をこめて、お魚《さかな》の命《いのち》を絵《え》にこめるような気持《きも》ちで描《えが》いていきました。するとまたさらに評判《ひょうばん》になり、いつしかお魚《さかな》の壁画《へきが》アートが、自分《じぶん》の主《おも》な収入源《しゅうにゅうげん》となっていきました。

お魚《さかな》の絵《え》だけに、依頼《いらい》をくださるところは魚市場《うおいちば》やお魚屋《さかなや》さん、料理屋《りょうりや》さんなど、お魚《さかな》にまつわる場所《ばしょ》がほとんど。すると、そこに出入《でい》りする漁師《りょうし》さんとも知《し》り合《あ》うことができ、すばらしいお魚仲間《さかななかま》がどんどん増《ふ》えていきました。

そんなある日《ひ》、テレビ局《きょく》の方《かた》から電話《でんわ》がかかってきました。

「壁《かべ》に魚《さかな》の絵《え》を描《えが》いているというあなたのうわさを聞《き》きました。とてもおもしろい生活《せいかつ》なのでぜひ密着《みっちゃく》させていただき、ドキュメンタリー番組《ばんぐみ》に取《と》り上《あ》げさせてください。」

専門学校《せんもんがっこう》を卒業《そつぎょう》してから数年《すうねん》。自分《じぶん》にピッタリの生《い》き方《かた》が見《み》つからず、フラフラと試行錯誤《しこうさくご》しながら回遊《かいゆう》していた自分《じぶん》の目《め》の前《まえ》に、とつぜん光《ひかり》が射《さ》した瞬間《しゅんかん》でした。

“さかなクン”誕生《たんじょう》！

密着《みっちゃく》していただいた番組《ばんぐみ》は、30分間《ぷんかん》のドキュメンタリーとして放送《ほうそう》されました。壁《へき》画《が》の作業《さぎょう》はもちろんのこと、水族館《すいぞくかん》や漁師《りょうし》さん、そして魚市場《うおいちば》の方々《かたがた》との親《した》しい様子《ようす》も紹介《しょうかい》されました。とにかくお魚《さかな》が大好《だいす》きで、家《いえ》でもお魚《さかな》にかこまれた生活《せいかつ》をしていること。TV《テレビ》チャンピオンで優勝《ゆうしょう》したこと。そのころの自分《じぶん》の生活《せいかつ》ほとんどが、その番組《ばんぐみ》にはつまっていました。

すると、思《おも》わぬことが起《お》こりました。オンエアを見《み》て、自分《じぶん》に興味《きょうみ》を持《も》ってくださった会社《かいしゃ》が、これからの仕事《しごと》を全面的《ぜんめんてき》に応援《おうえん》してくださることになったのです！　中学《ちゅうがく》のころから呼《よ》ばれていた“さかなクン”という名前《なまえ》で、お魚《さかな》にまつわるお仕事《しごと》をしていけることに感激《かんげき》しました。

「さかなクン」として初《はじ》めてとなるお仕事《しごと》は、江《え》の島水族館《しますいぞくかん》（現《げん》・新江《しんえ》ノ島水族館《しますいぞくかん》）での作品展《さくひんてん》に決《き》まりました。仲《なか》のよい水族館《すいぞくかん》の広報《こうほう》の方《かた》が、

「夏休《なつやす》みにさかなクンの絵《え》で作品展《さくひんてん》をしようよ！」

と提案《ていあん》してくださったのです。

原画《げんが》をそのまま貼《は》ってもらおうと考《かんが》えていたのですが、会社《かいしゃ》のスタッフの方《かた》は、原画《げんが》を汚《よご》さずに、印刷《いんさつ》して大《おお》きく引《ひ》き延《の》ばし、たくさんの方《かた》に迫力満点《はくりょくまんてん》で見《み》ていただけるような展示方法《てんじほうほう》のアドバイスやサポートをしてくださいました。

おかげさまで作品展《さくひんてん》は大盛況《だいせいきょう》でした。自分《じぶん》の描《えが》いたお魚《さかな》たちが、まるで水族館《すいぞくかん》のお魚《さかな》の仲間入《なかまい》りをしたかのような、とっても楽《たの》しい立派《りっぱ》な作品展《さくひんてん》となったのでした。

（自分《じぶん》の絵《え》でこんな楽《たの》しい展示《てんじ》にしてくださるなんて、幸《しあわ》せだなぁ。）

作品展《さくひんてん》の会場《かいじょう》を眺《なが》めながら、こみ上《あ》げてくる感動《かんどう》でいっぱいでした。自分《じぶん》の絵《え》を評《ひょう》価《か》してくれて、こんな生《い》き方《かた》を理解《りかい》してくれる。なんてありがたいんだろう。

これを機《き》に、すばらしい方々《かたがた》との出会《であ》いが、その後《ご》のお魚《さかな》ライフを、さらにさらに大《おお》きく変《か》えていくことになるのです。

作品展《さくひんてん》の様子《ようす》

イラストレーターとしての初仕事《はつしごと》

イラストレーター「さかなクン」としての初仕事《はつしごと》は大好《だいす》きな絵《え》を生《い》かして、雑誌《ざっし》にブイヤベースの素材《そざい》となるお魚《さかな》の絵《え》を描《えが》くというものでした。ブイヤベースといえば、初《はじ》めてTV《テレビ》チャンピオンに出場《しゅつじょう》したとき、難《むずか》しすぎてつまずいた、あの決勝問題《けっしょうもんだい》です。

「あの思《おも》い出《で》のブイヤベースかあ。なんだか縁《えん》があるなぁ。」

そんなことを思《おも》いながら、お魚《さかな》の絵《え》を描《えが》いていきました。

雑誌《ざっし》や本《ほん》にのせる挿絵《さしえ》やイラストなど、お魚《さかな》の絵《え》を描《えが》くお仕事《しごと》は順調《じゅんちょう》に増《ふ》えていきました。どんなに小《ちい》さな絵《え》のお仕事《しごと》も、お魚《さかな》の絵《え》を描《えが》かせていただくことがうれしくて、お魚専門《さかなせんもん》イラストレーターというお仕事《しごと》に、どんどんと夢中《むちゅう》になっていきました。

ギョギョ！　テレビのお仕事《しごと》

お魚専門《さかなせんもん》イラストレーターとしてようやく軌道《きどう》に乗《の》りはじめたころ、なんと！　テレビのお仕事《しごと》をさせていただくことになりました！　静岡県《しずおかけん》のテレビで地元《じもと》のお魚《さかな》の紹介《しょうかい》をする役目《やくめ》でした。

（テレビ!!　人前《ひとまえ》で話《はな》すの苦手《にがて》なのに大丈夫《だいじょうぶ》かなぁ。TV《テレビ》チャンピオンはクイズに答《こた》えるのがメインだったけど、自分《じぶん》の言葉《ことば》で解説《かいせつ》するとなるとうまく話《はな》せるかなぁ。ドッキドキだぁ!!）

不安《ふあん》を感《かん》じつつ、収録現場《しゅうろくげんば》へと向《む》かいました。

「よ、よろしくお願《ねが》いします！　さかなクンです！」

プロデューサーさんにディレクターさん、カメラマンさん、そしてそのまわりをかこむたくさんの人《ひと》たち。多《おお》くの人《ひと》が、自分《じぶん》のことを見《み》つめています。熱《あつ》い視線《しせん》にすっかり緊張《きんちょう》してしまい、たった数分間《すうふんかん》のコーナーを撮《と》るだけなのに、何度《なんど》やってもNG《エヌジー》ばかり。

「このお魚《さかな》は〜。」

という一言《ひとこと》ですら、声《こえ》は上《うわ》ずり、目《め》は泳《およ》いでしまいます。

数十回《すうじっかい》撮《と》り直《なお》し、その日《ひ》はなんとか収録《しゅうろく》を終《お》えたものの、とても納得《なっとく》できるものではありませんでした。その後《ご》もいくつかテレビのお仕事《しごと》をさせていただきましたが、何度《なんど》やってもなかなかうまく話《はな》せるようになりませんでした。

「伝《つた》える」というお仕事《しごと》

「はぁ〜〜。やっぱり人前《ひとまえ》で話《はな》すのは難《むずか》しいやぁ。いつまでたっても、まわりの視線《しせん》を感《かん》じた瞬間《しゅんかん》、頭《あたま》が真《ま》っ白《しろ》になっちゃう……。」

自分《じぶん》のふがいなさにがっくりしていると、会社《かいしゃ》の社長《しゃちょう》からアドバイスをいただきました。

「収録現場《しゅうろくげんば》で見《み》ている人《ひと》たちだけじゃないぞ。カメラのレンズの向《む》こうには、さかなクンの話《はなし》がききたくて、何百《なんびゃく》、何千《なんぜん》、何万《なんまん》という人《ひと》が見《み》てくれてるんだよ。」

その言葉《ことば》をきいた瞬間《しゅんかん》、はっ！　そういうことなんだ‼　と衝撃《しょうげき》を受《う》けました。

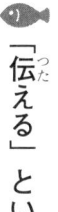

「奮起《ふんき》」という言葉《ことば》がいちばん近《ちか》いのでしょうか。たくさんのみなさまがさかなクンの話《はなし》をききたくて待《ま》っていてくれていると気《き》づいた瞬間《しゅんかん》、自分《じぶん》の中《なか》でなにか奮《ふる》い立《た》つものを感《かん》じたのです。難《むずか》しいなんて弱音《よわね》を吐《は》いてる場合《ばあい》じゃない！　やらなきゃいけないんだ！　と。

あらためて考《かんが》えました。自分自身《じぶんじしん》、お魚《さかな》と出会《であ》ったとき、まずどんなふうに感《かん》じているのか？　お魚《さかな》を見《み》て、どうしてこんなにおもしろいと思《おも》うのか？　どんなふうにかわいいと思《おも》うのか？　どこがそんなに好《す》きなのか？

自分《じぶん》がいつもお魚《さかな》からいただく感動《かんどう》の瞬間《しゅんかん》のことを、いま一度《いちど》思《おも》い起《お》こしてみたのです。すると、しだいに〝伝《つた》える〟とは、じつはとてもシンプルなことなのではないかと気《き》がついてきました。

自分自身《じぶんじしん》、お魚《さかな》をおもしろい、好《す》きだと思《おも》う気持《きも》ちに理屈《りくつ》なんてないのです。お魚《さかな》ひとつひとつの姿形《すがたかたち》、色《いろ》や模様《もよう》、大《おお》きさや生態《せいたい》、そして味《あじ》わい。どれも一匹《ぴき》ずつみなちがう。それがお魚《さかな》の持《も》つ魅力《みりょく》なのです。

いつも自分《じぶん》が、お魚《さかな》を見《み》たときに「わあ！　かわいい。色《いろ》がキレイ！」とうっとりしたり、お魚《さかな》の固有《こゆう》の動《うご》きや特徴《とくちょう》を見《み》て「ギョエ、なんだこれ！　おもしろい！」と思《おも》っているのを、そのまま素直《すなお》に出《だ》してみたら、それがいちばん伝《つた》わるんじゃないか。なにも上手《じょうず》に伝《つた》えられなくてもいい。自分《じぶん》で感《かん》じたワクワクや感動《かんどう》を、そのまま体全体《からだぜんたい》を使《つか》って表現《ひょうげん》するだけで、もしかしたらわかってもらえるんじゃないだろうか。そう思《おも》ったのでした。

ハコフグ帽子《ぼうし》の誕生《たんじょう》！

２０００年《ねん》。ＴＢＳ《ティービーエス》系列《けいれつ》で放送《ほうそう》されていた『どうぶつ奇想天外《きそうてんがい》！』という人気番組《にんきばんぐみ》から、お魚《さかな》ナビゲーターとして出演《しゅつえん》してくれないか、というお話《はなし》をいただきました。放送《ほうそう》は全国区《ぜんこくく》、大好《だいす》きな番組《ばんぐみ》ということもあり、いままで以上《いじょう》に気合《きあい》が入《はい》ります。

撮影当日《さつえいとうじつ》、自分《じぶん》に気合《きあい》を入《い》れるため、そして勇気《ゆうき》をもらうため、野球帽《やきゅうぼう》に大好《だいす》きなエビスダイちゃんのアップリケをつけて出演《しゅつえん》しました。

お魚《さかな》の感動《かんどう》を素直《すなお》にお伝《つた》えすればいい。その心構《こころがま》えでいたものの、本番《ほんばん》になるとやっぱり緊張《きんちょう》してしまいます。そして、スタッフの方《かた》からは「もうすこし元気《げんき》にお願《ねが》いします。視聴者《しちょうしゃ》の方《かた》へのインパクトをあたえるものがあるといいですね。」と言《い》われました。

「インパクトかぁ……。」

事務所《じむしょ》スタッフのみなさまとも、アイディアをだしあいました。けれどもなかなかピンとくるものがありませんでした。

「やっぱりエビスダイちゃんのアップリケだけじゃ、インパクトなかったですかね〜。」

「アップリケじゃなくて、帽子《ぼうし》をそのままお魚《さかな》にしたらどうですか？」

「お魚《さかな》の形《かたち》の帽子《ぼうし》！　わかりやすいね。」

「それはいい案《あん》だ！」

（お魚《さかな》の帽子《ぼうし》かぁ。それならハコフグがいいなぁ。）

真《ま》っ先《さき》に頭《あたま》に浮《う》かんだのは、ハコフグちゃんの姿《すがた》でした。

小学《しょうがく》3年生《ねんせい》くらいのとき。家族《かぞく》で福島県《ふくしまけん》の小名浜《おなはま》へ旅行《りょこう》にいったときのことです。小名浜《おなはま》のお魚屋《さかなや》さんに入《はい》ると、

ハコフグちゃん

大《おお》きな水槽《すいそう》が置《お》いてありました。当時《とうじ》タコに夢中《むちゅう》だったので、タコを目当《めあ》てにのぞきこんだのですが、タコはいませんでした。けれどもその水槽《すいそう》の中《なか》には見《み》たこともない、体《からだ》が四角《しかく》いにぎりこぶしくらいの大《おお》きさのお魚《さかな》が泳《およ》いでいたのです。

「うわっ。かわいい！　おもちゃみたい！」

そのお魚《さかな》は、緑色《みどりいろ》に輝《かがや》く目《め》をキョロキョロさせながら、ヒレをパタパタと一生懸命《いっしょうけんめい》動《うご》かして泳《およ》いでいました。その姿《すがた》がとてもかわいくて、目《め》がクギづけになりました。そのお魚《さかな》こそハコフグ。小《ちい》さなハコフグは、おなじ水槽《すいそう》の中《なか》を泳《およ》いでいる大《おお》きなタイやブリが通《とお》りすぎるたびに、吹《ふ》っ飛《と》ばされていました。どでかいブリがハコフグにドーンとぶつかったと思《おも》うと、次《つぎ》はマダイがボンッ。思《おも》わず心配《しんぱい》になってしまうほど吹《ふ》っ飛《と》ばされているのです。ところが、どんなによろめいてもフラフラになっても、そのハコフグは再《ふたた》びヒレをパタパタさせて体勢《たいせい》を立《た》て直《なお》し、泳《およ》ぎつづけるのでした。

「うわぁぁ。かわいいのにけなげなお魚《さかな》だなあ。あんなに大《おお》きなブリやマダイにぶつかっても一生懸命泳《いっしょうけんめいおよ》いでる。小《ちい》さいのに偉《えら》いなぁ。自分《じぶん》も、なにかにぶつかっても、ああやって元気《げんき》にしなきゃ‼」

幼心《おさなごころ》に感動《かんどう》し、勇気《ゆうき》をもらったハコフグのことを、思《おも》い出《だ》したのです。

（あんなに強《つよ》くて一生懸命《いっしょうけんめい》なハコフグが頭《あたま》にのっていれば、勇気《ゆうき》をもらえるはず！　ハコフグちゃんのようにめげずにがんばれる気《き》がする！）

　そう思《おも》ったのでした。

　さっそく、自分《じぶん》の描《えが》いたハコフグの五面図《ごめんず》をもとに、頭《あたま》のサイズに合《あ》わせて作《つく》っていただきました。そして次《つぎ》の出演時《しゅつえんじ》から、頭《あたま》のハコフグといっしょにテレビに出《で》るようになったのです。クリクリおめめにおちょぼ口《ぐち》。青《あお》×黄色《きいろ》のハコフグは、とってもインパクトがあり、大好評《だいこうひょう》♪でした。

　なによりも変《か》わったのは、自分自身《じぶんじしん》。あんなに人前《ひとまえ》で話《はな》すのが苦手《にがて》だったのに、ハコフグが頭《あたま》にいると、そのとたんスイッチが入《はい》ったかのように、不思議《ふしぎ》とお魚《さかな》の魅力《みりょく》がパーッと表現《ひょうげん》できるようになったのです。TV《テレビ》チャンピオンで、無意識《むいしき》のうちに飛《と》び跳《は》ねて叫《さけ》ん

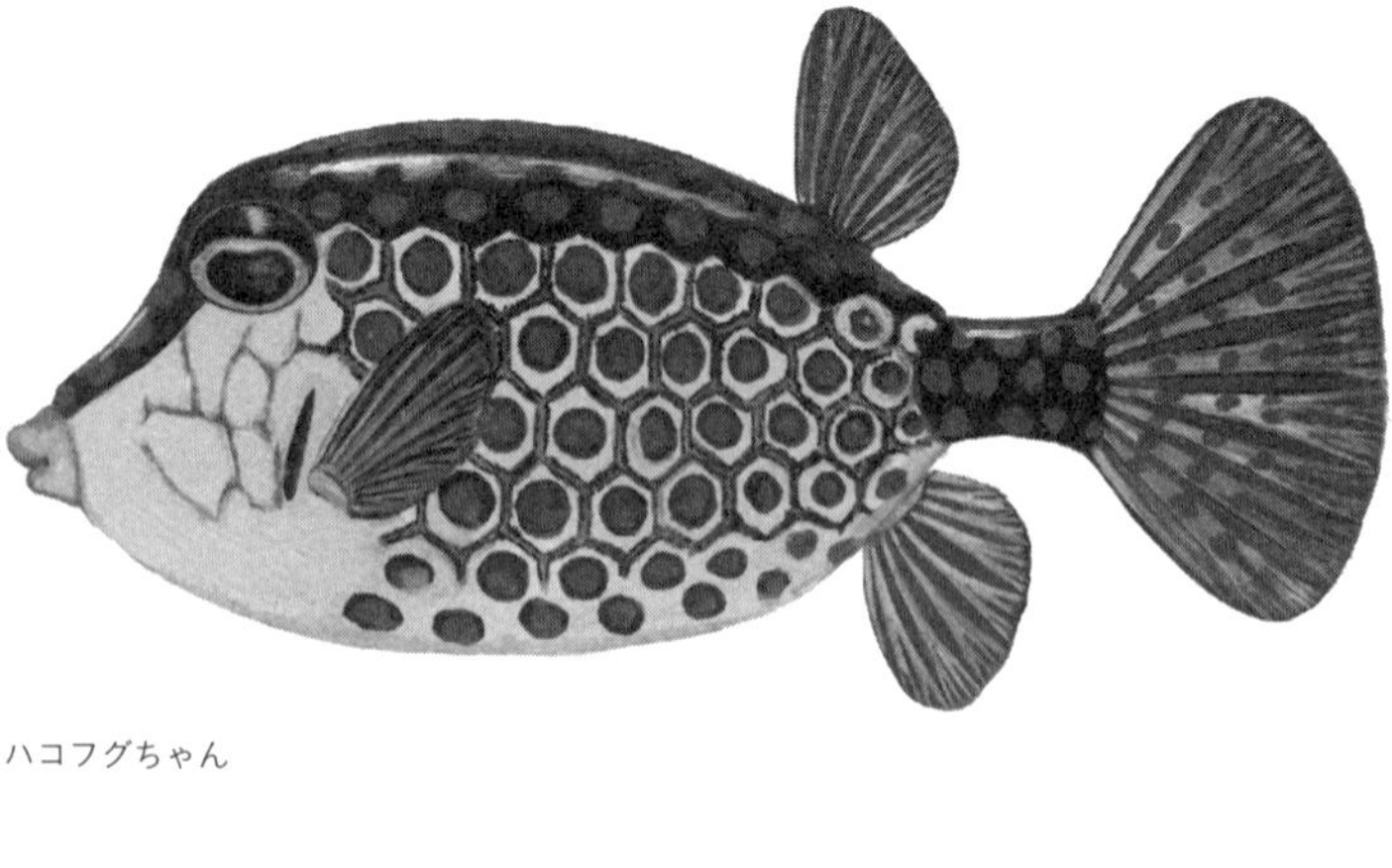

ハコフグちゃん

で喜《よろこ》びをあらわしていたときのように！

しばらくすると、「すギョい！」「ギョギョ！」と飛《と》び跳《は》ねたり両手《りょうて》を広《ひろ》げたり。いまのような表現《ひょうげん》に自然《しぜん》となっていきました。こんなにすばらしいお魚《さかな》の世界《せかい》、ひとりだけで感動《かんどう》するのはもったいない！　みんなにも知《し》ってもらいたい！　そんな心《こころ》の中《なか》の気持《きも》ちをそのまま伝《つた》えられるようになったのです。まさに、ハコフグパワー‼　その後《ご》、ありがたいことに、ラジオやイベント、講演《こうえん》など、お魚《さかな》にまつわるお仕事《しごと》の幅《はば》が、どんどん広《ひろ》がっていきました。

千石正一先生《せんごくしょういちせんせい》

『どうぶつ奇想天外《きそうてんがい》！』では、たくさんのかけがえのない出会《であ》いがありました。なかでも、お会《あ》いできてうれしかったのが、動物学者《どうぶつがくしゃ》の千石正一先生《せんごくしょういちせんせい》です。

テレビで、たくさんの生《い》き物《もの》たちの不思議《ふしぎ》な習性《しゅうせい》や魅力《みりょく》をわかりやすく紹介《しょうかい》してくださる先生《せんせい》の大《だい》ファンでした。

実際《じっさい》にお会《あ》いしてみると、ご専門《せんもん》のは虫類《ちゅうるい》や両生類《りょうせいるい》だけでなく、動物《どうぶつ》や自然《しぜん》への幅《はば》広《ひろ》い知識《ちしき》と見識《けんしき》の深《ふか》さには、毎回《まいかい》ただただ圧倒《あっとう》されるばかりでした。とても偉大《いだい》な先生《せんせい》なのに、千石先生《せんごくせんせい》は、いつもニコニコしながら、ダジャレばかりおっしゃっていました。

初《はじ》めてお会《あ》いした日《ひ》、収録後《しゅうろくご》に焼《や》き肉《にく》を食《た》べに連《つ》れていっていただきました。すると、おもむろにお肉《にく》をお箸《はし》で持《も》ち上《あ》げ、

「この肉《にく》はコラーゲンが多《おお》くて、コラーゲンキ（こらぁ元気《げんき》）になるぞ。」

とダジャレを一言《ひとこと》。いつもダジャレで周囲《しゅうい》をなごやかにしてくださるのです。自分《じぶん》もダジャレが大好《だいす》きでよく言《い》うのですが、千石先生《せんごくせんせい》にはかないません。

先生《せんせい》の還暦祝《かんれきいわ》いの講演《こうえん》のとき、猫好《ねこず》きな先生《せんせい》のために、先生《せんせい》のお顔《かお》を招《まね》き猫《ねこ》に見立《みた》てたイラストを描《えが》いてプレゼントしたことがあります。そのときの「おー、そっくりだ！」と、とってもよろこんでくださった先生《せんせい》の笑顔《えがお》が、いまでも昨日《きのう》

千石先生《せんごくせんせい》の還暦祝《かんれきいわ》いイラスト

のことのように思《おも》い出《だ》されます。

おもに、テレビのスタジオ収録《しゅうろく》でお会《あ》いすることがほとんどでしたが、千石先生《せんごくせんせい》からは、たくさんのことを学《まな》ばせていただきました。なかでも心《こころ》にしっかりときざみつけられているのは、みなさまに、自然《しぜん》や生《い》き物《もの》により興味《きょうみ》をもっていただくために、情熱《じょうねつ》をもってお伝《つた》えしていくことの大切《たいせつ》さです。千石先生《せんごくせんせい》のスピリットは、ずっと自《じ》分《ぶん》の中《なか》にも生《い》き続《つづ》けています。先生《せんせい》の遺志《いし》を受《う》け継《つ》いだひとりとして、これからも千《せん》石先生《ごくせんせい》から教《おし》えていただいたことを忘《わす》れず、お魚《さかな》の魅力《みりょく》をお伝《つた》えしていきたいと思《おも》っています。

お魚達人《さかなたつじん》はみんな自分《じぶん》の大先生《だいせんせい》!

全国各地《ぜんこくかくち》でおこなわれているお魚《さかな》に関《かん》するイベントに呼《よ》んでいただくことが多《おお》くなり、ありがたいことに各地《かくち》の海《うみ》や川《かわ》や湖《みずうみ》などに出《で》かける機会《きかい》も増《ふ》えてまいりました。ロケやイベントの合間《あいま》にすこしでも時間《じかん》があれば、直接地元《ちょくせつじもと》のお魚屋《さかなや》さんや漁師《りょうし》さんからお話《はなし》をうかがったり、漁《りょう》に飛《と》び入《い》りで同行《どうこう》させてもらったりします。自分《じぶん》のお魚好《さかなず》きが伝《つた》わり、どこへいっても、みなさんやさしく迎《むか》えてくださいます。「ほんとうにそのまんまなんだね。」と、よく言《い》われます。

その場所《ばしょ》で獲《と》れるお魚《さかな》や、その地域《ちいき》ならではの漁法《ぎょほう》や食《た》べ方《かた》、お魚《さかな》にまつわることなど、現地《げんち》の漁師《りょうし》さんやお魚屋《さかなや》さんに教《おそ》わることはたくさんあります。図鑑《ずかん》や本《ほん》にはのっていないことだらけ！　お話《はなし》をうかがうことが、そのまま生《い》きた勉強《べんきょう》になるのです。お魚《さかな》にかかわるお仕事《しごと》をされている方《かた》、みんなが大先生《だいせんせい》。

携帯電話《けいたいでんわ》のアドレス帳《ちょう》は、全国各地《ぜんこくかくち》のお魚仲間《さかななかま》の連絡先《れんらくさき》でいっぱいです。

大好《だいす》きな館山《たてやま》へ！

「さかなクン」としてお魚《さかな》のお仕事《しごと》をいただけるようになったころ、我《わ》が家《や》は千葉県《ちばけん》館山市《たてやまし》へと移《うつ》り住《す》みました。館山《たてやま》の海《うみ》は、お魚《さかな》の種類《しゅるい》も豊富《ほうふ》で、たくさんの珍《めずら》しいお魚《さかな》に出会《であ》える場所《ばしょ》。

館山《たてやま》へ引《ひ》っ越《こ》して、さっそく向《む》かった場所《ばしょ》があります。それは千葉県立安房博物館《ちばけんりつあわはくぶつかん》内《ない》にあった水族館《すいぞくかん》。引《ひ》っ越《こ》してきたのだから、地元《じもと》のお魚《さかな》さんたちにまずはごあいさつをして仲《なか》よくならなくちゃ！　時間《じかん》にすこしでも余裕《よゆう》ができるたびに水族館《すいぞくかん》へ足《あし》を運《はこ》び、お魚《さかな》たちを見《み》て回《まわ》りました。

そうしているうちに、水族館《すいぞくかん》の職員《しょくいん》さんとも顔見知《かおみし》りになっていきました。なかでも海賊風《かいぞくふう》でワイルドな、生貝《いけがい》さんが自分《じぶん》をとてもかわいがってくださるようになりました。

「君《きみ》がそんだけ魚《さかな》が好《す》きなら、よし。おれの独断《どくだん》と偏見《へんけん》で好《す》きな魚《さかな》一匹《ぴき》持《も》っていっていいぞ。」

「ギョエ～！　うれしいです！」

そう言《い》って、水族館《すいぞくかん》のお魚《さかな》をプレゼントしてくれることもありました。

ある日《ひ》、生貝《いけがい》さんとトラックで、漁師《りょうし》さんの集《あつ》めてくださったお魚《さかな》を受《う》けとりに、港《みなと》に向《む》かいました。菊地《きくち》さんという漁師《りょうし》さんは、一見怖《いっけんこわ》そうな親方《おやかた》さん。けれど、

菊地親方《きくちおやかた》と

「おれの船《ふね》、乗《の》っていいぞ。」

と、快《こころよ》く、おっしゃってくださいました。漁《りょう》は生《い》きたお魚《さかな》に出会《であ》える貴重《きちょう》な機会《きかい》。しかも菊地親方《きくちおやかた》の船《ふね》は定置網漁《ていちあみりょう》です。その海域《かいいき》のさまざまなお魚《さかな》や海洋生物《かいようせいぶつ》が獲《と》れる、ワクワクドキドキの漁《りょう》なのです。

「やったー！　菊地親方《きくちおやかた》、ありがとうギョざいます！」

さっそく翌朝《よくあさ》から、船《ふね》に乗《の》せていただくことになったのでした。

あこがれの水産大生《すいさんだいせい》！

菊地親方《きくちおやかた》の船《ふね》に乗《の》せていただくようになって1年《ねん》ほどたったある日《ひ》の朝《あさ》。いつものように、早朝《そうちょう》4時半《じはん》の真《ま》っ暗闇《くらやみ》の中《なか》、バケツを持《も》って船《ふね》に乗《の》りこみました。

「おはようございます！」

菊地親方《きくちおやかた》の船《ふね》

あいさつをすると、菊地親方《きくちおやかた》やほかの漁師《りょうし》さん以外《いがい》に、メガネをかけたお兄《にい》さんが乗《の》っています。今日《きょう》は自分以外《じぶんいがい》にもお客《きゃく》さんがいるようです！

ポイントに着《つ》くまでのあいだ、そのお兄《にい》さんとお話《はなし》をしていると、なんと同《おな》い年《どし》だということがわかりました。

「わぁぁぁ。同《おな》い年《どし》なんですね。やっぱりお魚《さかな》が好《す》きなんですか？」

「ぼく、東京水産大学《とうきょうすいさんだいがく》の学生《がくせい》なんです。研究用《けんきゅうよう》のお魚《さかな》を集《あつ》めに乗《の》せてもらってるんですよ。」

東京水産大学《とうきょうすいさんだいがく》といえば、夢《ゆめ》かなわなかった、あこがれの大学《だいがく》ではないですか！

「ギョエー!? 東京水産大学《とうきょうすいさんだいがく》？ 小《ちい》さいころから、すっギョいあこがれてるんですよ〜。」

東京水産大学《とうきょうすいさんだいがく》へ通《かよ》っている学生《がくせい》さんに会《あ》うのは、そのときが初《はじ》めてでした。すっかり舞《ま》い上《あ》がってしまい、どんな授業《じゅぎょう》があるのか、どんな研究《けんきゅう》をしているのか、質問攻《しつもんぜ》めにしてしまいました。するとその学生《がくせい》さん、西迫《にしさこ》くんは言《い》いました。

「そんなにあこがれていたんですか？ だったら研究施設《けんきゅうしせつ》にいっしょにいきますか？ すぐそこにあるので。」

と誘《さそ》ってくれたのです。

船《ふね》から降《お》りると、その足《あし》で東京水産大学《とうきょうすいさんだいがく》の研究施設《けんきゅうしせつ》へと向《む》かいました。その施設《しせつ》は、ビックリするほど近《ちか》くにありました。しかも、おとなりはよく海《うみ》に潜《もぐ》らせていただく成田《なりた》お師匠《ししょう》のシープロップ・ダイビングスクール！　こんな奇跡《きせき》‼

研究施設《けんきゅうしせつ》を案内《あんない》してもらった後《あと》、西迫《にしさこ》くんの紹介《しょうかい》で先生方《せんせいがた》にごあいさつをさせていただくことになりました。すると先生方《せんせいがた》はとつぜんきたにもかかわらず、

「あ！　TV《テレビ》チャンピオンの子《こ》だよね。見《み》てたよ！」

「さかなクンでしょ、がんばってるね。最近《さいきん》よくテレビで観《み》るよ。」

と、口々《くちぐち》に声《こえ》をかけてくださったのです。偉大《いだい》な東京水産大学《とうきょうすいさんだいがく》の先生方《せんせいがた》が、自分《じぶん》のことを知《し》ってくださっている！　うれしくって大感動《だいかんどう》で、胸《むね》がいっぱいになってしまいました。

「ありがとうギョざいます！　館山《たてやま》に引《ひ》っ越《こ》してきました！　自分《じぶん》にも、お魚《さかな》のことを教《おし》えてください！」

これをきっかけに、東京水産大学《とうきょうすいさんだいがく》の先生方《せんせいがた》との交流《こうりゅう》がはじまりました。館山《たてやま》に帰《かえ》ったときは先生方《せんせいがた》に学《まな》ばせていただくようになりました。

奇跡《きせき》の出来事《できごと》

2006年《ねん》の秋《あき》。一通《いっつう》の報《しら》せが届《とど》きました。なんと！　東京海洋大学《とうきょうかいようだいがく》（2003年《ねん》に東京水産大学《とうきょうすいさんだいがく》と東京商船大学《とうきょうしょうせんだいがく》が統合《とうごう》）からでした。

たくさん学《まな》ばせていただいている教授《きょうじゅ》、刑部先生《おさかべせんせい》が自分《じぶん》を客員助教授《きゃくいんじょきょうじゅ》（現《げん》・客員准教授《きゃくいんじゅんきょうじゅ》）に推薦《すいせん》してくださったのです。

「ヒャ――‼」

とつぜんの報《しら》せに、最初《さいしょ》、にわかに信《しん》じることができませんでした。

（自分《じぶん》が？　客員助教授《きゃくいんじょきょうじゅ》？　東京海洋大学《とうきょうかいようだいがく》の⁉）

「まさかあ。それはないでしょう。わかった‼　どっきりなんじゃない？」

「本当《ほんとう》ですよ、さかなクン！」

ほっぺを思《おも》いきりたたいてみました。イタタ。足《あし》を思《おも》いっきりつねってみても、イタイ。すこしずつ、本当《ほんとう》にすこしずつこれが現実《げんじつ》なんだということが飲《の》みこめてきました。

それでもまだ夢《ゆめ》を見《み》ているような感覚《かんかく》でした。それも無理《むり》はありません。だって東《とう》京海洋大学《きょうかいようだいがく》といえば、名前《なまえ》は変《か》わったけれど、ずっとあこがれていた、あの東京水産《とうきょうすいさん》大学《だいがく》です。世《よ》の中《なか》にたくさんある大学《だいがく》の中《なか》で、唯一《ゆいいつ》いきたいと思《おも》い、ずっとあこがれて、けれどもいきたくてもいくことのできなかった大学《だいがく》なのです。客員助教授《きゃくいんじょきょうじゅ》となれば、そこの先生《せんせい》になるということです！　そんな奇跡《きせき》、かんたんに信《しん》じることができるでしょうか。

小学生《しょうがくせい》のころ、卒業文集《そつぎょうぶんしゅう》に書《か》いた言葉《ことば》を思《おも》い出《だ》していました。

「東京水産大学《とうきょうすいさんだいがく》の先生《せんせい》になって、調《しら》べたお魚《さかな》のことをみんなに教《おし》えてあげたい。そして図鑑《ずかん》を作《つく》りたい。」

お魚《さかな》に夢中《むちゅう》になりすぎて大学《だいがく》にも入《はい》れなかった自分《じぶん》が、お魚《さかな》に夢中《むちゅう》になりすぎたおかげで、小《ちい》さいころから持《も》ちつづけていた夢《ゆめ》が目《め》の前《まえ》までやってきました。

任命式《にんめいしき》

東京海洋大学《とうきょうかいようだいがく》の客員助教授《きゃくいんじょきょうじゅ》に就任《しゅうにん》することが決《き》まり、その任命式《にんめいしき》が、専門学校《せんもんがっこう》2年《ねん》生《せい》のときに実習《じっしゅう》をさせていただいたサンシャイン国際水族館《こくさいすいぞくかん》でおこなわれることになり、式場《しきじょう》には、東京海洋大学《とうきょうかいようだいがく》の先生方《せんせいがた》がいらっしゃいました。

さらに実習当時《じっしゅうとうじ》からお世話《せわ》になった安永《やすなが》さんが、館長《かんちょう》に就任《しゅうにん》されており、声《こえ》をかけてくださいました。

「おめでとう、さかなクン。」

「安永館長《やすながかんちょう》！　今日《きょう》はまことにありがとうギョざいます！　あのときここで実習《じっしゅう》させていただいたことは、自分《じぶん》にとって宝物《たからもの》です！」

すると安永館長《やすながかんちょう》はニコニコして言《い》うのです。

「そうなの？　きみはずーっと魚《さかな》ばっかり

あこがれの先生方《せんせいがた》と♬幸《しあわ》せな記念日《きねんび》

見《み》ててぜんぜん仕事《しごと》してなかったけどね。」

まわりにいた人《ひと》たちは、みんなドッと大爆笑《だいばくしょう》！

「んもう、ここで言《い》わないでくださいよぉ安永館長《やすながかんちょう》！」

恥《は》ずかしいやら、うれしいやらで、大《おお》あわて。いままで出会《であ》った多《おお》くの先生方《せんせいがた》が、何年《なんねん》たっても仲《なか》よく接《せっ》してくださる、そのことが、まぎれもなく自分《じぶん》の宝《たから》となっています。たくさんの人《ひと》に支《ささ》えられて、自分《じぶん》は毎日大好《まいにちだいす》きなお魚《さかな》とかかわらせていただけているのだなぁ。任命式《にんめいしき》は、そのことをあらためて感《かん》じた一日《いちにち》でありました。

数日後《すうじつご》、なんと！　東京水産大学名誉教授《とうきょうすいさんだいがくめいよきょうじゅ》・奥谷喬司先生《おくたにたかしせんせい》から、お祝《いわ》いのお手紙《てがみ》をいただきました。

自分《じぶん》にとっては、まさに神様《かみさま》からのお言葉《ことば》。感激《かんげき》すると同時《どうじ》に、身《み》のひきしまる思《おも》いがしたのを、いまでも昨日《きのう》のことのように思《おも》い出《だ》します。卒業文集《そつぎょうぶんしゅう》を書《か》いたころの自分《じぶん》が知《し》ったら、どんなにビックリすることでしょう‼

教壇《きょうだん》に立《た》って

ついに客員助教授《きゃくいんじょきょうじゅ》として初《はじ》めて教壇《きょうだん》に立《た》つ日《ひ》がやってまいりました。自分《じぶん》の小《ちい》さいころからのあこがれの大学《だいがく》で授業《じゅぎょう》するというのは、テレビ撮影《さつえい》の百倍《ばい》くらい緊張《きんちょう》するものでした。なぜなら偉大《いだい》な先生方《せんせいがた》がずらりと目《め》の前《まえ》に座《すわ》っています。そして学生《がくせい》さんたちのまなざしの強《つよ》さに圧倒《あっとう》されてしまいました。

緊張《きんちょう》しすぎると話《はな》し方《かた》もぎこちなくなってしまうので、あえて、意識《いしき》を変《か》えてみると、気持《きも》ちがシャキッとひきしまり、自分《じぶん》の役割《やくわり》は教《おし》えることではなく、お魚《さかな》の感動《かんどう》を伝《つた》えること。それが自分《じぶん》の使命《しめい》なんだ！ と明確《めいかく》になりました。

壇上《だんじょう》へ上《あ》がり、一度大《いちどおお》きく深呼吸《しんこきゅう》をしました。そして、

「こんにちは！ さかなクンです！」

大《おお》きな声《こえ》であいさつをしました。すると肩《かた》の力《ちから》がフーッと解《と》け、いつものようにお話《はな》しすることができたのでした。

こうして、新《あら》たなスタートをきることができました。地元《じもと》の館山《たてやま》では、客員助教授《きゃくいんじょきょうじゅ》になったことをうけて、頻繁《ひんぱん》に通《かよ》っていた、研究施設《けんきゅうしせつ》・東京海洋大学水圏科学《とうきょうかいようだいがくすいけんかがく》フィールド教育研究《きょういくけんきゅう》センター、その名《な》も館山《たてやま》ステーションに新《あたら》しく、さかなクン研究室《けんきゅうしつ》を作《つく》っていただきました。お魚《さかな》の絵《え》を描《えが》いたり、しっかり調《しら》べることができる、まさに

夢《ゆめ》のような場所《ばしょ》なのです。

いまにつながる、たいせつなもの

さかなクンが、とっても長《なが》くつづけさせていただいているお仕事《しごと》があります。それは２００２年《ねん》からこれまで、14年《ねん》もの間《あいだ》ずっと連載《れんさい》させていただいている朝日《あさひ》小学生《しょうがくせい》新聞《しんぶん》のコラム「おしえてさかなクン」。

毎週《まいしゅう》、お魚《さかな》をはじめとして、その季節《きせつ》や時期《じき》にあったお魚《さかな》や水《みず》の生《い》き物《もの》について絵《え》と文《ぶん》で紹介《しょうかい》しています。あたかも小学生《しょうがくせい》のころに作《つく》っていた『ミーボー新聞《しんぶん》』のよう。ミーボー新聞《しんぶん》といえば、自分《じぶん》の描《えが》いた絵《え》で、人《ひと》がよろこんでくれることに生《う》まれて初《はじ》めて感動《かんどう》した新聞《しんぶん》であります。

たびたび届《とど》く読者《どくしゃ》の声《こえ》が、ミーボー新聞《しんぶん》を読《よ》んでくれていたあのころの友達《ともだち》の姿《すがた》とかさなり、あの新聞《しんぶん》がこうしていまにつながっていることに、とても不思議《ふしぎ》な縁《えん》を感《かん》じるのです。

この連載《れんさい》をまとめた本《ほん》を作《つく》っていただき、自分《じぶん》の文《ぶん》と絵《え》でお魚《さかな》や水《みず》の生《い》き物《もの》を紹介《しょうかい》するという、もうひとつの夢《ゆめ》もかなえることができました。

どんなにいそがしくてもこの連載《れんさい》だけはつづけていきたい、そう思《おも》うたいせつなお仕事《しごと》のひとつなのです。

もうひとつ、いまにつながっているものがあります。

それは管楽器《かんがっき》。中学《ちゅうがく》で吹奏楽《すいそうがく》に出会《であ》って以来《いらい》、トロンボーン、バスクラリネット、サクソフォンとずっとつづけてきた管楽器《かんがっき》が、お魚《さかな》の世界《せかい》とおなじく、いまではさかなクンの生活《せいかつ》になくてはならないものになっています。

数年前《すうねんまえ》からは、『ブラス・ジャンボリー』という年《ねん》に2回《かい》おこなわれる音楽《おんがく》の大《だい》イベントに、ゲストとして呼《よ》んでいただくようになりました。

さらに中学生《ちゅうがくせい》のころからあこがれている、東京《とうきょう》スカパラダイスオーケストラさんのみなさまとC《シー》

バスサックスを演奏《えんそう》

M《エム》やライブでギョいっしょできる、夢《ゆめ》のような機会《きかい》もいただきました。どんなことも、つづけていると、こうやって大《おお》きく広《ひろ》がり、つながっていくのは、最高《さいこう》にありがたいことでギョざいます。

奇跡《きせき》の魚《うお》

2010年《ねん》、うれしい出来事《できごと》がありました。絶滅《ぜつめつ》していたと思《おも》われていたサケ科《か》のお魚《さかな》、クニマスが再発見《さいはっけん》されたのです。

「奇跡《きせき》の魚《うお》」、このお言葉《ことば》は、天皇陛下《てんのうへいか》のお言葉《ことば》です。そのお魚《さかな》の名前《なまえ》は、クニマス(国鱒《くにます》・サケ目《もく》・サケ科《か》)。クニマスは、かつては、日本一深《にほんいちふか》い湖《みずうみ》・秋田県《あきたけん》の田沢湖《たざわこ》だけに生息《せいそく》していた固有種《こゆうしゅ》。絶滅《ぜつめつ》したと思《おも》われていたクニマスが、なんと遠《とお》く離《はな》れた山梨県《やまなしけん》の西湖《さいこ》で生息確認《せいそくかくにん》されたのです。まさに「奇跡《きせき》の魚《うお》」!

まだ田沢湖《たざわこ》にクニマスが生息《せいそく》していたころ、西湖《さいこ》に移殖《いしょく》された記録《きろく》がのこっています。親《おや》から卵《たまご》、子《こ》へと、いのちをつないでいたのですねぇ!

京都大学《きょうとだいがく》の中坊徹次先生《なかぼうてつじせんせい》をはじめ、多《おお》くの方々《かたがた》がクニマスの再発見《さいはっけん》にかかわっていますが、感動《かんどう》の出来事《できごと》にすこしでもかかわることができたのは、自分《じぶん》にとってうれしい宝物《たからもの》です。

クニマス生息確認《せいそくかくにん》につながったお魚《さかな》たち

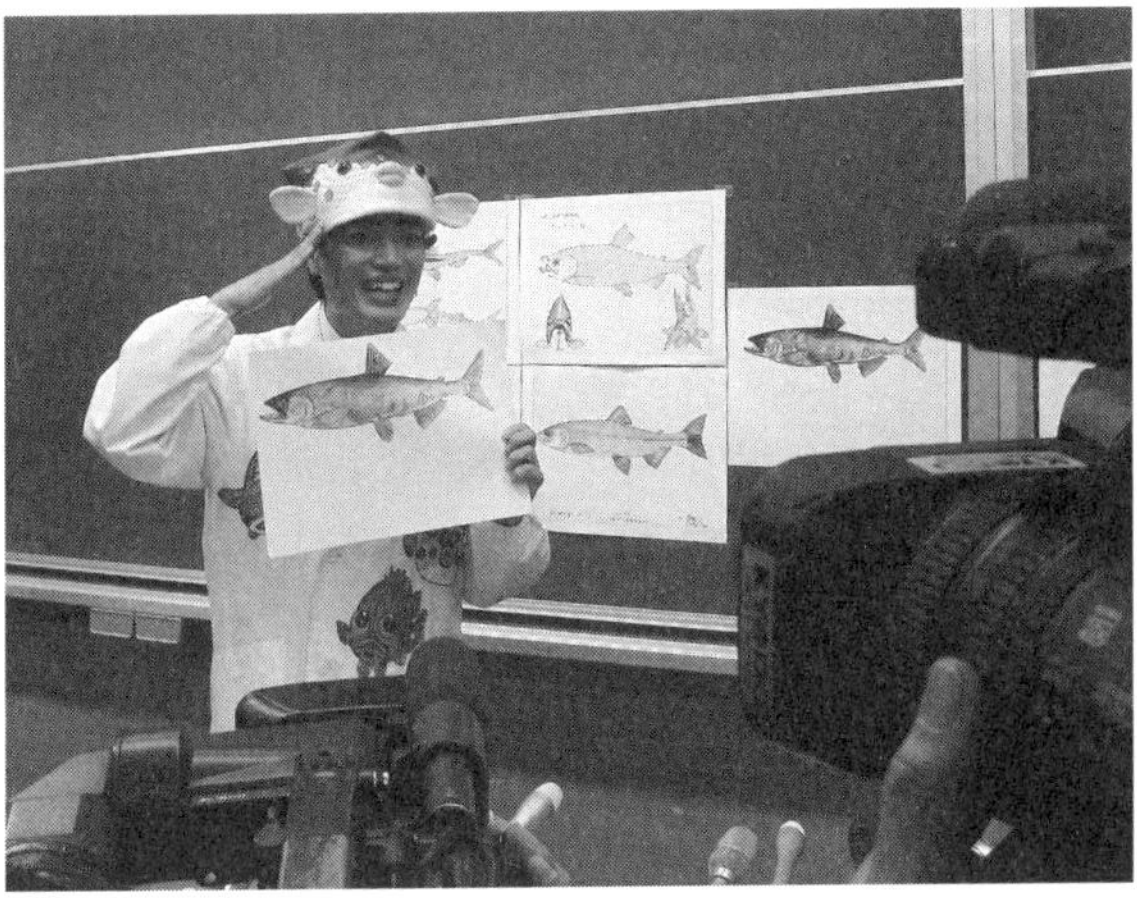

記者会見《きしゃかいけん》の様子《ようす》

東日本大震災《ひがしにほんだいしんさい》

2011年《ねん》3月《がつ》11日《にち》。

東日本《ひがしにほん》が、甚大《じんだい》な被害《ひがい》を受《う》けました。大好《だいす》きな海《うみ》によって……。いてもたってもいられず、すぐにでも向《む》かいたい気持《きも》ちでしたが、まずは、お魚仲間《さかななかま》の方々《かたがた》、お世話《せわ》になっている方々《かたがた》、知《し》り合《あ》いの方々《かたがた》に連絡《れんらく》をしました。そして、宮城県《みやぎけん》の南三陸町《みなみさんりくちょう》はじめ、多《おお》くのみなさまに会《あ》いにいきました。

なにかできることはないだろうか。自分《じぶん》なんてなんの役《やく》にも立《た》たないかもしれない。それでも、すこしでもなにかしなくてはいられない。きっとあのとき、日本中《にっぽんじゅう》の誰《だれ》もがおなじように感《かん》じていたのではないでしょうか。

東日本《ひがしにほん》には講演《こうえん》やイベントなどで長年《ながねん》お世話《せわ》になっている場所《ばしょ》がたくさんあります。漁《りょう》に連《つ》れていっていただいた数々《かずかず》の港《みなと》、仲《なか》よしの漁師《りょうし》さんたち……。たいせつな人《ひと》たちが、たくさん被災《ひさい》されました。

じっさいにうかがうと、地震《じしん》と津波《つなみ》により、変《か》わりはてた姿《すがた》を目《ま》の当《あ》たりにしました。そして、かけがえのない多《おお》くのものをうしなった方々《かたがた》がたくさんいらっしゃいました。いつも明《あか》るいキャラクターのさかなクンとしてよろこんでいただいている自分《じぶん》は、このときどんなふうにお会《あ》いすればよいのか、正直《しょうじき》わかりませんでした。

ところが、お会《あ》いするお一人《ひとり》お一人《ひとり》が自分《じぶん》の姿《すがた》をごらんになって「さかなクンだ！」「会《あ》えてうれしい！」「よくきてくれたね！」と目《め》をウルウルさせながら大喜《おおよろこ》びで迎《むか》えてくださいました。

思《おも》いやお魚《さかな》の感動《かんどう》を、直接《ちょくせつ》お会《あ》いしてお伝《つた》えすることが、自分《じぶん》にできるいちばんのことだと思《おも》いました。

もぐらんぴぁ

岩手県久慈市《いわてけんくじし》には、2005年《ねん》から毎年夏《まいとしなつ》にトークショーを開催《かいさい》していただいている久慈地下水族科学館《くじちかすいぞくかがくかん》『もぐらんぴあ』があります。もぐらんぴあでは、三陸《さんりく》の海《うみ》をはじめ、各地《かくち》のさまざまなお魚《さかな》や生《い》き物《もの》に出会《であ》えます。

しかし、震災《しんさい》で甚大《じんだい》な被害《ひがい》を受《う》け、200種《しゅ》2000匹《びき》ほどいた生《い》き物《もの》たちはほとんどが助《たす》かりませんでした。水族館自体《すいぞくかんじたい》も、もう建《た》て直《なお》すことは不可能《ふかのう》だと思《おも》わざるをえないほどの被害《ひがい》にあっていました。

でも、もぐらんぴあと久慈市《くじし》のみなさまはあきらめていませんでした。なんと、久《く》慈駅前《じえきまえ》のもともと家具屋《かぐや》さんだった建物《たてもの》を改装《かいそう》して、営業《えいぎょう》を再開《さいかい》することを決定《けってい》したのです。

震災《しんさい》からわずか2か月後《げつご》のことでした。

あんなに大変《たいへん》な思《おも》いをされたのに、久慈市《くじし》のみなさまはけっして立《た》ち止《ど》まってなんかいない。必死《ひっし》に立《た》て直《なお》そうと、前《まえ》を向《む》こうと、がんばっている。自分《じぶん》も協力《きょうりょく》できることを考《かんが》えました。

まず、自宅《じたく》の水槽《すいそう》で飼育《しいく》していたサザナミフグなどのお魚《さかな》を、水族館《すいぞくかん》に寄贈《きぞう》させていただくことにしました。

そして、水族館《すいぞくかん》の壁《かべ》に復興《ふっこう》の願《ねが》いと心《こころ》をこめて、久慈《くじ》の海《うみ》のお魚《さかな》たちの絵《え》を描《えが》かせていただきました。

もぐらんぴあは震災《しんさい》から約半年後《やくはんとしご》『もぐらんぴあ　まちなか水族館《すいぞくかん》』として営業《えいぎょう》を再開《さいかい》しました。たくさんの方《かた》の思《おも》いと協力《きょうりょく》によって、あったかい心《こころ》であふれる、とてもステキな水族館《すいぞくかん》になりました。
まちなか水族館《すいぞくかん》がオープンしてからも、何度《なんど》となく足《あし》を運《はこ》びました。ときには誰《だれ》にも言《い》わずにサプライズでトラックの荷台《にだい》に水槽《すいそう》とお魚《さかな》を運《はこ》んだこともありました。
一《いち》からみんなで力《ちから》を合《あ》わせて作《つく》り上《あ》げたまちなか水族館《すいぞくかん》が、自分《じぶん》はとても大好《だいす》きでした。

時《とき》が過《す》ぎて、津波《つなみ》でめちゃくちゃになった海《うみ》の中《なか》も、元気《げんき》なお魚《さかな》さんたちがもどってきました。もぐらんぴあも、震災前《しんさいまえ》とおなじ場所《ばしょ》で再《さい》オープンしました。

まちなか水族館《すいぞくかん》は、思《おも》い入《い》れが強《つよ》かったぶん、閉館《へいかん》はとてもさびしかったですが、元《もと》の場所《ばしょ》に再建《さいけん》したもぐらんぴあには、まちなか水族館《すいぞくかん》にこめられたみんなの思《おも》いがつまっています。

お子様《こさま》のお洋服《ようふく》の背中《せなか》にも描《えが》きました。

長年《ながねん》通わせていただいている久慈市《くじし》は、自分《じぶん》にとって心《こころ》のふるさと。これからも、自分《じぶん》ができることをさせていただきたいと思《おも》います。

日本《にっぽん》のために、お魚《さかな》のために

２０１５年《ねん》。クニマスの生息確認《せいそくかくにん》に貢献《こうけん》したことや、内閣総理大臣賞受賞《ないかくそうりだいじんしょうじゅしょう》などがきっかけとなり、なんと！　東京海洋大学《とうきょうかいようだいがく》から名誉博士号《めいよはくしごう》が授与《じゅよ》されました。前学長岡本信明先生《ぜんがくちょうおかもとのぶあきせんせい》が任命《にんめい》してくださったのです。大変《たいへん》ありがたい気持《きも》ちでいっぱいです。名前負《なまえま》けしないように、がんばります‼

いまは、特別授業《とくべつじゅぎょう》や出張《しゅっちょう》の講演《こうえん》で学生《がくせい》さんにお話《はなし》をさせていただいています。そして館山《たてやま》に帰《かえ》ると、漁業《ぎょぎょう》やダイビングなどで出会《であ》ったお魚《さかな》を調《しら》べ、記録《きろく》として絵《え》を描《えが》いたりもしています。

また、日本《にっぽん》を飛《と》び出《だ》し、世界中《せかいじゅう》の海《うみ》や水族館《すいぞくかん》でお魚《さかな》に出会《であ》う機会《きかい》をあたえていただくことも多《おお》くなってきました。

ラジオやテレビ、全国各地《ぜんこくかくち》の講演《こうえん》などで、たくさんの人《ひと》にお魚《さかな》の魅力《みりょく》を伝《つた》える仕事《しごと》をしています。大好《だいす》きなことを仕事《しごと》にさせていただけることは、とても幸《しあわ》せなことです。

お魚《さかな》を調《しら》べて、お魚《さかな》を描《えが》いて、お魚《さかな》の感動《かんどう》や魅力《みりょく》を伝《つた》える。自分《じぶん》が小《ちい》さいころから夢《ゆめ》に描《えが》いてきた未来《みらい》が、いまここにあります。

一魚一会《いちギョいちえ》

小《ちい》さいころから、お魚《さかな》さんたちとの奇跡《きせき》のような不思議《ふしぎ》な出会《であ》いがたくさんありました。

初恋《はつこい》のお魚《さかな》・ウマヅラハギとの出会《であ》いもそうでした。クニマスとの貴重《きちょう》な出会《であ》いもそうです。

いつも「このお魚《さかな》に会《あ》ってみたい。」「このお魚《さかな》の絵《え》を描《えが》きたい。」などと思《おも》うと、偶然《ぐうぜん》なのか必然《ひつぜん》なのか、出会《であ》うことができるのです。目《め》の前《まえ》をスイスイと泳《およ》いできたり、漁師《りょうし》さんが放《ほう》ったお魚《さかな》がぐうぜんそのお魚《さかな》だったり。まるで導《みちび》かれるようにして出会《であ》うことが多《おお》いのです。

テレビ番組《ばんぐみ》の撮影《さつえい》で、流氷《りゅうひょう》の天使《てんし》といわれるクリオネに会《あ》うために、北海道知床《ほっかいどうしれとこ》の海《うみ》に潜《もぐ》ったことがありました。

クリオネが食《た》べるのは、ミジンウキマイマイというタニシに羽《はね》をつけたような姿《すがた》をしたプランクトン。クリオネがこのミジンウキマイマイを一匹《いっぴき》食《た》べると一生分《いっしょうぶん》のエネルギーを得《え》ることができるほど栄養《えいよう》があるといわれますが、希少《きしょう》すぎてめったに出会《であ》うことができません。ミジンウキマイマイに出会《であ》うことは、クリオネに出会《であ》うよりも100倍《ばい》くらい難《むずか》しいことなのだそうです。

とりあえず、ミジンウキマイマイの出現《しゅつげん》の記録《きろく》がある場所《ばしょ》で1週間《しゅうかん》待《ま》ってみること

クリオネちゃん

になりました。

くる日《ひ》もくる日《ひ》もチェーンソーで流氷《りゅうひょう》に穴《あな》を開《あ》け、マイナス1・7度《ど》の海《うみ》に潜《もぐ》りました。寒《さむ》くて寒《さむ》くて足《あし》が動《うご》かないほどのなかで、必死《ひっし》に耐《た》えて待《ま》ちつづけたのです。

しかし、最終日《さいしゅうび》になっても出会《であ》うことはできませんでした。

「もうこれはダメですね。会《あ》えなかったですね。」

スタッフみんな、もちろん自分《じぶん》も、今回《こんかい》はダメだったとあきらめました。

「じゃあ最後《さいご》にあと1本潜《ぽんもぐ》って終了《しゅうりょう》しましょう。」

そう決《き》めて、最後《さいご》の1本《ぽん》を潜《もぐ》ったときのことでした。エアーもなくなってきたのでそろそろ上《あ》がろうとしたちょうどそのとき、目《め》の前《まえ》にふらふら〜とミジンウキマイマイが漂《ただよ》ってきたのでした。こういう奇跡《きせき》のような出会《であ》いが多《おお》いことに、感謝《かんしゃ》の気持《きも》ちでいっぱいです。

言葉《ことば》に出《だ》すと夢《ゆめ》はかなう

小学生《しょうがくせい》のとき、卒業文集《そつぎょうぶんしゅう》に東京水産大学《とうきょうすいさんだいがく》の先生《せんせい》になってお魚《さかな》の図鑑《ずかん》を作《つく》りたいと書《か》きました。大学《だいがく》に進学《しんがく》して先生《せんせい》になるという正規《せいき》のルートとはまるでちがう道《みち》ではありましたが、本当《ほんとう》に先生《せんせい》になることができました。そして自分《じぶん》の絵《え》でお魚《さかな》の魅力《みりょく》を紹介《しょうかい》する本《ほん》も作《つく》っていただきました。

半《なか》ばあきらめかけていた夢《ゆめ》を、かなえることができたのです。それは強運《きょううん》もあったかもしれません。けれどもいちばんの理由《りゆう》は、好《す》きなことをずっとつづけてこられたから、だと思《おも》うのです。

母《はは》は、お魚《さかな》に夢中《むちゅう》な自分《じぶん》をいつもサポートしてくれました。じっくり観察《かんさつ》して絵《え》を描《えが》くために、お魚《さかな》は一匹《いっぴき》まるごと買《か》ってくれ、休日《きゅうじつ》はお魚《さかな》がいる水族館《すいぞくかん》や海《うみ》に連《つ》れていってくれました。

人《ひと》への思《おも》いやりやマナーに関《かん》しては熱心《ねっしん》な母《はは》でしたが、学校《がっこう》の勉強《べんきょう》に関《かん》してはきびしく言《い》いませんでした。

むしろ、どんどんお魚《さかな》に夢中《むちゅう》になっていく自分《じぶん》をよろこんで応援《おうえん》してくれるのです。将来《しょうらい》の進《すす》む道《みち》を見《み》つけられずにいたときも、なにも言《い》わずあたたかく見守《みまも》っていてくれました。

父《ちち》は厳格《げんかく》でしたが、それでもお魚《さかな》ばかりに夢中《むちゅう》になることを止《と》めることはありませんでした。

そして兄《あに》も、毎日《まいにち》がタコ料理《りょうり》やお魚《さかな》ばかりでも、文句《もんく》ひとつ言《い》わずいつもニコニコとおいしそうに食《た》べてくれるのです。家族《かぞく》みんなが、お魚《さかな》の道《みち》に突《つ》き進《すす》んでいく自分《じぶん》をいまでも応援《おうえん》してくれています。

好《す》きなこと、夢中《むちゅう》になれるなにかがあると、毎日《まいにち》がワクワクでいっぱいになります。「もっと知《し》りたい。」と探究心《たんきゅうしん》がでてきます。そして調《しら》べれば調《しら》べるほど、「へえ、そうだったんだ！」「おもしろい！」と、感動《かんどう》や夢《ゆめ》が広《ひろ》がり、自分《じぶん》の世界《せかい》もまた、自然《しぜん》と広《ひろ》がっていくのです。

いままでを振《ふ》り返《かえ》ってみると、きっかけは友達《ともだち》の描《えが》いたタコの落書《らくが》きでした。それから図鑑《ずかん》、お魚屋《さかなや》さん、水族館《すいぞくかん》、海《うみ》へと、どんどん世界《せかい》が広《ひろ》がっていったのです。夢中《むちゅう》になれるものがあると、それは心《こころ》の支《ささ》えにもなります。落《お》ちこんだときにとても大《おお》きな力《ちから》をくれます。

もし夢中《むちゅう》になっているもの、大好《だいす》きなことがあったら、ぜひつづけてみてください。好《す》きなことを追《お》いつづけるのはすばらしいです。ひょっとしたら将来《しょうらい》の道《みち》にはつながらないかもしれません。

途中《とちゅう》でスーッと気持《きも》ちが冷《さ》めてしまうこともあるかもしれないし、まったく別《べつ》の道《みち》を歩《あゆ》むことになるかもしれません。それでもいいと思《おも》います。夢中《むちゅう》になってひとつのことに打《う》ちこんだという経験《けいけん》は、けっしてムダにはなりません。人生《じんせい》のどこかできっと役《やく》に立《た》ちます。

もしお子《こ》さんがいらっしゃったら、いまお子《こ》さんが夢中《むちゅう》になっているものが、すぐ思《おも》い浮《う》かぶはずです。それは虫《むし》かもしれないし、ゲームやお菓子《かし》かもしれません。つい「もうやめなさい！」なんて言《い》ってしまいたくなるかもしれません。けれど、ちょっとでもお子《こ》さんが夢中《むちゅう》になっている姿《すがた》を見《み》たら、どうか「やめなさい」とすぐ否定《ひてい》せず、「そんなに面白《おもしろ》いの？ 教《おし》えて。」と、きいてみてあげてください。きっとお子《こ》さんはよろこんで話《はなし》をしてくれるはずです。その小《ちい》さな芽《め》が、もしかしたら将来《しょうらい》とんでもなく大《おお》きな木《き》に育《そだ》つかもしれません。

夢《ゆめ》は、言葉《ことば》に出《だ》すとかなう気《き》がします。心《こころ》の中《なか》で思《おも》っているだけじゃなく、言葉《ことば》にしたり絵《え》に描《えが》いたり、表現《ひょうげん》することがとても大事《だいじ》な気《き》がするのです。その思《おも》いが、夢《ゆめ》を現実《げんじつ》へと近《ちか》づけてくれるのだと思《おも》います。

自分《じぶん》は、いまでも小学生《しょうがくせい》のころとおなじようにワクワクしています。お魚《さかな》に会《あ》うと、心《こころ》が浮《う》き立《た》つような気持《きも》ちになり、毎回《まいかい》大漁の感動《かんどう》をもらっています。

お魚《さかな》の元気《げんき》いっぱいのキラキラ輝《かがや》くおめめを見《み》ると、それだけで幸《しあわ》せな気持《きも》ちになります。放課後《ほうかご》、自転車《じてんしゃ》でお魚屋《さかなや》さんめぐりをしていたあのころと、心《こころ》の中《なか》はおなじです。

「さかなクンは、魚《さかな》のことをなんでも知《し》っていますね。」

と言《い》われることがあります。でも、まだまだ知《し》らないことばかり。日々《ひび》お魚《さかな》に関《かか》わる先生《せんせい》やプロの方々《かたがた》から教《おそ》わることも多《おお》く、勉強勉強《べんきょうべんきょう》の毎日《まいにち》です。

世界中《せかいじゅう》には、たくさんのお魚《さかな》がいます。図鑑《ずかん》でしか見《み》たことのないお魚《さかな》も数《かぞ》えきれないほどいるのです。

自分《じぶん》にとってのゴールがいったいどこなのか、それは自分自身《じぶんじしん》でもよくわかりません。決《き》めるところにすら、まだ達《たっ》していないと思《おも》っています。

ただこれだけは強《つよ》く思《おも》います。これからも、もっともっとお魚《さかな》を描《えが》いていきたい、たくさんのお魚《さかな》と出《で》会《あ》いたい。これから先《さき》もずっと、さかなクンとして生涯現役《しょうがいげんえき》でいたい！

そしてかなうことなら、ギョギョッと感動《かんどう》するお魚《さかな》に出《で》会《あ》いたい。

いま日本《にっぽん》で、いちばん出会《であ》いたいのは、「生《い》きた化石《かせき》」ともいわれるシーラカンス！　アフリカ南東部《なんとうぶ》やインドネシアに分布《ぶんぷ》するシーラカンス類《るい》ですが、太古《たいこ》には淡《たん》水域《すいいき》にも海水域《かいすいいき》にも広《ひろ》く分布《ぶんぷ》していたといわれています。ひょっとしたら、日本《にっぽん》のどこかにいても、おかしくないのです。日本《にっぽん》のどこかの海《うみ》でダイビングしているときに、

「ひゃあ！　シーラカンスだぁ！」

と、偶然発見《ぐうぜんはっけん》できたらなぁなんて、ひそかに思《おも》っているのですが、お魚《さかな》の神様《かみさま》は、さてさて導《みちび》いてくれるでしょうか……？

みなさま、いつかさかなクンから日本《にっぽん》のシーラカンス発見《はっけん》のギョ報告《ほうこく》ができる日《ひ》のことを、ぜひとも楽《たの》しみに待《ま》っていてくださいね！

おわり

シーラカンスちゃん

あとがき

おかげさまで、さかなクンとして、さまざまな場所《ばしょ》で活動《かつどう》させていただくようになって、十数年《じゅうすうねん》になります。貴重《きちょう》なギョ機会《きかい》をいただいたり、みなさまが応援《おうえん》してくださるからこそです。感謝《かんしゃ》の気持《きも》ちでいっぱいです。

講演《こうえん》などで全国各地《ぜんこくかくち》を飛《と》び回《まわ》っていると、小《ち》いさなお子《こ》さまからおじいちゃまおばあちゃままで、多《おお》くの方々《かたがた》から「さかなクーン！」と笑顔《えがお》で声《こえ》をかけていただきます。まさに至福《しふく》の喜《よろこ》び‼　そのうれしい気持《きも》ちで絵《え》を描《えが》くと、その絵《え》には不思議《ふしぎ》な力《ちから》が宿《やど》る気《き》がします。そうやって描《えが》いた絵《え》が増《ふ》えて作品集《さくひんしゅう》や作品展《さくひんてん》、そして本《ほん》などの形《かたち》として実《みの》っていくのです。

絵《え》には、言葉《ことば》がちがう世界中《せかいじゅう》の人《ひと》にも伝《つた》える力《ちから》があります。そして時《とき》として、絵《え》を見《み》た人《ひと》の人生《じんせい》を大《おお》きく変《か》えてしまう力《ちから》もあります。自分《じぶん》も、同級生《どうきゅうせい》の描《えが》いたタコの絵《え》で人生《じんせい》がガラリと変《か》わりました。

「おもしろい！　本物《ほんもの》を見《み》てみたい、食《た》べてみたい！」と思《おも》っていただけるようなお魚《さかな》の絵《え》を、いつも描《えが》いていたい！　これが自分《じぶん》の思《おも》いです。絵《え》を通《とお》して、もっともっとお魚《さかな》の世界《せかい》に興味《きょうみ》を持《も》っていただけたら、こんなうれしいことはありません。

　さかなクンは、これからも泳《およ》ぎつづけますよ〜！　シワシワの「さかなじいさん」になったとしても、元気《げんき》の続《つづ》くかぎり生涯現役《しょうがいげんえき》の「さかなクン」として、お魚《さかな》のおもしろさやすばらしさ、たくさんの魅力《みりょく》を、みんなで共有《きょうゆう》できたら、こんなにうれしいことはギョざいません。これからもお魚《さかな》パワーでギョ一緒《いっしょ》にレッツ・ギョー‼

ありがとうギョざいます魚!!
これからも
お魚の感動
ギョ一緒に♫
さかなクン
2016
平成28年 夏

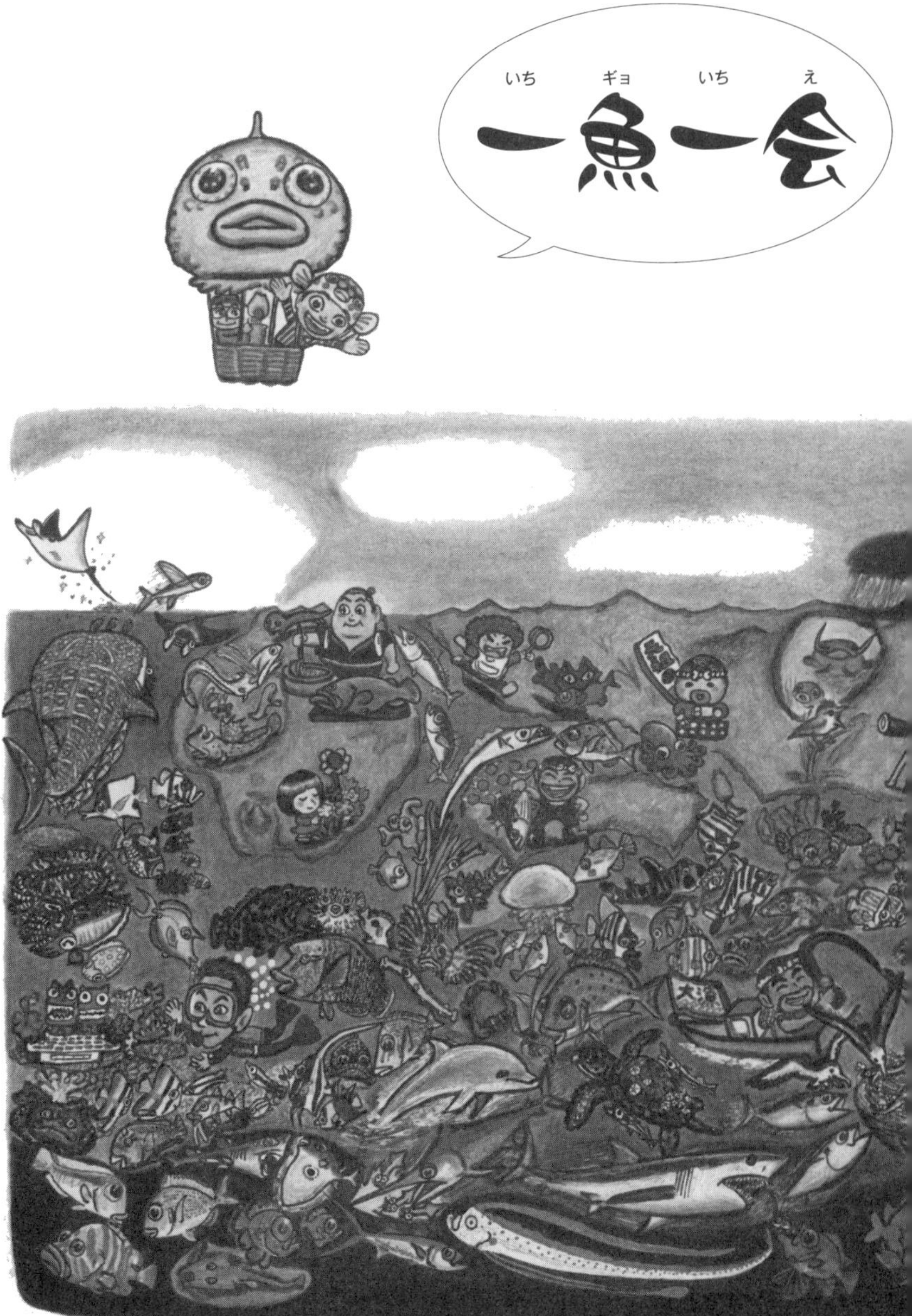
一《いち》魚《ギョ》一《いち》会《え》

広《ひろ》い空《そら》 広《ひろ》い海《うみ》

さかなの世界《せかい》にもいじめがある。

小《ちい》さな学校《がっこう》のなかにも。
せまい社会《しゃかい》のなかにも。

中学一年生《ちゅうがくいちねんせい》のとき、吹奏楽部《すいそうがくぶ》で一緒《いっしょ》だった友人《ゆうじん》に、
だれも口《くち》をきかなくなったときがありました。

いばっていた先輩《せんぱい》が、三年生《さんねんせい》になったとたん、
急《きゅう》に無視《むし》されたこともありました。

メジナちゃん

突然《とつぜん》のことで、ぼくにはわけがわかりませんでした。
でも、さかなの世界《せかい》と似《に》ていました。

たとえば、メジナというさかなは、海《うみ》のなかで仲良《なかよ》く群《む》れて泳《およ》いでいます。
せまい水槽《すいそう》に一緒《いっしょ》に入《い》れたら、一匹《いっぴき》を仲間《なかま》はずれにして攻撃《こうげき》し始《はじ》めたのです。
ケガをしてかわいそうで、そのさかなを別《べつ》の水槽《すいそう》に入《い》れました。
すると、残《のこ》ったメジナは、他《ほか》の一匹《いっぴき》をいじめ始《はじ》めました。
助《たす》け出《だ》しても、また次《つぎ》のいじめられっ子《こ》が出《で》てきます。
いじめっ子《こ》を水槽《すいそう》から出《だ》しても、新《あら》たないじめっ子《こ》があらわれます。
広《ひろ》い海《うみ》のなかなら、こんなことはないのに、
小《ちい》さな世界《せかい》に閉《と》じこめるとなぜかいじめが始《はじ》まるのです。

同《おな》じ場所《ばしょ》にすみ、同《おな》じエサを食《た》べる、同《おな》じ種類同士《しゅるいどうし》です。

中学時代《ちゅうがくじだい》のいじめも、小《ちい》さな部活動《ぶかつどう》でおきました。

ぼくは、いじめる子《こ》たちに
「なんで?」ときけませんでした。

でも、仲間《なかま》はずれにされた子《こ》とよくさかなつりに行《い》きました。

学校《がっこう》から離《はな》れて海岸《かいがん》で一緒《いっしょ》に糸《いと》をたれているだけで、
その子《こ》はほっとした表情《ひょうじょう》になっていました。

話《はなし》をきいてあげたり、励《はげ》ましたりできなかったけど、
だれかが隣《となり》にいるだけで、安心《あんしん》できたのかもしれません。

ぼくは変《か》わりものですが、
大自然《だいしぜん》のなか、
大好《だいす》きなさかなに夢中《むちゅう》になっていたら、
いやなことも忘《わす》れます。

大切《たいせつ》な友《とも》だちができる時期《じき》、
小《ちい》さなカゴのなかでだれかをいじめたり、
悩《なや》んでいたりしても、
楽《たの》しい思《おも》い出《で》は残《のこ》りません。
外《そと》には楽《たの》しいことがたくさんあるのに、
もったいないですよ。

広《ひろ》い空《そら》の下《した》、広《ひろ》い海《うみ》へ出《で》てみましょう。

この作品《さくひん》は、２００６年《ねん》12月《がつ》2《ふつ》日《か》付《づけ》の朝日新聞連載《あさひしんぶんれんさい》「いじめられている君《きみ》へ」に掲載《けいさい》された
さかなクンの文章《ぶんしょう》に一部加筆《いちぶかひつ》・修正《しゅうせい》をし、改題《かいだい》しました。

さかなクン

東京都出身、館山市在住。東京海洋大学客員准教授、東京海洋大学名誉博士。お魚の生態や料理法など魚類に関する豊富な知識で、2001年1月TBS系列「どうぶつ奇想天外！」に出演。2010年には絶滅したと思われていたクニマスの生息確認に貢献。さらに海洋に関する普及・啓蒙活動の功績が認められ、「海洋立国推進功労者」として内閣総理大臣賞を受賞。2011年農水省「お魚大使」、2012年文科省「日本ユネスコ国内委員会広報大使」などを務め、『朝日小学生新聞』にて「おしえてさかなクン」コラムを連載中。

さかなクンの一《いち》魚《ギョ》一《いち》会《え》 ～まいにち夢《む》中《ちゅう》な人《じん》生《せい》！～

2016年 7 月 20 日　第 1 刷発行
2022年 5 月 9 日　第 13 刷発行

著・イラスト・題字／さかなクン
発行者／鈴木章一
発行所／株式会社講談社
〒112-8001　東京都文京区音羽2-12-21
電話／編集　03-5395-3542
販売　03-5395-3625
業務　03-5395-3615

KODANSHA

特別協力／伊藤はやと　行徳浩一　関口納理子〈のり蔵〉（株式会社アナン・インターナショナル）　山本真沙子
装丁・本文デザイン／長坂勇司
本文データ制作／講談社デジタル製作

カバー印刷／共同印刷株式会社　本文印刷／株式会社ＫＰＳプロダクツ
製本／株式会社国宝社

Printed in Japan
N.D.C.281　271p　20cm　ISBN978-4-06-220100-1